RESEARCH ON THE REGUL

我国股票交易市场规制体系研究

祁永忠◎著

图书在版编目（CIP）数据

我国股票交易市场规制体系研究 / 祁永忠著. — 北京：企业管理出版社，2023.10

ISBN 978-7-5164-2904-4

Ⅰ. ①我… Ⅱ. ①祁… Ⅲ. ①股票市场—研究—中国 Ⅳ. ①F832.51

中国版本图书馆CIP数据核字（2023）第182806号

书　　名：我国股票交易市场规制体系研究
书　　号：ISBN 978-7-5164-2904-4
作　　者：祁永忠
责任编辑：张　羿
出版发行：企业管理出版社
经　　销：新华书店
地　　址：北京市海淀区紫竹院南路17号　　邮　　编：100048
网　　址：http://www.emph.cn　　电子信箱：504881396 @qq.com
电　　话：编辑部（010）68456991　　发行部（010）68701816
印　　刷：北京亿友创新科技发展有限公司
版　　次：2023年10月第1版
印　　次：2023年10月第1次印刷
开　　本：710mm × 1000mm　1/16
印　　张：16.5
字　　数：200千字
定　　价：78.00元

前　言

股票市场分为一级发行市场和二级交易市场，政府对股票市场的规制也分为对一级发行市场的规制和对二级交易市场的规制，本书的研究对象为我国股票交易市场（二级交易市场）规制体系。

目前，我国已基本建成了规制范围法规、规制执法法规和规制救济法规相结合的、相对完善的股票交易市场规制法规体系，规制执法力度逐步加大，规制救济取得一定成效。但我国股票交易市场规制体系还存在着一定程度的越位、错位和缺位，这在很大程度上阻碍了我国股票交易市场效率的提升。

本书以我国股票交易市场规制体系为研究对象，以规制经济学、制度供需理论等为理论基础，重新构建了股票市场交易规制体系理论，并以此为指引，综合运用逻辑演绎与经验归纳相结合、规范分析与实证分析相结合、定性分析与定量分析相结合、理论分析和案例分析相结合的方法，描述了我国股票交易市场规制体系的演进和现状，指出目前我国股票交易市场规制体系存在的问题及其成因，计量了我国股票交易市场规制体系变迁对股市绩效的效应影响，比较和借鉴了世界主要经济体股票交易市场规制体系变迁情况，最后提出了完善我国股票交易市场规制体系的政策建议。

第一，描述我国股票交易市场规制体系的变迁与现状。首先界定了股票交易市场规制体系，然后从规制法规、规制执法和规制救济三个方面描述了我国股票交易市场规制体系的演进与现状。

第二，分析当前我国股票交易市场规制体系存在的问题及成因。首先，指出当前我国股票交易市场规制体系存在的越位、错位和缺位等问题；其次，以 SCP（结构 – 行为 – 绩效）理论、制度供需理论、制度变迁路径依赖理论、规制经济学理论等为理论基础，从制度供需和制度变迁路径依赖两个维度解释股票交易市场规制体系的变迁；最后，以股票交易市场规制体系变迁成因理论为基础，从股票交易市场规制体系供需和股票交易市场规制体系变迁路径依赖两个方面，分析了当前我国股票交易市场规制体系所存在问题的成因。

第三，运用混合广义线性模型（GLMM）度量我国股票交易市场规制法规变迁对股市泡沫、溢价、波动性和流动性等股市绩效指标的影响。计量结果显示，我国股票交易市场规制法规变迁对我国股市效率有显著的影响，但是我国股票交易市场规制法规的变迁并没有使股市绩效得到明显的改善，我国股票交易市场规制法规变迁存在一定程度的失灵。

第四，比较和借鉴世界主要经济体股票交易市场规制法规变迁情况。选取美国、英国和德国作为典型样本，梳理了上述国家的股票交易市场规制法规的演进及现状，归纳出股票交易市场规制法规变迁的国际趋势，并与我国现行股票交易市场规制体系现状进行比较，得出可以借鉴的内容。

第五，我国股票交易市场规制体系改革。首先，提出我国股票交易市场规制体系改革所要达到的目标；其次，从制度供需和制度变迁路径依赖两个方面论述了我国股票交易市场规制改革面临的约束条件；最后，在我国股票交易市场规制体系面临的约束条件范围内，提出了我国股票交易市场规制体系可能的改革路径和改革措施，以我国股票交易市场规制体系改革目标为基准，衡量了各种改革路径的利弊。

通过以上分析，本书认为：目前我国股票交易市场规制体系存在一定的越位、错位和缺位，这可以从我国股票交易市场规制体系供需和规制变迁路径依赖两方面找到其存在依据，我国股票交易市场规制法规变迁对我国股市泡沫、溢价、波动性和流动性具有显著影响，同时，我国股票交易市场规制法规的变迁并没有使股市绩效得到显著的改善。为提高我国股市效率，有必要对我国股票交易市场规制体系进行改革。

最后需要说明的是，本研究为作者博士毕业论文，著作定位为历史文献，以期为经济金融研究留下翔实的历史资料。书中采用的分析数据时间较早，个别观点囿于时代的局限性可能有不足之处，对于由此给读者带来的困惑深表歉意，敬请谅解！

目 录

第1章　绪论

1.1　问题的提出

股票市场分为一级发行市场和二级交易市场，政府对股票市场的规制也分为对一级发行市场的规制和对二级交易市场的规制，本书的研究对象为我国股票交易市场（二级交易市场）规制体系。

中国股票市场从产生、发展至今，仅用了短短三四十年的时间，几乎走完了西方发达国家股票市场200多年的发展历程，这是一个辉煌的发展成果。截至2012年年底，中国沪、深两市共有上市公司2494家，总股本38395亿股，总市值达23.03万亿元，相当于当年GDP的44.33%。2012年的IPO发行股票299亿股，融资4134.38亿元，全年股票交易量达32881亿股，股票交易额达31.47万亿元，成为全球最为重要的市场之一。中国股票市场的功能经历了从国有企业改革试点，建立直接融资渠道、促进储蓄向投资转化的基础性功能，到促进国有企业转换经营机制、建立现代企业制度，为搞活国有经济服务，再到促进经济结构战略性调整的高级、复合性功能的逐步演变历程。

与此相适应，我国股票交易市场规制体系也经历了一个逐步完善的过程。我国已基本建成了规制范围法规、规制执法法规和规制救济法规相结合的、相对完善的股票交易市场规制法规体系，规制执法力度逐步加大，规制救济取得一定成效。

但我国股票交易市场规制体系还存在着一定的不足：一是规制越位、错位。我国股票交易市场规制已经深入许多具体微观领域，如市场准入过于严格、人为过多设定限售股等。二是规制缺位。股票交易市场规制主体在弥补市场不足、建立完善的股票交易市场方面存在一定程度的缺失，例如内幕交易、市场操作等禁止性交易严重蚕食我国股票市场，但相关部门在规制禁止性交易方面做的工作不够深入具体。

由于我国股票交易市场规制体系的不完善，所以我国股票交易市场规制法规的变迁并没有使股市绩效得到明显的改善。近年来，不少国内学者都对我国股票交易市场的绩效进行了度量，得出的基本结论是：我国股市泡沫性指标、溢价性指标、波动性指标和流动性指标都有待改善，我国股票交易市场效率偏低。

提高我国股票交易市场效率，不仅是我国股票交易市场规制体系改革的方向，也是股票交易市场每个投资者的愿望，相关规制部门采取何种有效规制措施提高股票交易市场效率即为本书研究的焦点。

1.2 研究的意义

（1）理论意义。

本书界定了股票交易市场规制体系，并将其应用于我国股票交易规制体系，描述了我国股票交易市场规制体系的演进及现状；将SCP理论、制度供需理论、制度变迁路径依赖理论、规制经济学理论等相关理论重新进行整合，构建了股票交易市场规制体系供需理论；以制度变迁路径依赖理论为基础，构建了股票交易市场规制体系变迁路径依赖理论；从空间维度的规制供需和时间维度的规制变迁路径依赖两个维度解释股票交易市场规制体系的变迁，并以此为基础解释了目前我国股票交易市场规制体系越位、错位和缺位的成因，丰富了规制经济学和新制度经济学理论；提出了股票交易市场规制体系评价理论，将股票交易市场评价指标分为股票交易市场规制体系本身的评价指标和股票交易市场规制效应的评价指标两类，并指出了两类评价指标之间的关联；将广义线性混合方差分析法运用于我国股票交易市场规制法规变迁效应的分析上，拓展了广义线性混合方差分析的应用范围，为规制效应分析提供了一种新的思路。

（2）现实意义。

在我国股市取得巨大成就的同时，我们也必须正视其中暴露出来的一些深层次的问题，这些问题已经开始对股市的发展构成不利的影响，如果不进行认真的分析、妥善的解决，我国股市将还可能进入一个发展的瓶颈时期。本书以我国股票交易市场规制体系为研究对象，提出了从股票交易市场规制体系角度提高我国股市效率的对策。通过本书的研究，可以启发我们对我国股票交易市场规制体系的思考，为相关政府部门改革股票交易市场规制体系提供参考。

1.3　研究的方法

一是规范分析与实证分析相结合。本书以我国股票交易市场规制体系为研究对象，实证研究范围涵盖我国股票交易市场规制体系的演进与现状，当前我国股票交易市场规制体系越位、错位、缺位的表现及其成因，我国股票交易市场规制法规变迁效应的评价等。同时，从规范分析的角度提出了完善我国股票交易市场规制体系的政策措施。本书从实证分析和规范分析两个角度，全面地对我国股票交易市场规制体系进行了分析论证。

二是逻辑演绎与经验归纳相结合。本书对我国股票交易市场规制体系的研究从两方面着手，一是从理论到现实的逻辑演绎，以一般的规制经济学和新制度经济学等基础理论为出发点，具体到我国股票交易市场规制体系；二是从现实到理论的经验归纳，从我国股票交易市场规制体系的现实出发，通过归纳的方法，将纷繁的现实归纳为抽象的理论。逻辑演绎与经验归纳相辅相成，通过两条路径共同构建了本书的内容。

三是定性分析与定量分析相结合。在构建股票交易市场规制体系理论、阐述我国股票交易市场规制体系的演进及现状、描述当前股票交易市场规制本身存在的问题及其成因等方面运用了定性分析方法；在论述我国股票交易市场规制法规变迁效应时采用了广义线性混合方差模型的定量分析方法。

四是理论分析和案例研究相结合。本书主要运用理论分析的方法分析我国股票交易市场规制体系的变迁、成因、效应等，为了使分析更加细致和深入，在理论分析的同时，又选取了具有典型代表性的案例，对相关理论分析进行佐证。

1.4 基本结构与主要内容

本书的基本结构由八个部分组成，具体内容如下。

第1章，绪论。主要介绍本书的研究背景、研究意义、研究方法、基本结构与主要内容、创新点和不足。

第 2 章，国内外文献综述。从股票交易市场规制体系的界定、股票交易市场规制体系的成因、股票交易市场规制体系的效应、股票交易市场规制体系的改革等方面梳理了现有的国内外文献。

第 3 章，股票交易市场规制体系理论。以规制法规、规制执法和规制救济为核心，界定了股票交易市场规制体系；以 SCP 理论、制度变迁理论、公共决策理论、宪法经济学、意识形态经济学、利益集团理论和公共利益理论为理论基础，重新构建了股票交易市场规制体系供需理论；以制度变迁路径依赖理论为理论基础，构建了股票交易市场规制体系变迁路径依赖理论，然后从空间维度的规制供需和时间维度的规制变迁路径依赖两个维度解释了股票交易市场规制体系的变迁；股票交易市场规制体系失灵是对股票交易市场规制体系的状态评价，将股票交易市场规制体系失灵划分为规制体系本身的失灵和规制效应的失灵，前者指股票交易市场规制体系本身的越位、错位和缺位等缺陷，后者指由于股票交易市场规制体系本身的越位、错位和缺位等缺陷所引起的股市效率损失；以金融深化理论和“强化市场型”政府理论为基础，分析股票交易市场规制体系改革的路径选择。

第 4 章，我国股票交易市场规制体系的演进及现状。从规制法规、规制执法和规制救济三个方面描述了我国股票交易市场规制体系的演进与现状。

第 5 章，当前我国股票交易市场规制体系存在的问题及成因。首先，从规制法规、规制执法和规制救济三个方面指出我国股票交易市场规制体系存在的越位、错位和缺位现象；其次，以重新构建的股票交易市场规制体系成因理论为指引，从空间维度的规制供需和时间维度的规制变迁路径依赖两个维度，分析了目前我国股票交易市场规制体系所存在问题的成因。

第 6 章，我国股票交易市场规制法规变迁的效应。运用广义线性混合方差模型，计量了我国股票交易市场规制法规变迁对股票市场泡沫、溢价、波动性和流动性的影响。计量结果显示，我国股票交易市场规制法规变迁对我国股市效率有显著的影响，同时，我国股票交易市场规制法规变迁并没有显著改善股市效率，我国股票交易市场规制法规变迁存在一定程度的失灵。

第 7 章，世界主要经济体股票交易市场规制法规变迁比较与借鉴。选取美国、英国和德国作为典型样本，从信息披露制度法规、禁止性交易法规和规制执法法规等三个方面简要介绍了上述国家股票交易市场规制法规的演进及现状，归纳出股票交易市场规制法规变迁的国际趋势，并与我国现行股票交易市场规制法规进行比较，得出可以借鉴的内容。

第 8 章，我国股票交易市场规制体系改革。首先，提出了我国股票交易市场规制体系改革的目标；其次，以股票交易市场规制体系变迁理论为依据，从空间维度的规制供需和时间维度的规制变迁路径依赖两个维度描述了我国股票交易市场规制改革面临的约束条件；再次，在我国股票交易市场规制体系改革面临的约束条件范围内，提出了我国股票交易市场规制体系改革可能的路径选择，以我国股票交易市场规制体系改革目标为标准，衡量各种改革路径的利弊；最后，对我国股票交易市场规制体系改革的最优化路径进行了总结。

1.5 主要创新点及不足

本书的创新点包括以下几个方面。

第一，界定了股票交易市场规制体系，并从规制法规、规制执法和规制救济三个方面描述了我国股票交易市场规制体系的变迁与现状。

第二，以 SCP 理论、制度供需理论、公共利益理论和私人利益理论为理论基础，重新构建了股票交易市场规制变迁理论，以制度变迁路径依赖理论为基础，构建了股票交易市场规制体系变迁路径依赖理论，从空间维度的规制供需和时间维度的规制变迁路径依赖两个维度解释了股票交易市场规制体系的变迁。从时间和空间两个维度，分析了当前我国股票交易市场规制体系越位、错位和缺位的成因。

第三，以混合广义线性模型为工具，研究了我国股票交易市场规制法规变迁效应，拓展了混合广义线性模型的应用范围。

本书的不足之处在于：世界主要经济体股票交易市场规制体系比较方面的资料不够翔实；缺少我国股票交易市场规制执法和股票交易市场规制救济对股市效应的度量。

第2章　国内外文献综述

2.1　国外文献

股票交易市场规制理论是规制经济学的重要组成部分。以往规制经济学对于股票交易市场的研究不足，形成规制经济学理论的一个缺陷。目前，股票交易市场规制理论主要来源于一般规制理论、金融规制理论、证券市场规制理论及其相关研究成果。

（1）股票交易市场规制体系的界定。

Paul Mahoney（1997）认为，应当将重要的规制权力返还给证券交易所，让证券交易所而不是证券交易委员会制定信息披露规则等。Stephon Choi（2000）提出规制者对投资者进行规制以代替以往对发行人或其他证券市场参与主体的规制。J.Robert Brown Jr（1995）认为，试图通过政府意志执行法律的努力并不如通过现有法律手段调控证券市场效果更好。关于证券市场监管的内容，Thomas Lee Hazen（2003）的观点是，证券市场规制主要包括构建公平的市场规则，对经纪人、交易商的最低资本要求以减少其不能清偿的风险，对欺诈行为以及经纪人、交易商操纵市场行为的严格禁止等。关于证券规制的目标，John Fagan（2003）指出，规制目标是保护投资者防止系统风险和促进市场的发展，规制主体应该更像警察，而不是法官，证券市场规制应该是以市场为导向、以信息强制披露为基础的规制，而不是监管者对信息定性的判断。Bernard S.Black（2001）的观点是，对于一个强大的证券市场来说，有两个必不可少的条件：一个国家的法律和相关市场制度必须为中小投资者提供评估公司价值所需的信息和确定不会被公司内部人员欺骗的信心，证券规制的目标应该是控制证券市场的信息不对称和内部人员的内幕交易。

国外学者对于证券市场规制的解释可以总结为对几个核心要素的不同理解：规制主体（政府机构、证券交易所）通过规制手段（法律、行政手段等）对规制对象（发行人、其他证券市场参与主体、投资者）的规制内容（信息披露、禁止性交易等）进行规制，以实现规制目标（维护市场的有效竞争，最终保护投资者）。

（2）股票交易市场规制体系成因。

一是规制必要性的研究。该理论认为政府对金融市场进行规制，主要是为公众经济安全提供保障，并对经济市场出现的不足及高效运行进行调控，以期能从制度层面对金融市场的各种不合理现象进行管理，避免市场混乱。Meltzer（1967）提出，金融部门的垄断产生了不利于金融发展的因素，比如价格歧视、寻租等现象，这不利于社会资源配置并影响生产力效率，导致金融业的服务质量下降，无形中损害了公众利益，金融规制可以有效控制金融市场的规范化、抵制垄断行为。Stiglitz（1981，1993）和 Varian（1994）提出，脆弱、失灵的金融市场无法实现最优的帕累托资源配置，金融规制是降低和消除市场失灵的有力武器。Kareken 和 Neil（1983）研究了有关金融中介业务的性质问题，他认为金融中介有着不可避免的运营风险，而对社会而言，这种运行风险具有明显的外部性。金融中介的破产社会成本和其社会运营成本均大大低于金融中介自身的破产成本和运营成本，操作失误和不当完全可引发多米诺骨牌的推倒效应，更有甚者直接导致金融危机的爆发，对金融中介进行金融规制可最大限度地消除这些外部性，避免不良效应的发生。Spierings（1990）和 Stiglitz（1993）分析得出，因为金融市场的资讯具有共享性质，信息的不完全披露可能引起金融市场的无序和混乱，只有让政府来管理这种金融信息披露行为，并在一个诚信公平的市场范围内实施和推广，才有可能确保金融市场健康而稳定地发展。

二是规制失灵的研究。Kane（1990）经过研究发现，引起规制效率不足的重要原因是由于金融规制当局提供的激励机制失范。社会公众同金融机构以及规制当局之间信息持续不对称，最终导致规制当局偏离最大化社会福利的原始目标，仅顾及自身效用问题，造成三者之间福利极大的不同步。Boot（1993）提出，规制主体多是薪酬固定的公职人员，大部分国家规制都存在一定的模糊空间，在信息不对称的情况下，靠名誉和信度去控制其规制行为是很不容易实现的，容易形成规制当局与社会公众的激励冲突，造成社会福利损失，金融规制失去了应有的追求社会福利最大化的目标。规制当局对金融机构的规制体现在稳定和稳健两个方面，具体表现为：通过对金融机构的风险行为进行监督检查，让无竞争力的机构提早淘汰，以保证金融体系的稳定；通过设置相应指标要求，如资本充足率、流动性比率等，使金融机构通过内部的风险控制实现稳健经营。但两种规制方式都将造成规制当局与金融机构的冲突，因为如果规制当局计划最低资本充足率标准比金融机构的最优资本充足率还要小，金融机构风险控制就会力不从心，要想维持金融风险，必须增加规制力度，那么最直接的结果就是造成规制当局增加金融机构成本；反之，如果规制当局不作为就会失去规制力度，金融机构需要付出更多代价来承担这一部分成本来维持最小的风险。

Keeley（1990）、Eisenbeis（1997）和 Hellmann（2000）等人通过长达 10 年的收集实证和系统研究，得出了市场信息不对称可以诱发整个金融系统风险转嫁的结论。金融机构的目的就是资本再造、扩大利润，为了达到资金的有效利用，往往会把预留风险金压缩到最小。其不足就是风险控制力度不够，从而把风险转移到了整个社会。这带来两个严重的问题：其一，造成规制当局的监督工作量增加；其二，给社会福利造成负面影响，一旦金融机构破产，则社会就是善后者。Kane（1994）研究了规避管制理论，得出金融管制源于金融创新的论断，并通过动态博弈模型诠释了金融管制的过程。金融规制应该时刻关注社会经济环境的动态，并及时做出相应的调整，如果脱离了社会经济环境而孤立地制定金融规制，就很可能会影响整个金融体系的健康发展，甚至造成金融系统的崩溃。

（3）股票交易市场规制体系效应。

微观结构理论的关键是金融资产价格的发现和形成。该理论在企业财务与企业的税息前利润的分割领域也有普遍的指导意义。就其相关的研究成果来看，微观结构理论探究的重点内容可以表述如下。

证券价格影响因素理论：重点包含交易成本模型与信息模型，研究证券价格同交易成本及信息之间的关系。证券投资人的交易对策分析：先依靠经验把投资人分为知情交易者与未知情交易者，在原有的划分基础上，把未知情交易者二次划分成相机性交易者与噪声交易者，从交易者个人最合理化的视角来研究各种投资人的交易对策对证券价格的影响。交易制度理论：研究不同交易制度对证券交易的影响。证券价格决定理论，具体如表 2-1 所示。

表 2-1　证券市场微观结构理论的发展轨迹

模型	基本结论	做市商行为	交易者行为	代表学者
存货模型：做市商定价策略	存货时决定买卖价差的主要因素	通过调整价差维持存货水平，并最大化利润	随机提交交易指令	Garman（1976）；Ho和Stoll（1981，1983）；O'Hara和Oldfield（1986）；CMSW（1981）
信息模型Ⅰ：做市商定价策略	信息是决定买卖价差的主要因素	根据贝叶斯过程，从指令流的性质学习信息，调整报价	知情交易者根据私人信息交易，未知情交易者随机交易	Glosten和Milgrom（1985）；Easley和O'Hara（1987）；Reinganum（1990）
信息模型Ⅱ：知情交易者交易策略	信息是决定买卖价差的主要因素	根据贝叶斯过程，从指令流的性质学习信息，调整报价	知情交易者根据私人信息，按一定的交易策略进行交易，未知情交易者随机交易	Kyle（1984，1985）；Holden和 Subrahmanyam（1992）；Foster和Viswanathan（1993）；Huang和 Stoll（1994）
信息模型Ⅲ：未知情交易者交易策略	信息是决定买卖价差的主要因素	根据贝叶斯过程，从指令流的性质学习信息，调整报价	知情交易者根据私人信息交易；相机决策流动性交易者选择交易策略，非相机决策流动性交易者随机交易	Admati和Pfleiderer（1988，1989）

（4）股票交易市场规制体系的改革。

20 世纪 70 年代初期，美国斯坦福大学教授 Ronald I.Mckinnon 和 E.S.Shaw 先后出版《经济发展中的货币与资本》和《经济发展中的金融深化》两本著作，提出金融深化理论。金融深化理论从多种视角对欠发达国家金融与经济发展之间的对立统一的关系进行了前瞻性的分析，对政府对金融业实行过分干预和管制政策的相关经济理论进行了深入的研究。这些理论对发展经济学和货币金融理论有很大的借鉴价值，很多的欠发达国家在这个理论的基础上革新了原有的金融制度。实质上，金融深化原理是放松规制原理在金融规制领域的实际运用，是对放松规制原理的深化；也可以认为，金融深化理论是放松规制原理的有机构成要素，放松规制理论是一个包括金融深化理论在内的整体规制理论。

金融深化理论的核心观点和政策主张是要全面推行金融自由化，取消政府对金融机构和金融市场的过度管制与干预。金融深化理论的主要思想是：行政部门需要减少对金融的过多的介入，只要准许市场机制特别是利率和汇率机制自由运行，市场就可以有效体现资金和外汇的供需状况。在这个前提下，一方面，健全的金融体系和活跃的金融市场能够有效地动员社会闲散资金向生产性投资转化，还能引导资金流向高效益的部门和地区；另一方面，随着经济的蓬勃发展，通过增加国民收入，提高了各经济单位对金融服务的需求，进一步刺激了金融业的扩展。所以，呈现出金融与经济协调发展的和谐态势。该理论主张，减少或停止政府金融的过多干预，放松对利率和汇率的严格管制，不但是欠发达国家活跃经济、发展金融的重要举措，还是工业化社会前进环节中的历史过程。新加坡国民大学经济学教授卡波、国际货币基金组织经济学家马德森和美国加州大学教授弗莱对金融深化理论的发展，都是以此为基础的。

在规制体系改革方面主要有“强化市场型”政府理论。曼瑟·奥尔森在《权力与繁荣》一书中提出了“强化市场型”或者“健全市场型”政府概念，他指出，如果一个政府有足够的权力去保护个人的财产权，并且能够强制执行各种契约，与此同时它还受到约束而不能剥夺或侵犯私人权利，由此促进市场尤其是社会规划型市场的形成和完善，那么这个政府便是一个“强化市场型”政府。该理论认为政府要在保护产权的基础上全面放宽对市场的管制，取消政府对金融机构和金融市场的过度管制与干预。该概念是分析经济增长与政府关系的一个前沿性概念，为各国尤其是发展中国家的治理转变和经济政策提供了一个有用的分析框架。运用该理论不仅可以解释为什么政府尤其是发展中国家政府需要促进证券市场的形成与发展，即政府证券监管权产生的必要性，同时指出，政府证券监管权必须依法规范行使，尊重市场规律，并有效保护私权，才能最终促进一国经济的繁荣。

2.2 国内文献

国内学者对股市调控和监管颇有争论。王国刚（2007）对股市监管和股市调控进行了区分，认为可以对股票市场进行监管而不能调控股票市场。因为对股票市场进行调控的话，无法指定明确的调控目标，而且也没有合适的调控手段。基于此，他的观点是所谓股市调控理论是错误的。吴敬琏（2001）也持类似的观点，他对股市监管、政府救市和托市进行了对比，主张政府只管监管，不管救市和托市。相反，另外一些学者却认为可以对股市进行适度调控。龙超（2007）将股市进行宏观调控的内容分为两种，第一种是股市突然大幅下滑或出现对股市产生负面冲击的重大事件时对股市进行的调控，第二种是在股市出现过度低迷或过度繁荣时实施的调控。吴晓求（1995）将股票市场的宏观调控分为两个方面：一是对股票市场的短期波动，即股市的非常态化运行进行调控；二是对股票市场的长期发展，即对股市的整体制度框架进行调控。前者主要是防止股票市场出现短期巨幅波动，对波动幅度进行的控制；后者主要从法律法规和相关政策的角度来对股市进行调控，以弥补市场的失灵。何胜通（2006）的观点是，对股票市场进行调控和对股市的监管二者之间既有联系又存在区别。首先，二者的目标不同。股市调控重在把握股市运行的周期性特征，并采取相应的调控措施，维持股市的稳定，防止出现短期内股市暴涨暴跌或周期性波动；股票市场监管则主要是通过制定相应的法律法规及政策对市场参与者进行约束，仅仅对市场存在的缺陷进行补充与修正。其次，二者的操作过程不一致。对股票市场进行调控是在股市出现暴涨暴跌或类似其他需要政府调控的事件时，而对股票市场的监管需要长期不间断地进行。

（1）我国股票交易市场规制的效应。

一是对股市波动性的效应。国内学者在股市规制对股市波动效应的研究上的基本观点是：股市政策对我国股市波动的影响是显著的，我国股市存在明显的政策市效应。吕继宏等（2000）选取 1991 年 1 月 2 日至 1999 年 5 月 12 日的样本，对样本期间出现异常波动点的前后 20 个交易日内重大政策发布与否来判断这种异常是由市场本身还是出台的政策所影响。计量结果显示，重大股市政策的出台会引起股市的异常波动，在我国股市有明显的政策市特征。许均华等（2001）对政策做了区分，分为离散性的政策事件和连续性政策变量，其中，离散性政策的实施会对股市产生直接的影响，短期内形成股市的波动和冲击；而连续性的政策对股市发生的影响是中长期效应，不会在短期内对股市波动性产生影响。结论显示，离散性政策事件会对股市造成冲击和波动，其中市场监管型和证券供给型政策事件对股市造成的波动最大，这也证实了我国股市政策市特征明显的假设。彭文平等（2002）通过对政策事件公布前和公布后 15～30 天的日平均超额指数收益进行对比，得出 60% 的政策事件会引起股票市场大幅波动，且政策事件对股指的波动有显著影响的结论。

王春峰等（2003）选取了四个具有代表性的政策事件进行实证研究，检验了我国股市对政策性事件的反应问题，结果显示我国股市对政策性事件存在过度反应现象，政策市特征较为显著。肖小锋（2003）通过研究十多年我国政策干预股市的情况得出，1997 年前政府干预属于反转模式，而之后则呈现了趋势模式，即政府按照预先设定的目标出台相关的政策，市场参与者根据股市预期做出相应的反应，这种反应最终决定了政府原先的目标能否如期达到。实际情况表明，市场参与者对政策反应存在不足和过度两种情况，致使政府对如何干预市场也做出了相应的变化。高雷等（2006）采用灰色系统理论，对我国股市的政策效应进行了实证研究，结果显示利好政策的出台更能对股市造成影响，但与利空政策造成的影响区别不是很大。具体来说，在牛市中，利空政策的影响较大；在熊市中，利好政策的影响较大。

温思凯（2009）结合事件研究法和直观统计，比较不同时期市场因素和政策因素对股市波动的影响，从具体的政策事件的影响以及股市总体的走势两方面，分析我国股票市场发展过程中股市政策效应的转变等，最终得出我国股市存在较为明显的政策市特征。王麟乐（2011）通过自回归条件异方差（GARCH）模型对我国引进 QFII（Qualified Foreign Institutional Investors，即合格的境外机构投资者）前后的市场波动性进行实证分析，得出 QFII 在总体上对我国市场波动性改善作用不明显的结论。

罗荣华等（2012）运用 ARCH 族模型实证分析了上证 A 指和深证 A 指在股权分置时期和后股权分置时期的波动性，并对其可能的原因进行了分析。研究发现：股权分置改革对上证 A 指和深证 A 指的影响是不同的，显著增加了深证 A 指的波动性，而并未显著增加上证 A 指的波动性；股权分置时期的杠杆效应很明显，而后股权分置时期存在一定程度的反杠杆效应，但是并不显著；后股权分置时期的长期波动大于股权分置时期的长期波动，波动具有更长的记忆特性。

二是对股市泡沫的效应。国内学者在研究股市泡沫问题时，主要通过介绍与运用国外的有关泡沫理论与模型来分析中国股市泡沫现象，其中比较多的文献属于泡沫如何度量及中国股市在某一时期是否存在泡沫的判定。相对来讲，国内学者研究泡沫形成机制或成因的文献较少，尤其是从股票交易市场规制体系变迁角度研究股市泡沫的文献则更为少见。朱艳明（2001）的观点是，证券市场具备鲜明的系统特性，证券市场的泡沫化根植于它的制度本身与系统特性之中，证券市场的运行机制允许并需要泡沫存在。因此，股票市场的制度选择就成了市场是否有效的重中之重。

周春生和杨云红（2002）基于当时的背景研究了导致我国证券市场泡沫的原因，他们的观点是，当时的上市审批制、可供选择的证券种类稀少、政府托市行为、卖空和套利机制的不健全乃至缺乏、投资者买卖股票的纯粹投机等因素在股票市场泡沫的形成过程中起着极其重要的作用。王峰虎和贾明德（2003）运用制度经济学和信息经济学系统分析了我国股市泡沫的作用机理、制度成因及影响，得出我国股市泡沫是由市场中介行为扭曲、监管部门行为扭曲和投资者行为扭曲所导致的。宋玉臣（2003）也认为是政府的干预导致了股市失灵，从而产生了股市泡沫。廖旗平（2006）通过实证分析，发现了股市泡沫与股权分置之间的密切联系，后者有利于降低股市泡沫，但不能从根源上治理股市泡沫。

三是对股市流动性的效应。孙云辉（2005）选取 2001—2004 年间我国股市 6 个具有代表性的政策事件，通过考察各政策事件发布前后股市流动性的变化，分析政策事件是否影响股市流动性的走势。研究结果表明，政策对股市流动性有很大的影响，利好政策导致股市累积异常流动性明显上升，利空政策则导致股市累积异常流动性大幅度下降。庄新田和赵立刚（2005）通过采用不同的流动性度量方法，实证研究了涨跌幅限制对股票流动性的影响。研究结果表明，涨跌幅限制存在流动性干扰效应，即涨跌幅限制对股票当天的流动性进行了约束，使之后几天股票的流动性优于其他股票。通过比较分析三种流动性度量方法的有效性，得出上海证券交易所的股票流动性适合采用基于波动性的流动性度量方法。

佟孟华（2008）选取2005年年底沪市和深市进行股权分置改革的16批A股上市公司为样本，采用固定影响变系数模型和固定影响变截距模型对股权分置改革前、后的股票流动性溢价现象进行实证检验。实证结果表明：股票流动性溢价在股权分置改革前后都存在，但是股权分置改革后换手率与股票预期收益的负效应减弱，股票市场的有效性略有增强。

（2）我国股票交易市场规制体系的变迁及改革。

第一，股票交易市场规制体系改革的总原则。周正庆（1998）强调了证券市场中监管的重要性以及法律法规完善的主要内容。彭宇文（2003）通过研究我国证券监管的法治化进程，得出了以下结论：我国证券监管存在机遇，也面临挑战，必须不断追求法治的完善。王年捷和孙影（2005）通过对中国证券监督管理委员会（简称证监会）的性质和证券市场特点的研究，认为必须加强立法，完善民事诉讼赔偿机制。陈凌（2004）指出我国证券监管不力的问题所在，为如何提高监管效率，营造公平、高效的投资环境给出建议。陈宇（2006）的观点是，近年来我国证券监管系统急迫的任务和课题应是不断强化依法行政的意识，不断提高风险防范能力。江洲和谢赤（2007）研究得出，所谓政策市是指政府长期频繁地直接干预股票市场，这样势必造成市场脱离自身的规律、扭曲自身主要功能、投资者的投资倾向形成政策跟风的严重后果，要使证券市场步入正轨，恢复其应有的经济功能，必须扭转政策市的现状。尹海员和李忠民（2011）通过分析证券监管的成本收益，找到了针对单个被监管对象的监管均衡点，从而构造出整个市场监管的适度监管水平，最终寻求最优的监管边界，这种适度监管模式介于最强和最弱监管边界之间，它的实施依赖于充分发挥自律监管。

第二，交易制度方面。应展宇（2001）的研究表明，做市商制度能有效提高市场流动性，当允许做市商从事信用交易时，市场流动性的提高幅度更大。李新（2001）对证券市场流动性问题进行了研究，得出我国证券市场流动性（包括流通股和非流通股）虽然有较大的提高，但总体水平依然较低。他建议对市场机制进行改善和优化，通过投资者专业化、交易品种多样化、市场信息公开化等措施来提高市场流动性。刘海龙和吴冲锋等（2004）通过研究股价涨跌幅限制对流动性的影响，得出了涨跌幅限制可以增加整个市场流动性、约束个股流动性的结论。吴林祥（2005）的观点是，做市商制度有助于解决市场流动性不足，混合交易制度一定程度上代表了交易制度的交易趋势。隆武华和孙炜等（2005）通过系统分析国外证券市场做市商的权利、义务、特点等情况，认为混合交易制度有助于提升市场流动性，是我国证券市场交易制度发展的方向。

第三，禁止性交易方面。佴澎和安柯颖（2009）的观点是，依法规制证券内幕交易，应当实行因果关系的举证责任倒置，确立证券内幕交易因果关系推定原则；在获利法和差价法的基础上，法官通过综合各种因素行使裁量权，从而确定内幕交易的民事赔偿数额；为完善我国内幕交易禁止制度，应建立多元化的纠纷解决机制、强化信息披露制度。周美芹（2010）的观点是，当前法律仅仅对虚假陈述进行约束，试图通过集团诉讼对中小投资者的合法权益进行保护。郭矗（2012）的观点是，虚假陈述和损失之间的因果关系不仅是上市公司民事侵权责任的重要组成部分，也容易在司法实践中和学界中产生争议。我国借鉴了国外在信赖推定原则的基础上使用的“因果关系推定说”和市场欺诈理论，但在补充因果关系类型、如何确定披露日以及认定系统性风险等方面有待进一步完善。

第四，信息披露方面。关星辰（2012）通过对我国沪深两市上市公司的会计信息披露现状进行分析，总结出目前我国上市公司会计信息披露中所存在的问题，并针对现存问题从企业的内部机制和外部监管入手，对我国上市公司会计信息披露的完善与发展提出了建议。张宗新和张晓荣等（2005）运用信息经济学及经济主体行为最优化方法，系统分析了新兴市场中上市公司自愿进行信息披露的动机及机制，深入研究了具有信息优势的上市公司经理层如何对自愿性的信息披露进行选择。结果表明：我国 VDI（上市公司自愿性披露指数）逐年提高的、效益好的上市公司，自愿披露信息的意识较强；公司治理指标对 VDI 的解释效果并不显著；有外资参股的上市公司具有较强的信息披露意识。李凤雨（2012）的观点是，在我国已经基本建立起证券市场信息披露体系，披露内容、监管体系及相关的法律体系正在不断完善，但在逐利的驱动下，依然存在越来越隐蔽的披露瑕疵，披露不真实、不完整、不及时的现象依然存在。所以，在信息披露方面存在的问题应及时识别，并采取有效的措施进行化解，以加强信息披露的有效性。

第五，市场准入方面。徐权（2000）的观点是，拓宽保险资金的投资渠道有利于改善保险资产结构，提高保险公司的偿付能力和经济效益，保险资金最佳的证券投资方式为投资保险基金。设立保险基金应遵循安全性、流动性和收益性的原则，此外，也要以促进我国 A 股股票市场发展为目的。保险基金应采用”半开放”式基金模式 ，封闭一定期限后可周期性赎回。曹凤岐（2004）提出，在我国，从长期保值增值的角度看，商业保险资金的管理渠道有限，相比发达国家存在很大的差距。保险资金要对接资本市场，可以通过多种方式，如组建产业投资基金、资产委托管理、发行定向投资种子基金等。孙国茂（2001）的观点是，巨大的社会保障支出要求寻找提高社保资金管理效率，使社保资金保值增值的途径。从国际市场来看，专业的基金管理公司和中央基金机构都可以管理社保资金。不论哪种方式，证券市场都是社保资金的有效途径之一，因为这不仅可以促进证券市场的健康发展，而且可以实现社保资金自身的保值增值。姜金婵（2012）基于行为金融学的视角，结合投资者的行为特征、行为金融决策理论基础以及行为模型等，通过分析社保基金的投资行为特征、规模和影响，提出了完善相关法律法规建设、加强社保基金监管、建立完善的基金市场机制等一系列建议。

（3）股票交易市场规制经验借鉴。

随着世界经济一体化的进一步深化，加强证券监管与国际接轨的呼声越来越强烈。刘晶和冯国滨（2003）通过分析证券市场监管的方式和内容，比较典型的证券市场监管模式，提出了关于如何完善我国证券市场监管制度的建议。任永平（2003）指出，在德国的会计规范领域，最基本的法律基础是《商法》，该法和《公开法》一起规范着会计信息披露。基于德国的社会经济环境，德国会计信息披露规范表现出多层次性、成本效益性、保密性等特征。我国目前的经济社会环境与德国有相近的一面，可以借鉴德国在会计信息披露方面具有的特色，来解决非上市公司会计信息披露的构建等问题。

杨郊红（2005）的观点是，美国证券市场信息披露制度在不同阶段有不同的特点，其变迁包括披露内容和披露手段两个方面，变迁方向是市场的高透明化。在我国，信息披露制度体系应从以下几个方面进行完善：第一，对违规的信息披露行为加大处罚力度，同时提高处罚成本；第二，加强对证券民事赔偿体系的完善，对违规的收益降低预期；第三，完善公司治理制度建设，建立股东代表诉讼制度。刘凤元和陈俊芳等（2005）通过对国际市场证券管理体制、操纵市场行为的制裁性立法规定以及中美操纵案例的比较，总结了打击证券价格操纵的国际经验，并对国内市场的监管提出建议。毛玲玲（2007）指出，由于监管理念的差异、相关制度配置的迥然，中美证券内幕交易规制的实效存在重大差异。通过比较，得出美国内幕交易具有明晰的规制理念、宽松的因果关系界定、确定的行为构成，在执法中具有平行双轨强制程序，而这些正是需要我国借鉴的。张茜（2011）指出，目前我国证券市场不仅披露程度低，而且还存在较多的虚假披露，通过对国外发达证券市场的信息披露制度进行多方面的比较分析，以期为我国证券市场信息披露制度建立与完善提供有力的理论依据。

第3章　股票交易市场规制体系理论

股票交易市场规制体系理论可以分为四部分：股票交易市场规制体系的界定、股票交易市场规制体系变迁的成因、股票交易市场规制体系的评价和股票交易市场规制体系的改革。股票交易市场规制体系的界定理论将股票交易市场规制体系进行了分解，认为股票交易市场规制体系是由股票交易市场规制法规、股票交易市场规制执法和股票交易市场规制救济所组成的有机整体；股票交易市场规制体系变迁理论论述了股票交易市场规制体系变迁的原因，从空间的维度来看，股票交易市场规制体系变迁可以从股票交易市场规制体系的供给和需求两方面得到解释，从时间的维度来看，股票交易市场规制体系变迁是延续股票交易市场规制体系变迁路径的结果；股票交易市场规制体系评价就是将客观存在的股票交易市场规制体系与人为设定的参照物进行对比后，得到的现实股票交易市场规制体系的状态描述，股票交易市场规制体系的评价指标分为对股票交易市场规制体系本身的评价指标和对股票交易市场规制体系效应的评价指标两类；股票交易市场规制改革以股票交易市场规制体制的规制目标为出发点，在规制改革的时间和空间约束范围内，评价各种可能的改革举措，从而从中选择最优的规制改革路径。

3.1 股票交易市场规制体系的界定

股票交易市场规制是政府（规制主体）为达到一定的目的，对股票交易市场相关人员（规制客体）行为进行控制的统称，是由行政部门依据法律法规对股票交易活动实施的干预。股票交易市场规制实际上是政府（规制主体）与股票交易市场相关人员（规制客体）之间在股票交易市场权力上的划分，这种权力划分一般从四个层次进行：第一个层次是政府（规制主体）和市场（规制客体）之间的权力划分；第二个层次是政府（规制主体）和市场自律监管机构之间的权力配置；第三个层次是政府（规制主体）各部门之间的权力配置；第四个层次是政府（规制主体）部门内部的权力配置。其中第一、第二层次是政府（规制主体）与股票交易市场相关人员（规制客体）之间的权力配置，这就是股票交易市场规制体系；第三、四层就是股票交易市场规制体制。

股票交易市场规制体制是指股票交易市场规制政府（规制主体）的确定和规制权力在政府（规制主体）内部的划分，其要解决的是由谁来对股票交易市场进行规制以及由谁来对股票交易市场规制效果负责和如何负责的问题。从广义上来说，凡是依法对本国股票交易市场实施干预的政府部门都是股票交易市场规制的主体，例如证监会、财政和审计等部门；从狭义的角度来说，股票交易市场规制主体仅指股票交易市场规制主管部门。

股票交易市场规制体系是政府（规制主体）与股票交易市场相关人员（规制客体）所实施的规制行为的集合，包括规制法规、规制执法和规制救济，具体如图 3-1 所示。

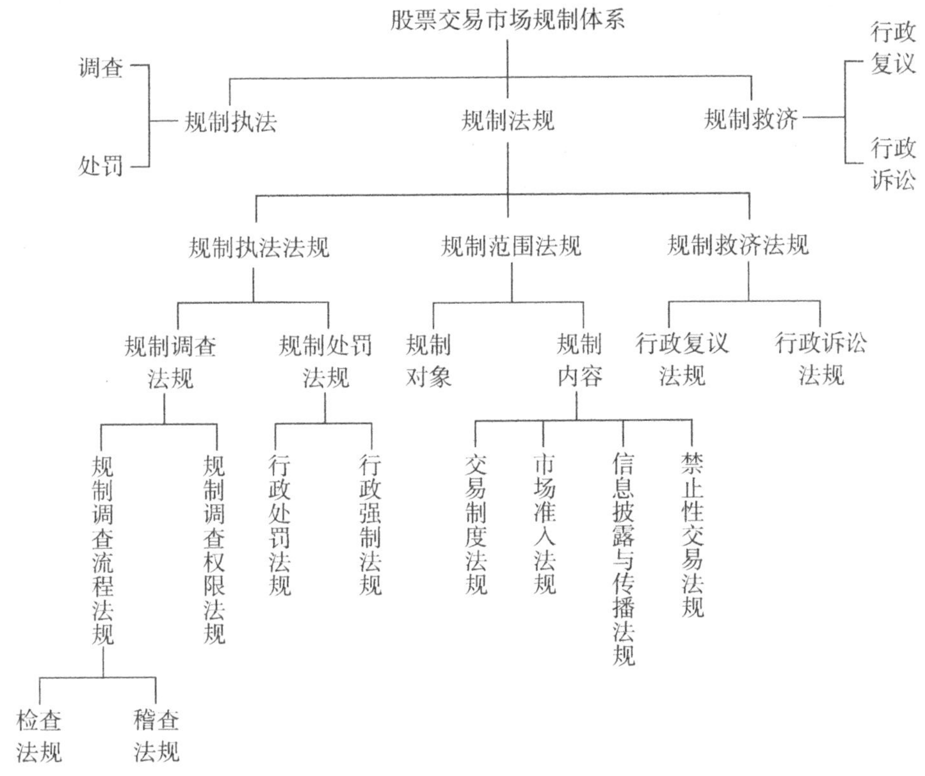

图 3-1　股票交易市场规制体系

3.1.1　股票交易市场规制法规

股票交易市场规制法规通过法律法规的形式规范了政府（规制主体）对股票交易市场相关人员（规制客体）进行干预的行为，包括股票交易市场规制范围法规、规制执法法规和规制救济法规。

股票交易市场规制范围法规界定了股票交易市场相关人员（规制客体）所能从事的合法交易行为，由股票交易市场规制体系对象法规和股票交易市场规制内容法规两部分组成。

股票规制执法法规规定了股票交易市场规制主体将规制客体的行为限制

在合法范围内所能采取的措施，包括股票交易市场规制调查法规和股票交易市场规制处罚法规。

股票交易市场规制救济法规规定了股票交易市场规制客体对规制主体做出的规制处罚提出异议的权力。

3.1.1.1　股票交易市场规制范围法规

股票交易市场规制范围法规中的股票交易市场规制对象法规界定了股票交易市场规制的客体，股票交易市场规制内容法规则界定了股票交易市场对象（规制客体）的合法行为。本书中的股票交易市场规制范围法规主要包括股票交易制度法规、股票信息披露和传播法规、股票交易市场准入法规和禁止性交易法规等。

（1）股票交易制度法规。

一般的，保证股票交易实现的、与股票交易相关的所有交易规则都称为股票交易制度。股票交易制度通常包括六个方面：股票价格形成机制、订单形式、交易离散构件、停牌机制、结算机制、股票托管机制与资金存管机制。

第一，股票价格形成机制。

股票价格形成机制是股票价格的发现与确定规则，按照是否具有即时性分为连续交易机制与定期交易机制。在连续交易的市场上，投资者的指令一旦递交就立即得到执行，连续交易机制的特点是（可能）在不同的股票价格上所发生的双边交易序列。在定期交易制度中，投资者的指令会被累积起来，等到在某一事先确定的时间同时执行。

另一种区分是把股票价格形成机制划分为指令驱动交易机制、报价驱动交易机制和混合交易机制。在指令驱动机制下，投资者递交指令要通过一个竞价过程来执行；在报价驱动机制下，投资者在递交指令之前就能够从做市商那里得到股票价格的报价；混合交易机制就是在竞价交易系统中引入做市商，做市商的交易规则和其他交易主体一样，可以平等参与竞价、平等买入卖出、平等地撮合成交，依照指令驱动交易原则决定成交价格。

指令驱动机制既可以是连续交易又可以定期交易。在连续竞价指令驱动市场上，市场交易者可以在任何交易时点上做出买卖指令。在定期竞价指令驱动市场上，交易所在接到委托交易指令后，不会即刻进行撮合，而是要延续既定的时间后确定一个当前成交价格，所有到期指令都按照这个价格进行交易。在报价驱动市场上，投资者与做市商一般都是即时交易，而不需要等待，因而又被称为连续性做市商市场。

第二，订单形式。

订单是股票交易者卖出或买进股票的指令或委托。订单实际上是交易者与代理商之间达成的一种买卖股票契约，该契约规定了双方的权利和义务。代理商承担帮助交易者以最小成本完成买卖股票的义务，同时享有收取一定服务费用或其他收入的权利；交易者则享有按其规定条件买卖股票并接受代理商服务的权利，同时承担交付相应款项或股票以及代理商服务费的义务。投资者在提交订单并被代理商接受后，该合同即宣告成立，直到该笔交易被执行并完成相应交割后，该契约即被终止。

订单通常有四个基本要素：委托数量、委托价格、委托时间和委托交易方向。根据订单委托数量因素可将订单分为全额、最低数量、非全额和隐藏数量订单；根据订单委托价格是否限定可分为限价订单和市价订单；根据订单委托时间可分为即时、计时、定期、无限期四种订单；根据订单交易方向可分为买进订单和卖出订单。订单的四个要素的不同组合构成了国际股票市场上多种多样的订单形式，在所有分类中，限价订单和市价订单是最基本的两种形式。

第三，交易离散构件。

交易离散构件是指使股票交易价格和交易数量不能连续的机制，包括最小报价单位、最小交易单位和离散交易时间。一般的，各个市场都规定有一个最小交易单位——手，每笔订单交易数量是一手的整数倍；对于交易股票价格的离散性，各国交易所都规定了一个最小报价单位，即买卖报价必须遵守的一个最小变化幅度，如 0.01 元、0.05 元等；交易时间则根据各国作息时间和法定节假日来确定。

第四，停牌机制。

停牌制度是指为防止股价的异常波动、股票交易突然强制中断的制度设计[①]。按照股票交易所能否主动对股票交易实施停牌，可将停牌机制分为自主停牌机制和自动停牌机制两类。自主停牌机制是股票交易所凭借其认为合理的理由而主动对股票交易进行停牌的机制；自动停牌机制是当股市达到初始设定条件和所需停牌限值时交易所自动启动的股票交易停牌的机制。

根据停牌是否具有警示性作用，可以将停牌机制分为例行停牌机制和警示性停牌机制。例行停牌机制是指上市公司运行状态正常，但是由于自身以外的其他因素导致股票交易发生特殊情况而必须进行停牌的机制；警示性停牌机制是指上市公司出现异常变动或者其股票发生异常交易情况时，为警示交易者关注异常事件，督促上市公司进行改进而进行停牌的机制。

依据停牌范围，也可以将停牌机制分为单一股票停牌机制、股票组合停牌机制以及股市停牌机制。

第五，结算机制。

清算是指每一交易日结束后，交易所对每个交易参与人员成交的股票数

① 廖静池. 中国股票市场停复牌制度的有效性研究 [D]. 成都：电子科技大学，2010.

量与价款进行计算的过程。交收是依据清算结果实现股票与价款的收付，从而结束整个交易过程。清算和交收两个过程统称为结算。

清算机制可分为担保清算机制和非担保清算机制、净额清算机制和全额清算机制；交收机制可以分为银货对付交收机制和DVP（券款对付）交收机制。

担保清算机制指的是交易所作为共同对手方组织开展清算的机制；非担保清算机制则是交易所不充当共同对手方的角色，仅仅作为结算组织者按规则规定或结算双方约定的方式组织开展清算的机制。

净额清算机制是指通过将同一结算单位在同一交易期内发生的所有交易进行轧差计算，得到其应收应付股票与价款的净额，最终只对净额进行交收的机制；全额清算机制是指结算公司对交易双方所有达成的交易实行逐笔清算，不对应收应付股票或资金予以冲抵轧差，结算参与人员交收时需按每笔交易的清算结果转移全部股票和资金的一种清算方式。

银货对付交收机制是指股票交收和资金交收同时完成且不可撤销，将股票交收和资金交收联系起来的机制，通俗地说就是“一手交钱，一手交货”；DVP交收机制是指当且仅当资金交付后方进行股票交收的机制。

第六，股票托管机制与资金存管机制。

股票托管机制是财产保管制度的一种形式，是指法定股票登记机构的结算公司或者其委托代理机构接受投资者委托，为其提供记名股票交易过户、非交易过户等股票登记变更转托、股票分红派息以及股票账户查询挂失等各类服务，使股票所有人权益和股票变更交易得以实现的一项制度安排。

资金存管机制也是财产保管制度的一种形式，可以分为券商存管和第三方存管。保证金的券商存管是指客户直接将保证金存放于其在券商处开立的账户中；第三方存管制度是指证券公司不直接接触客户股票交易结算资金，而交由商业银行等独立第三方负责存管，存管银行代理投资者行使股票交易清算与资金交收。客户股票交易结算资金、证券公司股票交易自营资金两者相互分离，是国际上通用的“防火墙”。

（2）股票信息披露与传播法规。

股票信息披露法规是指股票市场上的有关当事人在股票发行和交易等一系列过程中，以一定方式向投资者和社会公众公开相关的信息所需遵守的规范；股票信息传播法规是指股票相关信息在公布、流转和使用等环节需要遵守的规范。

上市公司信息披露法规可分为三类：一是财务会计信息披露法规，包括上司公司资产负债表、损益表、现金流量表等财务会计信息的披露规范；二是审计信息规范法规，包括对注册会计师审计报告、内部监事会例行报告等信息的披露规范；三是非财务会计信息披露法规，包括对市场风险预测、公共政策走向、公司治理结构、管理层薪酬、公司经营状况等非财务信息的披露规范。

按照息披露内容的时效性，股票信息披露法规可分为“硬信息”披露法规和“软信息”披露法规。前者重点是对已经发生的、历史性的信息披露进行的规范；后者则是对未来的预测性信息，比如成本盈利预测等信息披露进行的规范。

上市公司按照信息披露的法律责任划分，又可分为自愿信息披露模式、强制性信息披露模式、自愿披露与强制性披露相结合的信息披露模式。自愿信息披露模式是上市公司根据其所处的环境、条件来自主考虑信息披露的内容和方式；强制披露是通过立法和颁布行政法规的形式，强制要求上市公司披露信息；自愿披露与强制性披露相结合的模式介于上述两种模式之间，它既强制性要求上市公司按照法规规范指明的方式披露基本的信息内容，以此寻求建立一个完整的信息披露规则体系，也鼓励上市公司主动披露各种非强制信息。

根据上市公司信息披露的时点，股票信息披露法规又可以分为首次信息披露法规、定期信息披露法规和临时信息披露法规。首次信息披露法规是对上市公司在首次公开发行上市交易时披露信息的规范；定期信息披露法规是上市公司按照季度、年度等期限定期对外公布信息的规范；临时信息披露法规是对上市公司在重要事件、重大事项发生时对外披露信息的规范，是定期信息披露法规的重要补充。

（3）股票交易市场准入法规。

所谓股票交易市场准入法规是指针对不同投资者采取差别化的股票交易限制措施，旨在为不同风险承受能力的投资者设置一道控制风险的“防火墙”，以有效强化风险控制，保护投资者合法权益。投资准入制度包括股票投资主体限制制度、股票投资资金运用制度和股票限售制度。股票投资主体限制制度规定了哪些投资主体可以进入股票交易市场进行交易投资；股票投资资金运用制度规定了符合交易规定的投资主体特定性质的资金可以向股市投资多少的额度；股票限售制度规定了在一定时间和一定条件下限制出售的股票，这些限售股解禁之后就成为流通股，可以在股票市场上自由流动，限售股包括股改中形成的限售股，又包括IPO（新股首次发行）、公开增发、定向增发形成的限售股。

（4）禁止性交易法规。

禁止性交易法规界定了内幕交易行为、操纵市场行为、虚假陈述行为和欺诈客户行为，明确了上述行为所承担的法律后果。禁止性交易行为会扭曲股票的供求关系，导致市场机制失灵，并会形成垄断，妨碍竞争，同时还会诱发过度投机，损害投资者的利益，因此各国一般都严格禁止这类行为。

内幕交易行为又称内线交易或知情交易，是指股票交易信息密切相关的知情者，违反市场规则，利用掌握的相关信息从事或提供内幕信息供他人买卖股票，从中获取回报或者免于损失的行为；操纵市场行为是指操纵人利用掌握的资金、信息等优势，采用不正当手段，人为地制造股市行情，操纵或影响股票市场股票价格，以诱导股票投资者盲目进行股票买卖，从而为自己谋取利益或者转嫁风险的行为；虚假陈述行为是指股票市场相关主体通过编造、传播虚假股市信息来影响股票交易，进而影响股市价格，获取非法收益的行为；欺诈客户是指在股票交易中，证券公司及其工作人员利用受托人的地位，进行损害投资者利益或者诱使投资者进行股票买卖而从中获利的行为。

在我国，禁止性交易行为包括上述四种。但在美国、英国等国家的法规中，证券市场禁止性行为一般是指操纵市场行为和内幕交易行为两类，而将虚假陈述行为和欺诈客户行为放在操纵市场行为和内幕交易行为中进行规范。

3.1.1.2　股票交易市场规制执法法规

股票交易市场规制执法法规规定了股票交易市场规制主体将规制客体的行为限制在合法范围内所能采取的措施，包括股票交易市场规制调查法规和股票交易市场规制处罚法规。股票交易市场规制调查法规限定了规制主体用来监督规制客体行为是否在合法范围内时所能采取的手段；股票交易市场规制处罚法规赋予了规制主体对规制客体非法行为进行处罚的权力。

股票交易市场规制调查法规包括规制检查法规和规制稽查法规。规制检查法规授权规制主体对规制客体的股票交易行为进行事前和事中日常检查，以扼杀违法行为苗头，及时制止违法行为，并为规制稽查提供线索。规制稽查法规授权规制主体对股票交易市场中涉嫌违反股票交易法律法规的规制客体进行稽查的权力。

从另一个角度，股票交易市场规制调查法规又可分为规制调查程序法规和规制调查权限法规。规制调查程序法规规定了规制主体在进行规制调查中需要遵守的程序；规制调查权限法规赋予规制主体一定的权力，以保障其进行正常的检查和稽查。规制调查权一般包括限制公民人身自由，查封场所、设施或者财物，扣押财物，冻结存款、资产等。

股票交易市场规制处罚法规包括行政处罚法规和行政强制执行法规两类。行政处罚法规是为维护公共利益和社会秩序，保护投资者合法权益，授权规制主体对规制客体违反行政法律法规而尚未构成犯罪的行为实施行政制裁的法律制度。行政处罚一般分为申诫罚、财产罚、能力罚和资格罚。行政强制执行法规是授权行政机关或者法院，对不履行行政处罚决定的公民、法人或者其他组织依法强制其履行义务的法律制度。行政强制执行的方式一般有加处罚款或者滞纳金，划拨存款、汇款，拍卖或者依法处理查封、扣押的场所、设施或者财物，排除妨碍、恢复原状，代履行等。行政强制是行政处罚的后盾，行政强制有力地保障了行政处罚的实施。

3.1.1.3　股票交易市场规制救济法规

股票交易市场规制救济法规赋予股票交易市场规制客体对规制主体做出的规制处罚提出异议的权力，分为行政复议法和行政诉讼法两种。

行政复议法是指当行政相对人认为行政主体的具体行政行为侵犯其合法权益时，可以依法向行政复议机关提出复查该行政行为的申请，行政复议机关按照法定程序对其申请的行政行为进行合法性、适当性审查，并做出行政复议决定的一种法律制度。行政诉讼法是一种诉讼程序法，是确定行政诉讼参加人的法律地位和相互关系的法律规范，赋予规制客体依法就存疑的规制处罚向法院提起诉讼的权力。

3.1.2 股票交易市场规制执法

股票交易市场规制执法是股票交易市场规制主体依据股票交易市场规制执法法规，对规制客体违法行为进行的查处，包括股票交易市场规制检查、规制稽查和规制处罚。

股票交易市场规制检查是规制主体根据法律授权，对规制对象的行为进行的事前和事中日常检查，以期扼杀违法行为苗头，及时制止违法行为，并为规制稽查提供线索；股票交易市场规制稽查是指股票监管部门根据法律授权，对股票交易市场中涉嫌违反股票交易法律法规的规制客体进行调查的行为；股票交易市场规制处罚是股票交易市场规制主体依据规制法规，依据规制调查的结果，对规制客体的违法行为进行的处罚。

规制检查分为现场检查和非现场检查。现场检查是指规制主体定期或不定期地对规制客体的特定行为在规制客体交易现场进行的检查，一般分为检查准备阶段、检查实施阶段、报告形成阶段、处理阶段、档案整理阶段等五个阶段。非现场检查是指股票交易市场规制主体通过报表等非现场信息对规制客体的交易行为进行动态分析，借以发现规制客体是否存在违法行为。

规制检查属于事前和事中规制，是规制稽查的前奏，规制稽查是规制检查的深化，是在掌握一定违法线索的情况下对规制客体违法违规行为进行的取证行为，属于事后规制。规制检查、检查稽查是规制处罚的依据，规制处罚是规制检查和检查稽查的自然延伸。

3.1.3 股票交易市场规制救济

股票交易市场规制救济是股票交易市场规制客体根据规制法规，对规制主体做出的规制处罚提出异议，股票交易市场规制主体对此异议进行的响应。股票交易市场救济包括行政复议和行政诉讼两类。

行政复议是指行政相对人认为行政主体的具体行政行为侵犯其合法权益，依法向行政复议机关提出复查该行政行为的申请，行政复议机关按照法定程序对申请的行政行为进行合法性、适当性审查，并做出行政复议决定的一种行为；行政诉讼是指公民、法人或其他组织认为国家行政机关及工作人员的具体行政行为侵犯其合法权益时，依法向法院提起诉讼，并由法院依据行政诉讼法对行政机关及工作人员具体行政行为是否合法进行审查并做出裁判的活动。

3.2 股票交易市场规制体系变迁的成因

制度变迁理论认为，制度相关主体分为制度的供给方和需求方，制度的运行是有成本和收益的，双方的制度行为都是在追求利益最大化。制度变迁是制度供给满足制度需求的过程，也就是一种新的有效的制度（即目标模式）对原有的低效率制度（即起点模式）的替代，亦即制度供需由非均衡状态到达均衡状态的过程。

同样，股票交易市场规制相关主体分为股票交易市场规制的供给方（政府）和需求方（股票交易市场），股票交易规制的供需行为都是在追求规制行为的利益最大化，股票交易市场规制体系变迁是股票交易市场规制供给满足股票交易市场规制需求的过程，是一种新的有效的股票交易市场规制体系对原有的低效率股票交易市场规制体系的替代，亦即股票交易市场规制体系供需从非均衡状态达到均衡状态的过程。研究股票交易市场规制体系变迁可以从规制的供需两个方面展开。

股票交易市场规制体系的运行也是有成本和收益的。一方面，股票交易市场规制的运转是通过规制主体的具体操作而实现的，在正交易成本的市场中，每种操作均需要一定费用，这些费用便构成了规制成本。另一方面，股票交易市场规制的运行带来一定的效益，它表现为因股票交易市场规制实施而提高的股市效率。

诺思认为，路径依赖类似于力学中的惯性，事物一旦进入某一路径，就可能对这种路径产生依赖。这种机制使规制一旦走上某一路径，就会在以后的变迁中得到不断的自我强化。一旦形成某种特殊的发展轨迹以后，无论是好是坏，都有一种沿着这种路径走下去的“惯性”。

股票交易市场规制体系变迁的路径依赖既可以使股票交易市场规制体系沿着正确的道路去形成良性循环，也可能循着旧有错误的路径滑下去，甚至被锁定在低效状态陷入恶性循环而不能自拔。在股票交易市场规制体系变迁过程中，路径依赖常常使得规制变革被牵引到旧的轨道上来，使新的股票交易市场规制体系中搀杂大量旧规制体系的因素，甚至成为旧规制体系的变种。

因此，股票交易市场规制体系变迁的成因可以从两个方面去考量：其一，从空间截面的角度来看，股票交易市场规制体系变迁是由股票交易市场规制体系供给和需求两方面的变化导致的，股票交易市场体系供需方的改变是股票交易市场规制体系变迁的一个原因；其二，从时间序列的角度来看，股票交易市场规制体系变迁是股票交易市场规制变迁路径所决定的，股票交易市场规制体系变迁的路径依赖表现为股票交易市场规制体系变迁路径的自我强化，现在的股票交易市场规制体系是过去的股票交易市场规制体系的延续，将来的股票交易市场规制体系是现在的股票交易市场规制体系的延续。股票交易市场规制体系变迁是股票交易市场规制体系空间和时间维度共同作用的结果，这两种作用是相辅相成、密切联系的，有时是前者的作用大于后者，有时是后者的作用大于前者，但股票交易市场规制体系变迁总是浸润在时间与空间两个维度中进行的，总要受到时间和空间两个维度因素的共同影响。

本书采取如下的步骤构建股票交易市场规制体系供需理论：在研究股票交易市场规制体系的供给方面对股票交易市场规制体系变迁的影响时，假定了股票交易市场规制体系的需求方是外生不变的；在研究股票交易市场规制体系的需求方面对股票交易市场规制体系变迁的影响时，假定了股票交易市场规制体系的供给方是外生不变的；最后，将股票交易市场规制体系的供需双方都作为内生变量，研究供需双方对股票交易市场规制体系变迁的影响。

具体地，在研究股票交易市场规制体系的供给方面对股票交易市场规制体系变迁的影响时，步骤如下：在研究政府效用函数对股票交易市场规制体系规制变迁的影响时，假定制度约束、利益集团压力函数和官僚效用函数不变；在研究制度约束对股票交易市场规制体系变迁的影响时，假定政府效用函数、压力集团压力函数和官僚效用函数不变；在研究利益集团压力对股票交易市场规制体系变迁的影响时，假定政府效用函数、制度约束和官僚效用函数不变；在研究官僚效用函数对股票交易市场规制体系变迁的影响时，假定政府效用函数、制度约束和压力集团压力函数不变。

3.2.1　股票交易市场规制体系变迁的供给

从股票交易市场规制体系的供给方面来看，股票交易市场规制主体的规制行为是在外在和内在双重约束的条件下对效用函数最大化的决策行为，规制行为的外在约束表现为政府部门所处的外部制度约束条件和外部主体约束，规制行为的内在约束表现为规制主体的偏好和规制主体内部的委托—代理关系。

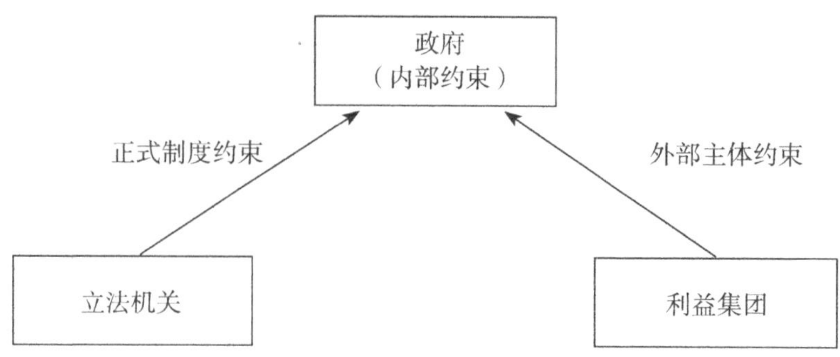

图 3-2　股票交易市场规制供给理论

3.2.1.1　政府效用函数

股票交易市场规制体系变迁是一个高度集中的计划经济规制体系与分散化的市场化规制体系之间的一个相互转换过程，即股票交易市场规制体系规制变迁是规制力度不断收紧和放松交替的过程。我们以股票交易市场规制力度（x）来表述政府的股票交易市场规制体系供给，x 为 0～1 之间的正数，x 越接近于 0，规制强度越弱，市场化程度越深；x 越接近于 1，规制强度越强，市场化程度越弱。x 等于 1 时，表示股票交易市场处于完全的计划经济状态。x 等于 0 时，表示股票交易市场市场化配置机制充分建立。

股票交易市场规制体系的收益、成本以及政府效用函数表述如下。

（1）效率收益 T。

股票交易市场规制体系的效率收益 T 体现在股市的泡沫性、溢价性、流动性和波动性等方面，股票交易市场规制体系效率收益是股市效率指标的综合。T 取决于股票交易市场规制体系的规制水平 x 和股票交易市场规制体制的寻租行为 γ、股市的市场结构 J，J 为 0～1 之间的正数，J 越接近于 0，表示股市结构越不完善，J 越大，表示股市结构越完善。其公式如下：$T=T(x,\gamma,J)$。其中，$\partial T/\partial\gamma<0$，$\partial T/\partial J>0$，令 $\partial T(x,\gamma)/\partial x|_{x=x^*}=0$，当 $x\leqslant x^*$

时，$\partial T/\partial x>0$，当 $x>x^*$ 时，$\partial T/\partial x<0$。

（2）规制成本 C。

股票交易市场规制体系的成本 C 包括直接成本和间接成本。直接成本主要是指股票交易市场规制主体的行政运行成本，间接成本主要是指股票交易市场规制主体的寻租行为 γ。其公式如下：$C=C（x, \gamma）$。其中，$\partial C/\partial x>0$，$\partial C/\partial \gamma>0$。

（3）政府效用函数 U_g。

政府效用函数的公式如下：

$$U_g=\int_{t=1}^{\infty}\{T_t(x, \gamma, J)-C_t(x, \gamma)\}^{-\rho}dt$$

其中，p 表示规制主体的时间贴现偏好，$0<p<1$。

股票交易市场规制体制的寻租行为 γ 随着股票交易市场规制体系的规制程度 x 的提高而升高，$\gamma=\gamma(x)$，$\partial\gamma/\partial x>0$，所以，$U_g=\int_{t=1}^{\infty}\{(x, J)-C_t(x)\}^{-\rho}dt=U_g(x, \rho, J)$，其中，$\partial U_g/\partial T>0$，$\partial U_g/\partial C<0$，$\partial U_g/\partial J>0$。

下面建立一个股票交易市场规制的成本收益模型，具体说明政府时间贴现偏好变化对股票交易市场规制体系变迁的影响。

（1）模型均衡分析。

$$MaxU_g=\int_{t=1}^{\infty}\{T_t(x, J)-C_t(x)\}^{-\rho}dt=U_g(x, \rho, J)$$

令 $\partial U_g(x, \rho)/\partial x=0$，得到 $x_2^*=x_2^*(p)$，此为股票交易市场规制体系的最优规制水平，如图 3-3 所示。

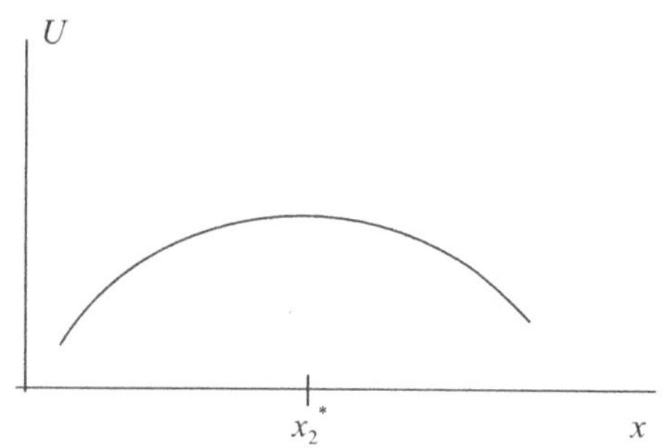

图 3-3　政府效用函数约束下股票交易市场规制体系的均衡

（2）股票交易市场规制均衡强度的动态性。

$x_2^*=x_2^*(p)$，若$\partial x_2^*(\rho)/\partial\rho>0$，那么股票交易市场最优规制水平（$x_2^*$）会随着规制主体贴现偏好（$p$）的增加而上升（见图 3-4），随着规制主体贴现偏好（p）的降低而下降（见图 3-5）；若$\partial x_2^*(\rho)/\partial\rho<0$，那么股票交易市场最优规制水平（$x_2^*$）会随着规制主体贴现偏好（$p$）的增加而下降（见图 3-5），随着规制主体贴现偏好（p）的降低而上升（见图 3-4）。

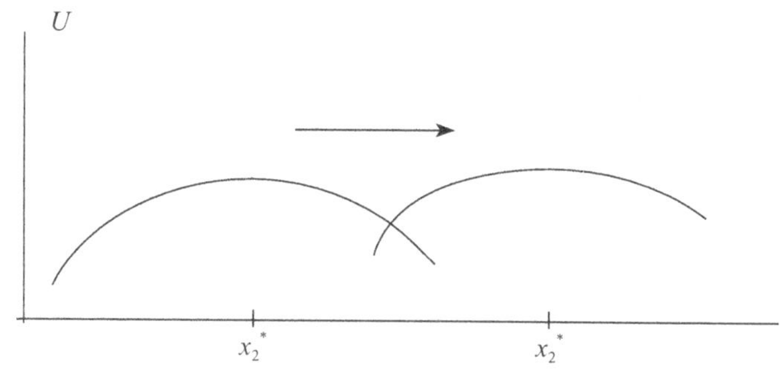

图 3-4　政府效用函数变化造成股票交易市场规制体系均衡强度的增加

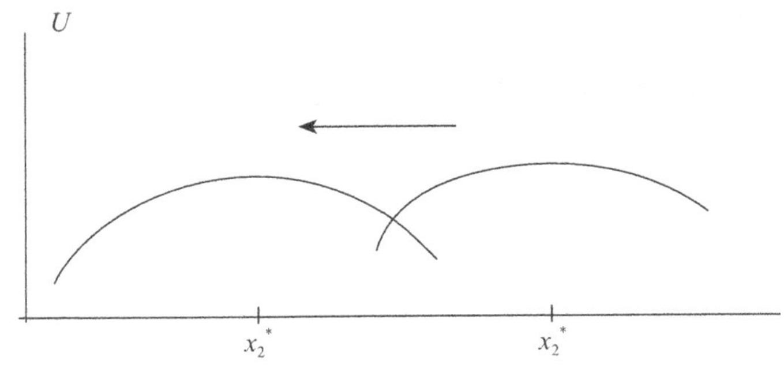

图 3-5 政府效用函数变化造成股票交易市场规制体系均衡强度的降低

3.2.1.2 正式制度约束——法律效力位阶模型

法的效力位阶指“法”在法律体系中所处的效力和等级位置，通常由制定该法的不同立法机构或国家机关在国家政体中的等级地位所决定。就法的效力位阶而言，法可分为三类，即上位法、下位法和同位法。就法律效力大小而言，效力大的为上位法，在它之下生效的为下位法。在法律体系中，一般上位法高于下位法，后者不得与前者相抵触，同位法之间则具备同等效力，在各自的权限范围内施行。

股票交易市场规制体系作为一项政府决策，也要受到上位法的约束，政府只能在上位法所圈定的可能范围内进行最优选择股票交易市场规制体系的变迁路径，而不能超出上位法所限定的可能范围去改革股票交易市场规制体系。股票交易市场规制体系变迁都是在一定的外部正式制度（上位法）约束下做出的，股票交易市场规制体系的变迁路径很大程度上取决于上位法的约束范围。股票交易市场规制体系的效率不仅仅取决于经济学家的建议和政治家的行为，更取决于政府决策所受的上位法约束，不同的上位法约束会带来不同的股票交易市场规制体系路径。

下面建立一个模型来说明上位法约束变化对股票交易市场规制体系变迁

的影响。

（1）模型均衡分析。

$$U_g=\int_{t=1}^{\infty}\{T_t(x,J)-C_t(x)\}^{-\rho}\,dt=U_g(x,\rho,J)$$

其中 $x_1<x<x_2$，x_1 和 x_2 分别表示股票交易市场规制体系的上位法约束的下限和上限。

最优化上述函数，得到 $x_2^*=x_2^*(x_1,x_2)$，此为股票交易市场规制体系的最优规制水平，如图 3-6 所示。

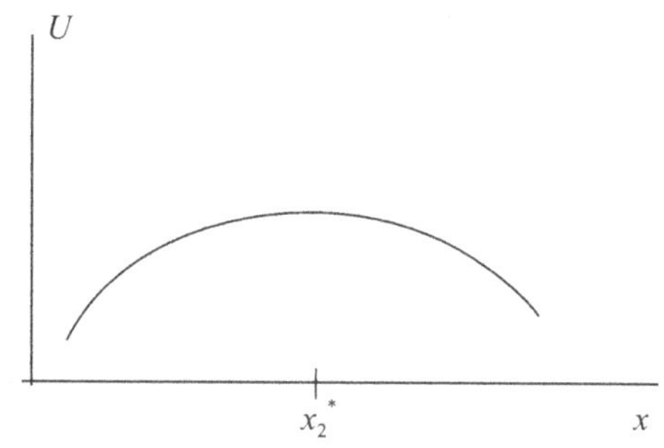

图 3-6　上位法约束下股票交易市场规制体系的均衡

（2）股票交易市场规制均衡强度的动态性。

$x_2^*=x_2^*(x_1,x_2)$，若 $\partial x_2^*(x_1,x_2)/\partial x_1>0$，那么股票交易市场最优规制水平（$x_2^*$）会随着上位法的下限（$x_1$）的提升而上升（见图 3-7），随着上位法的下限（x_1）的降低而下降（见图 3-8）；若 $\partial x_2^*(x_1,x_2)/\partial x_1<0$，那么股票交易市场最优规制水平（$x_2^*$）会随着上位法的下限（$x_1$）的提升而下降（见图 3-8），随着上位法的下限（x_1）的降低而上升（见图 3-7）。若 $\partial x_2^*(x_1,x_2)/\partial x_2>0$，那么股票交易市场最优规制水平（$x_2^*$）会随着上位法的上限（$x_2$）的提升而上升（见图 3-7），随着上位法的上限（x_2）的降低而下降（见图 3-8）；若 $\partial x_2^*(x_1,x_2)/\partial x_2<0$，那么股票交易市场最优规制水平（$x_2^*$）会随着上位法的上限（$x_2$）的

提升而下降（见图 3-8），随着上位法的上限（x_2）降低而上升（见图 3-7）。

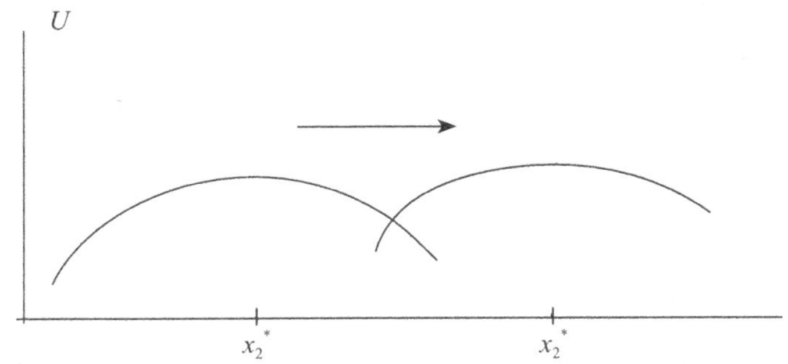

图 3-7　上位法约束变化造成股票交易市场规制体系均衡强度的增加

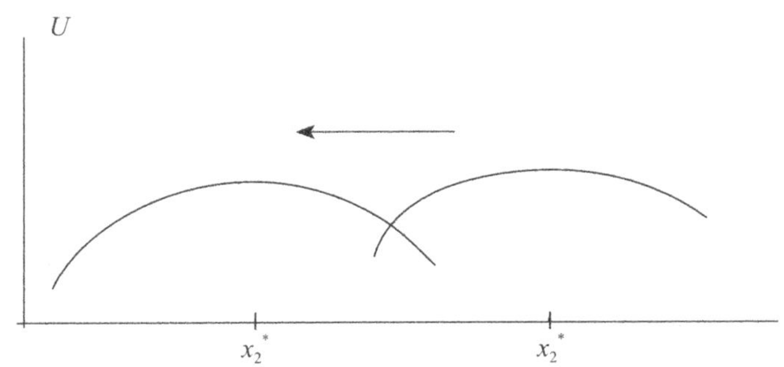

图 3-8　上位法约束变化造成股票交易市场规制体系均衡强度的降低

3.2.1.3　非正式制度约束——意识形态模型

诺思认为，意识形态决定了人们对于等价交换以及制度公正性评判的标准，是决定人们对于事物的重要评价指标。社会普遍意识形态的形成来源于人们对不确定因素本身的理解性，不确定因素以及未来未知现象的理解性的增强让意识形态变得更加根深蒂固。而为了让不确定处境“可理解”，人们将发展各种各样的解释。我国民间的传说故事、古希腊神话以及宗教礼仪、祭祀手法等，都说明了人们对于未知世界的探究与解释的迫切需求。

一致性的意识形态可以替代正式制度约束，使人们形成一致的认识并简化其制度变迁决策过程，从而成为一种节约制度变迁成本的有效机制。如果意识形态与正式制度是相容的，即（x_3，x_4）∈（x_1，x_2）（x_1、x_2 表示正式制度约束的下限和上限，x_3、x_4 表示非正式制度约束的下限和上限），那么意识形态会降低规制的变迁成本。反之，如果意识形态与正式制度是非相容的，那么意识形态会增加规制的变迁成本。

下面建立一个模型来说明意识形态变迁对股票交易市场规制体系变迁的影响。

（1）模型均衡分析。

$$U_g = \int_{t=1}^{\infty} \{T_t(x, J) - C_t(x)\}^{-\rho}\, dt = U_g(x, \rho, J)$$

其中 $x_3 < x < x_4$，x_3、x_4 表示股票交易市场规制体系意识体态约束的下限和上限。

最优化上述函数，得到 $x_2^* = x_2^*(x_3, x_4)$，此为股票交易市场规制体系的最优规制水平，如图 3-9 所示。

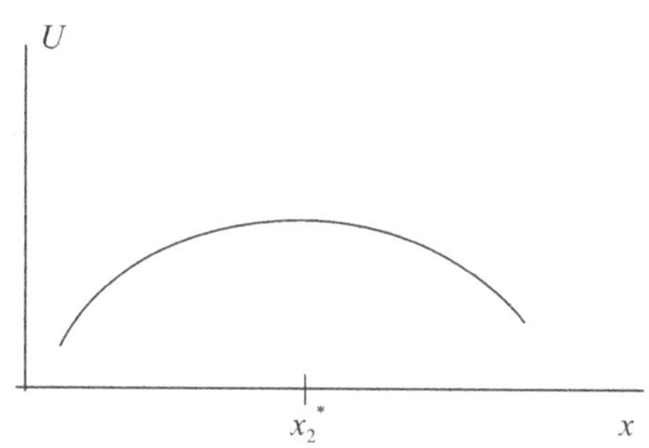

图 3-9　意识形态约束下股票交易市场规制体系的均衡

（2）股票交易市场规制均衡强度的动态性。

$x_2^* = x_2^*(x_3, x_4)$，若 $\partial x_2^*(x_3, x_4) / \partial x_3 > 0$，那么股票交易市场最优规制

水平（x_2^*）会随着意识形态下限（x_3）的增加而提升（见图 3-10），随着意识形态下限（x_3）的降低而下降（见图 3-11）；若 $\partial x_2^*(x_3, x_4)/\partial x_3 < 0$，那么股票交易市场最优规制水平（$x_2^*$）会随着意识形态下限（$x_3$）的增加而下降（见图 3-11），随着意识形态下限（x_3）的降低而提升（见图 3-10）。若 $\partial x_2^*(x_3, x_4)/\partial x_4 > 0$，那么股票交易市场最优规制水平（$x_2^*$）会随着意识形态上限（$x_4$）的增加而提升（见图 3-10），随着意识形态上限（x_4）的降低而下降（见图 3-11）；若 $\partial x_2^*(x_3, x_4)/\partial x_4 < 0$，那么股票交易市场最优规制水平（$x_2^*$）会随着意识形态上限（$x_4$）的增加而下降（见图 3-11），随着意识形态上限（x_4）的降低而提升（见图 3-10）。

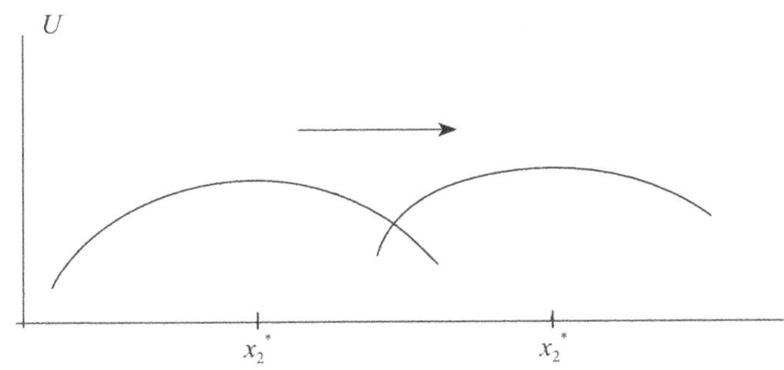

图 3-10　意识形态变迁造成股票交易市场规制体系均衡强度的增加

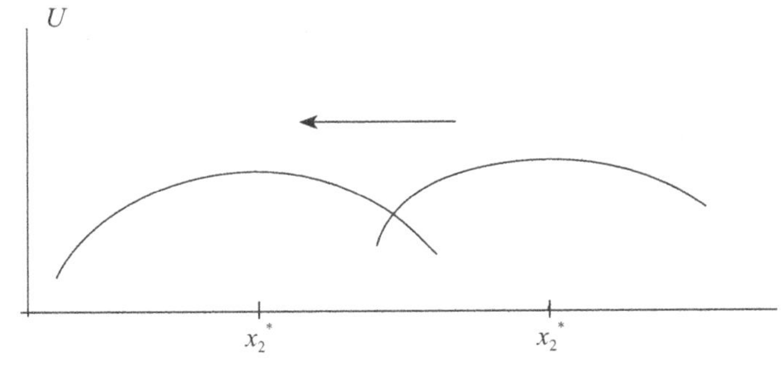

图 3-11　意识形态变迁造成股票交易市场规制体系均衡强度的降低

3.2.1.4 外部利益集团约束——规制俘虏模型

俘虏理论认为：规制的提供适应了产业对规制的需求（即立法者被规制中的产业所控制和俘虏），而且规制机构也逐渐被产业所控制（即规制者被产业所俘虏）。规制俘虏理论的基本观点是：不管规制方案如何设计，规制机构对某个产业的规制实际上都是被这个产业所“俘虏”，规制提高了产业利润而不是社会福利。

股票交易市场规制体系形成的第三重约束是外部利益集团的约束。按照利益集团理论的解释，股票交易市场规制体系变迁是股票交易市场利益集团之间博弈或协调后的结果，股票交易市场规制体系的变迁过程实际上是股票交易市场规制体制被股市相关利益集团所“俘虏”的过程，规制提高了特定利益集团的股市投资回报而不是社会福利，股票交易市场规制体系变迁的目的在于促进某些特定利益集团的利益①。

下面建立一个模型来说明政府在利益集团影响下的股票交易市场规制体系变迁过程。

（1）模型均衡分析。

$$U_g=\int_{t=1}^{\infty}\{T_t(x,J)-C_t(x)\}^{-\rho}\,\mathrm{d}t=U_g(x,\rho,J)$$

受约束于 $\dfrac{\int_{i=1}^{q}\{F_i|U_i(x)>0\}\,\mathrm{d}i}{\int_{N=1}^{n}F_i\,\mathrm{d}N}>F^*$，假设社会中有 n 个股票交易市场利益集团，每个利益集团的影响力为 F_i（$i=1,2,\cdots,n$），政府就股票交易市场

① 田松柏，黄大熹．西方利益集团理论的考察与反思 [J]．湖南经济管理干部学院学报，2006（6）：71-73.

规制问题可以做出的决策为 x，某一政策 x 会使 q（$q \leqslant n$）个利益集团受益，即 $U_i(x_j) \geqslant 0$（$i=1, \cdots, q$），这 q 个利益集团就会成为政府的支持力量；F^* 表示政府寻常的最低支持率阈值。

$F=F(f)=F(N, C, W, T)$，f 指利益集团影响力函数参数，具体包括：N 代表利益集团人数，C 表示利益集团组织程度，W 代表利益集团财富状况，T 代表利益集团决策层中代理人的比重[①]，$\partial F/\partial f>0$。

$U=U(x, u)=U(x, age, sex, edu)$，$u$ 表示集团效用函数的的参数，具体包括：年龄 age、性别 sex、受教育程度 edu 等。

最优化上述函数，得到，$x_2^*=x_2^*(f, u, F^*)$，此为股票交易市场规制体系的最优规制水平，如图 3-12 所示。

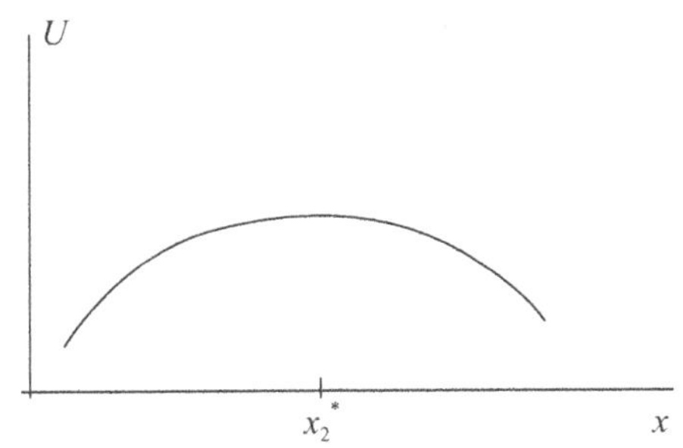

图 3-12　利益集团约束下股票交易市场规制体系的均衡

（2）股票交易市场规制均衡强度的动态性。

$x_2^*=x_2^*(f, u, F^*)$，若 $\partial x_2^*(f, u, F^*)/\partial u>0$，那么股票交易市场最优规制水平（$x_2^*$）会随着利益集团影响力函数参数（$f$）的增加而提升（见图 3-13），随着利益集团影响力函数参数（f）的降低而下降（见图 3-14）；若 $\partial x_2^*(f, u, F^*)/\partial F_i<0$，那么股票交易市场最优规制水平（$x_2^*$）会随着利

① 顾六宝，朱长存. 中国农村政策的决策模型分析 [J]. 河北学刊，2004（3）：187-192.

益集团影响力函数参数（f）的增加而下降（见图 3-14），随着利益集团影响力函数参数（f）的降低而提升（见图 3-13）。若 $\partial x_2^*(f, u, F^*)/\partial u>0$，那么股票交易市场最优规制水平（$x_2^*$）会随着集团效用函数参数（$u$）的增加而提升（见图 3-13），随着集团效用函数参数（u）的降低而下降（见图 3-14）；若 $\partial x_2^*(f, u, F^*)/\partial u<0$，那么股票交易市场最优规制水平（$x_2^*$）会随着集团效用函数参数（$u$）的增加而下降（见图 3-14），随着集团效用函数参数（u）的降低而提升（见图 3-13）。若 $\partial x_2^*(f, u, F^*)/\partial F^*>0$，那么股票交易市场最优规制水平（$x_2^*$）会随着政府最低支持率阈值（$F^*$）的增加而提升（见图 3-13），随着政府最低支持率阈值（F^*）的降低而下降（见图 3-14）；若 $\partial x_2^*(f, u, F^*)/\partial F^*<0$，那么股票交易市场最优规制水平（$x_2^*$）会随着政府最低支持率阈值（$F^*$）的增加而下降（见图 3-14），随着政府最低支持率阈值（F^*）的降低而提升（见图 3-13）。

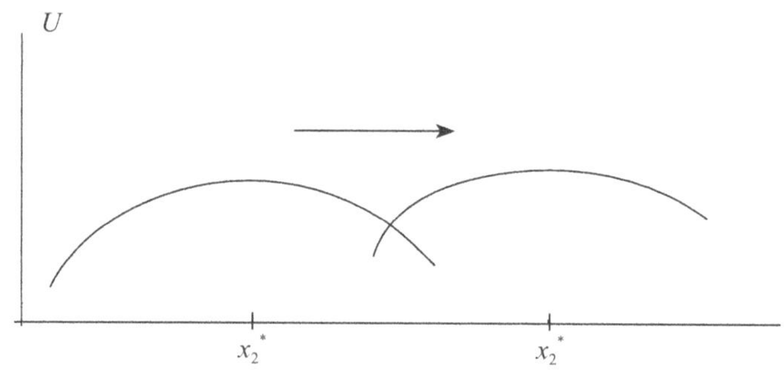

图 3-13　利益集团压力变化造成股票交易市场规制体系均衡强度的增加

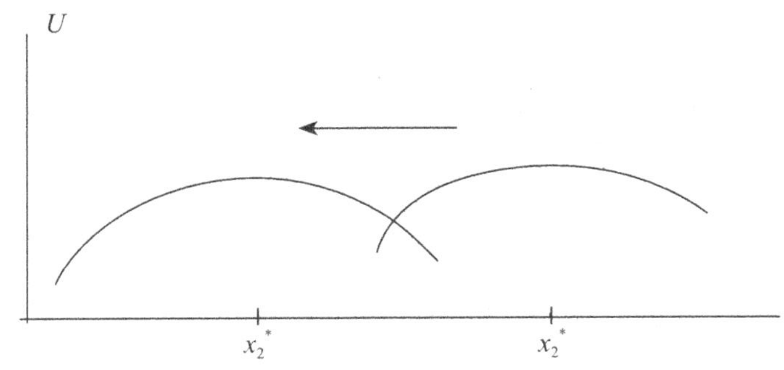

图 3-14　利益集团压力变化造成股票交易市场规制体系均衡强度的降低

3.2.1.5　内部约束——委托—代理模型

诱导某一代理人的行为最大化委托人的福利，这一问题是相当普遍的。企业、大学、社团和政府机构都是由委托－代理关系所组成的复杂组织，都存在着因委托－代理关系设计不合理而带来的道德风险和逆向选择问题。布坎南认为经济活动与政治活动是在不同的决策环境约束下去追求利益最大化，他创立的公共选择理论假定政府工作部门和政府工作人员也是经济人，是在政府委托－代理关系这一约束条件下综合考量成本—收益的基础上，追求自身特殊利益。

无论何种领域的委托－代理关系，由于组织不可能超脱科层而独立存在，它的行为和意图也是由具体的科层来体现的，所以组织作为委托人就意味着组织中的成员处于代理人地位。在政府内部有两层委托－代理关系，第一层委托－代理关系是中央政府与各部委的委托－代理关系，中央政府是委托人，各部委是代理人，这方面的主要研究成果是官僚理论；第二层关系是中央政府或各部委内部的委托－代理关系，这其中，由政治家充当委托人，行政工作人员作为代理人，这方面的主要理论是寻租理论。

由尼斯坎南、米格、布朗热等人发展而来的官僚理论认为，规制机构本身如同私人一样，必然以自利为动机，规制机构对部门利益的追求将对规制政策产生显著影响，从而也影响规制的形式、内容和效果。因此，政府规制的目的是通过实施规制行为实现规制官僚机构本身的部门利益。

寻租理论的思想最早萌芽于1967年图洛克的一篇论文，但直到1974年才由克鲁格在一篇分析国际贸易保护主义政策成因的论文中正式提出了寻租理论的概念：政府运用行政权力对企业和个人的经济活动进行干预和规制，妨碍了市场竞争的作用，从而创造了少数有特权者取得超额收入的机会，被称为“租金”，谋求这种权力以获得资金的活动被称作“寻租活动”，俗称“寻租”。寻租的本质是政府的组成人员借助公共权力来换取个人利益。

股票交易市场规制体系的变迁是由规制主体组织实施的，股票交易市场规制主体是由中央政府和相关部委组成的，这构成了第一层的委托—代理关系，中央政府和相关部委在进行规制变迁时，必然要考虑到本部门的特殊利益；中央政府和相关部委是由一个个工作人员组成的，这构成了第二层的委托—代理关系，作为代理人的工作人员必然要在行使委托—代理关系的过程中，借助公共权力来换取个人利益。下面建立一个模型来说明委托—代理关系对股票交易市场规制体系变迁的影响，在这个模型中，用一个统一的抽象模型说明了两层委托—代理关系的变化对股票交易市场规制体系变迁的影响，而没有分别对两层委托—代理关系变化对股票交易市场规制体系的影响进行说明。

（1）模型均衡分析。

$U_d=U_g(x)+\gamma-P(\gamma/\gamma^*)$

上式表示代理人的效用函数，其中，γ^*是寻租容忍阈值，$P(\gamma/\gamma^*)$表示官僚收受寻租所受的惩处，$\partial P/\partial\gamma>0$，$\gamma=\gamma(x)$，$\partial\gamma/\partial x>0$。

令$\partial U_d/\partial x=0$，解得$x_2^*=x_2^*(\gamma^*)$，此为股票交易市场规制体系的最优规

制水平，如图 3-15 所示。

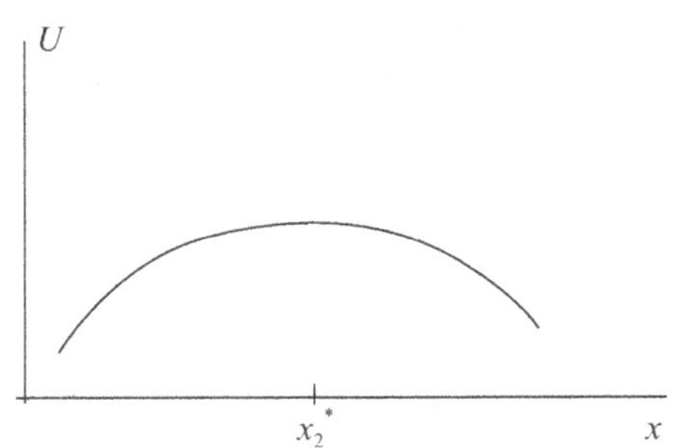

图 3-15　委托—代理约束下股票交易市场规制体系的均衡

（2）股票交易市场规制均衡强度的动态性。

$x_2^*=x_2^*(\gamma^*)$，若 $\partial x_2^*(P,\gamma^*)/\gamma^*>0$，那么股票交易市场最优规制水平（$x_2^*$）会随着委托机构的寻租容忍阈值（$\gamma^*$）的增加而提升（见图 3-16），随着委托人的寻租容忍阈值（γ^*）的降低而下降（见图 3-17）；若 $\partial x_2^*(P,\gamma^*)/\gamma^*<0$，那么股票交易市场最优规制水平（$x_2^*$）会随着委托人的寻租容忍阈值（$\gamma^*$）的增加而下降（见图 3-17），随着委托机构的寻租容忍阈值（γ^*）降低而提升（见图 3-16）。

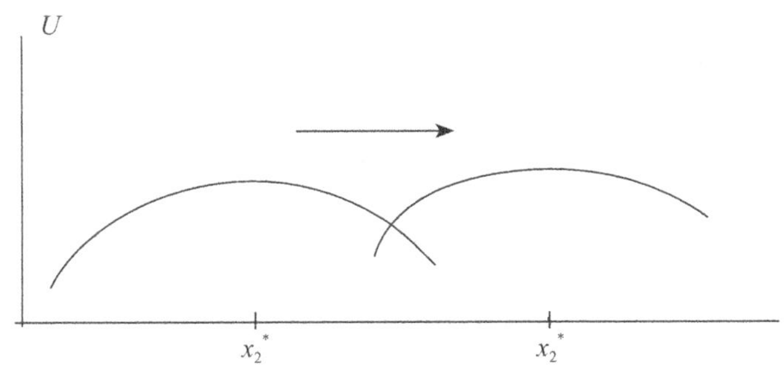

图 3-16　委托—代理约束变化造成股票交易市场规制体系均衡强度的增加

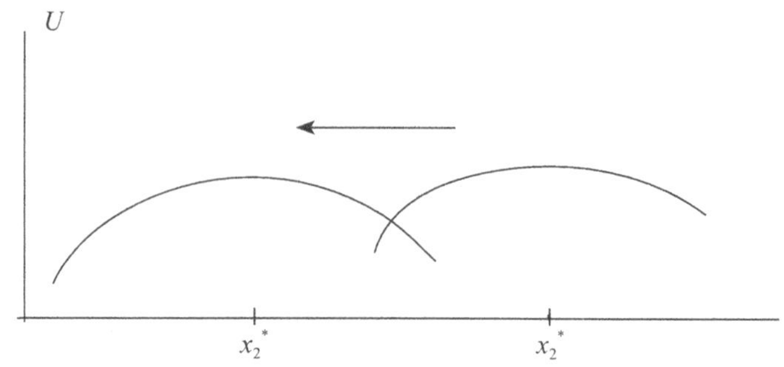

图 3-17　委托一代理约束变化造成股票交易市场规制体系均衡强度的降低

3.2.2　股票交易市场规制体系变迁的需求

哈佛学派以新古典学派的价格理论为基础，结合实证研究，构建了市场结构（Structure）—市场行为（Conduct）—市场绩效（Performance）的产业分析框架，简称 SCP 分析框架（见图 3-18）。SCP 理论作为正统的产业组织理论，其核心观点是：市场结构和政府规制共同决定市场行为，市场行为再决定市场绩效，市场绩效再影响政府公共政策。运用 SCP 范式可以对市场关系的各个方面的关系进行实证分析，也就是说，为了实现理想的市场绩效，可以依据“S-C-P”传导顺序对现实经济进行观测。

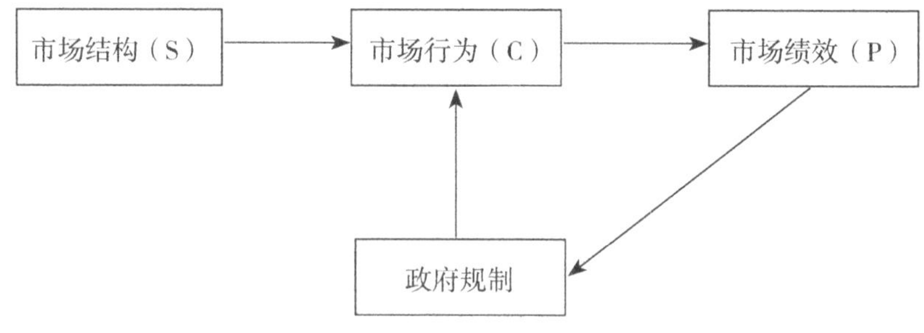

图 3-18　SCP 分析框架

市场结构有两种状态，即完善的市场结构和不完善的市场结构。按照SCP理论，假定市场结构是完善的、符合古典经济模型的假定条件，即市场供需不存在垄断、市场信息分布是充分完全的、不存在公共产品和经济外部性、市场主体是同质且充分理性的、交易成本为零、价格具有完全弹性，那么市场就达到了帕累托最优，市场绩效就是最优的。由于市场绩效达到了最优，因此不存在市场失灵，在这种情形下，政府规制是冗余的。

但现实情况是，市场并不完善，市场供需存在垄断、市场信息分布是不充分不完全的、存在公共产品和经济外部性、市场主体是不同质且非充分理性的、交易成本不为零、价格不具有完全弹性，所以市场绩效没有达到最优，市场经常是失灵的。正是因为市场结构的不完善导致了市场的绩效损失，为了避免绩效损失引起的福利损失，政府就需要市场进行规制。

股票市场是市场的一种，产业经济学的SCP理论同样也适用于股票市场。本书构建了股票市场的SCP理论：股票市场结构和政府股票交易市场规制体系决定投资者股票交易行为，投资者股票交易行为再决定股票市场绩效（或市场效率），股票市场绩效再影响政府股票交易市场规制体系。股票市场绩效是股票市场行为的一种评价，包括正常和失灵两种情况，如图3-19所示。

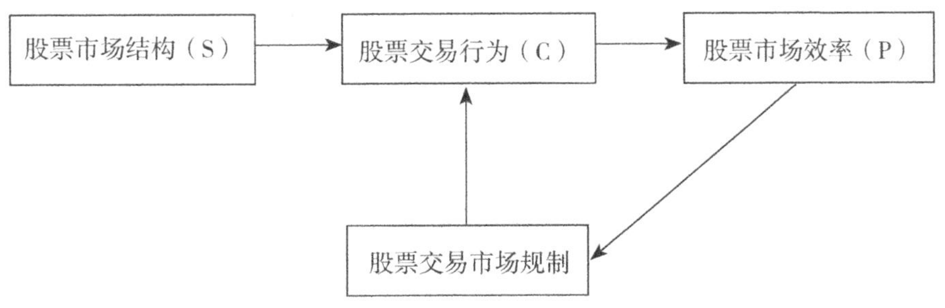

图3-19　股票交易市场规制需求理论

按照SCP理论，假定股票交易市场结构是完善的、是符合古典经济模型假定条件的，即股票交易市场供需不存在垄断、市场信息分布是充分完全的、不存在公共产品和经济外部性、投资主体是同质且充分理性的、股票交易成本为零、股票价格具有完全弹性，那么市场就达到了帕累托最优，市场绩效就是最优的，也就是说，如果股票结构市场是完善的，那么股票市场交易行为就是理想的，就不存在泡沫、不存在溢价、不存在偏离价值的过度波动、具有合理的流动性。由于股票交易市场绩效达到了最优，不存在市场失灵，在这种情形下，股票交易市场政府规制是冗余的。

但现实情况是，股票交易市场并不完善，市场供需存在垄断、市场信息分布是不充分不完全的、存在公共产品和经济外部性、投资主体是不同质且非充分理性的、股票交易成本不为零、股票价格不具有完全弹性，所以股票交易市场绩效没有达到最优，市场经常是失灵的，股票市场存在泡沫、溢价、过度波动和不合理的流动性。正是因为股票交易市场结构的不完善，导致了股票交易市场的绩效失灵。

规制的公共利益理论认为，由于股票交易市场结构的不完善，股票交易市场市场经常处于失灵状态，单靠市场机制并不能实现资源的有效配置，这样就需要通过政府规制体系来弥补和矫正市场失灵，以促进社会福利的改善。

股票交易市场规制体系的变迁可以从股市失灵方面找到理由，股市现实结构是不断变化的，股票交易市场规制主体为了达到目标函数最大化，就需要不断适应股市结构的变化而不断改变股票交易市场规制体系的规制强度，换句话说就是，政府股市规制目标函数中包含现实股市结构这个参数，随着股市结构的不断变化，由政府目标函数所制约的股票交易市场规制体系也会随之发生变迁。一般地，股市结构改善，股票交易市场规制强度会随着降低；反之，股市结构恶化，股票交易市场规制强度会随之增加。

下面建立一个模型来说明股市结构变化对股票交易市场规制体系变迁的影响。

（1）模型均衡分析。

$$U_g=\int_{t=1}^{\infty}\{T_t(x,J)-C_t(x)\}^{-\rho}dt=U_g(x,\rho,J)$$

令 $\partial U_g(x,\rho)/\partial x=0$，得到 $x_2^*=x_2^*(J)$，此为股票交易市场规制体系的最优规制水平，如图 3-20 所示。

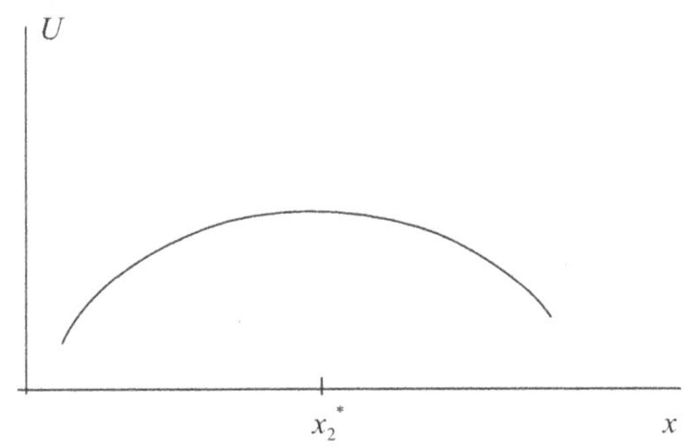

图 3-20　股市结构约束下股票交易市场规制体系的均衡

（2）股票交易市场规制均衡强度的动态性。

$x_2^*=x_2^*(J)$，若 $\partial x_2^*(J)/\partial J<0$，那么股票交易市场最优规制水平（$x_2^*$）会随着股市现实绩效指标（$J$）的改善而提升（见图 3-21），随着股市现实绩效指标（J）恶化而下降（见图 3-22）；若 $\partial x_2^*(J)/\partial J<0$，那么股票交易市场最优规制水平（$x_2^*$）会随着股市现实绩效指标（$J$）的改善而下降（见图 3-22），随着股市现实绩效指标（J）的恶化而提升（见图 3-21）。

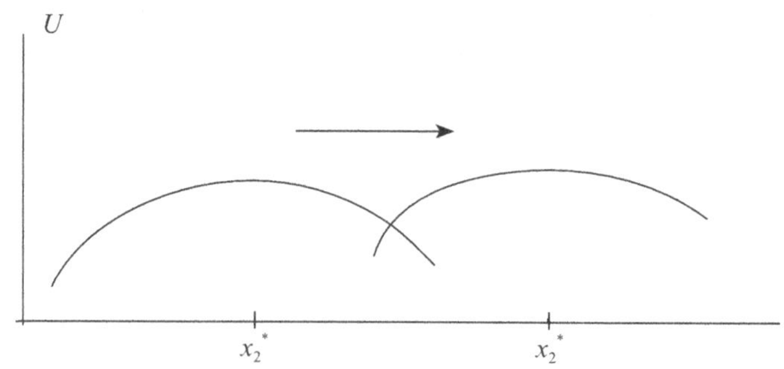

图 3-21 股市结构变化造成股票交易市场规制体系均衡强度的增加

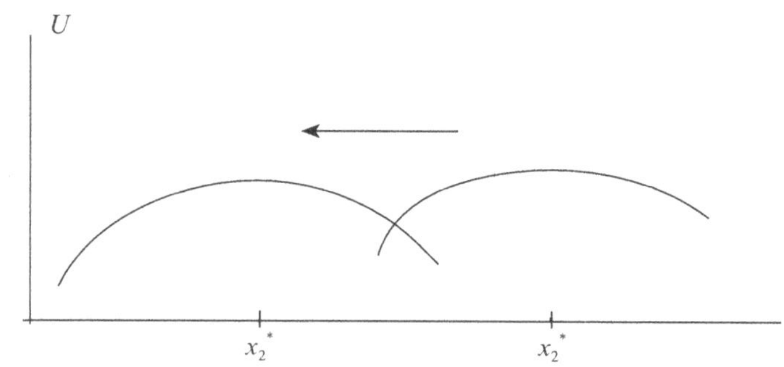

图 3-22 股市结构变化造成股票交易市场规制体系均衡强度的降低

通过以上分析，我们建立了一个完整的股票交易市场规制体系供需理论（见图 3-23）。股票交易市场规制主体分为股票交易市场规制的供给方（规制主体、规制立法机构、相关利益集团）和需求方（股票交易市场），股票交易规制的供需行为都是在追求规制行为的利益最大化，股票交易市场规制体系变迁是股票交易市场规制供给满足股票交易市场规制需求的过程，是一种新的有效的股票交易市场规制体系对原有的低效率股票交易市场规制体系的替代，亦即股票交易市场规制体系从非均衡状态达到均衡状态的过程。

从股票交易市场规制体系的供给方面来看，股票交易市场规制主体的规制行为本身是在外在和内在双重约束的条件下进行的决策行为，规制行为的外在约束表现为政府部门所处的外部制度约束条件和外部主体约束，规制行为的内在约束表现了规制主体的偏好和股票交易市场规制主体内部的委托--代理关系。

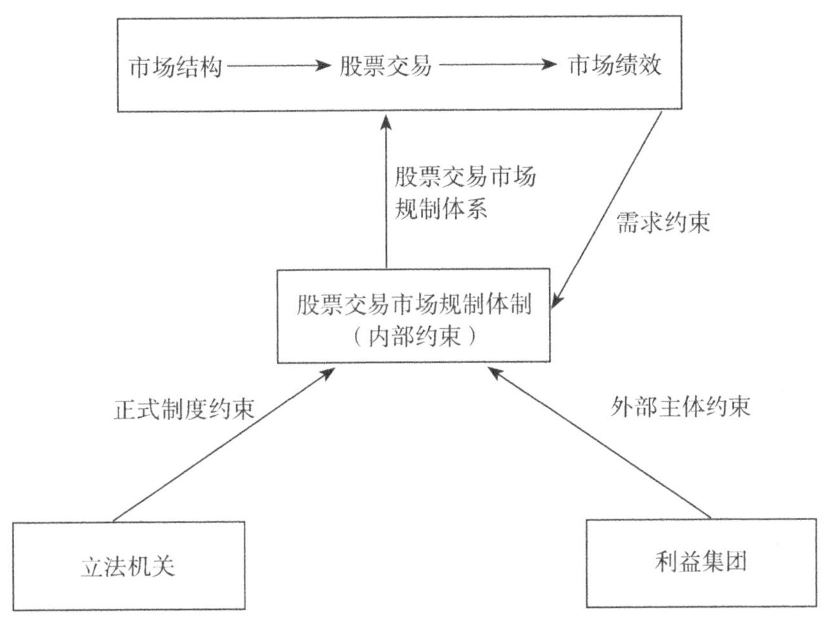

图 3-23　股票交易市场规制供需理论

从股票交易市场规制体系的需求方面来看，按照 SCP 理论，假定市场结构是完善的、是符合古典经济经济模型的假定条件，市场供需不存在垄断、市场信息分布是充分完全的、不存在公共产品和经济外部性、市场主体是同质且充分理性的、交易成本为零、价格具有完全弹性，那么市场就达到了帕累托最优，市场绩效就是最优的。由于市场绩效达到了最优，不存在市场失灵，在这种情形下，政府规制是冗余的。但现实情况是，市场并不完善，市场供需存在垄断、市场信息分布是不充分不完全的、存在公共产品和经济外部性、市场主体是不同质且非充分理性的、交易成本不为零、价格不具有完全弹性，所以市场绩效没有达到最优，市场是失灵的。正是因为市场结构的不完善，导致了市场的绩效失灵。为了避免市场绩效失灵所引起的福利损失，政府就需要对市场进行规制。

下面建立一个模型来说明供需变化对股票交易市场规制体系变迁的影响。

（1）模型均衡分析。

$$U_d=U_g(x)+\gamma-P(\gamma/\gamma^*)$$

受约束于 $x_3<x<x_4$，$\dfrac{\int_{i=1}^{q}\{F_i|U_i(x_j)>0\}\mathrm{d}i}{\int_{N=1}^{n}F_i\mathrm{d}N}>F^*$，这里假设正式法律制度和非正式意识形态是相容的，即 $(x_3, x_4)\in(x_1, x_2)$，因而正式法律制度约束 $x_1<x<x_2$ 和非正式意识形态约束 $x_3<x<x_4$ 可以合并为一个约束条件，即 $x_3<x<x_4$。

令 $\partial U_d/\partial x=0$，得到 $x_2^*=x_2^*(p, \gamma^*, x_3, x_4, J, f, u, F^*)$，此为股票交易市场规制体系的最优规制水平，如图 3-24 所示。

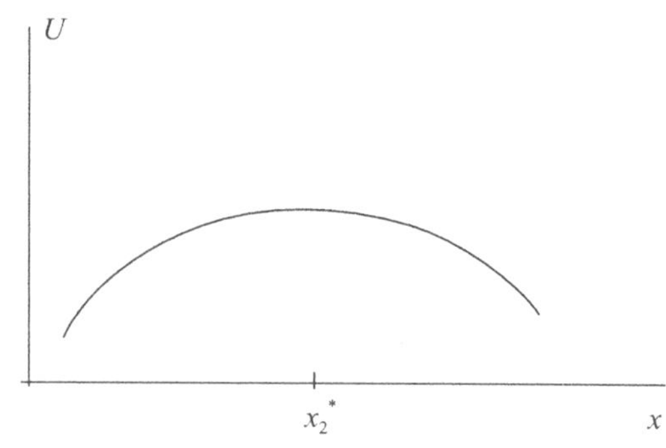

图 3-24　供需约束下股票交易市场规制体系的均衡

（2）股票交易市场规制均衡强度的动态性。

$x_2^*=x_2^*$（p，γ^*，x_3，x_4，J，f，u，F^*），若$\partial x_2^*(.)/\partial(.)>0$，那么股票交易市场最优规制水平（$x_2^*$）会随着（.）的增加而提升（见图 3-25），随着（.）的降低而下降（见图 3-26）；若$\partial x_2^*(.)/\partial(.)<0$，那么股票交易市场最优规制水平（$x_2^*$）会随着（.）的增加而下降（见图 3-26），随着（.）的降低而提升（见图 3-25）。

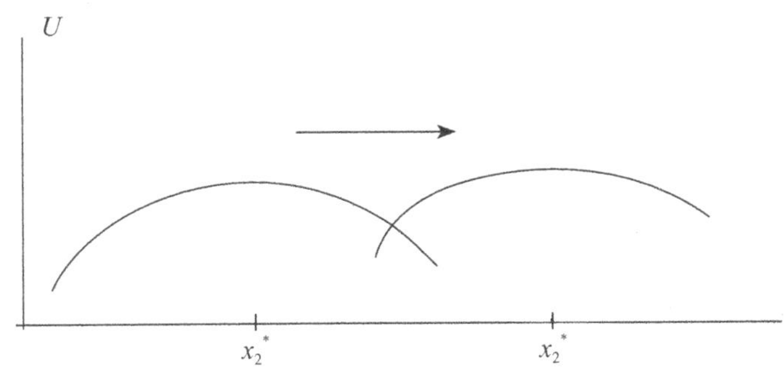

图 3-25　供需变化造成股票交易市场规制体系均衡强度的增加

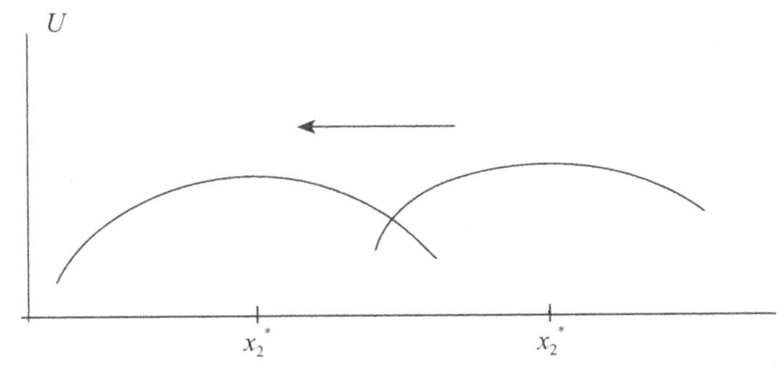

图 3-26　供需变化造成股票交易市场规制体系均衡强度的降低

（3）股票交易市场规制的现实变迁过程。

当$x<x_2^*$时，股票交易市场规制体系的现实均衡强度低于理想均衡强

度,，就会出现股票交易市场规制体系强度不足的情形，股票交易市场规制体系规制强度（x）逐步提升，最后达到股票交易市场最优规制水平（x_2^*），如图 3-27 所示；当 $x > x_2^*$ 时，股票交易市场规制体系的现实均衡强度高于理想均衡强度，就会出现股票交易市场规制体系强度过度的情形，股票交易市场规制体系强度（x）逐步减小，最后达到股票交易市场最优规制水平（x_2^*），如图 3-28 所示；当 $x=x_2^*$ 时，股票交易市场规制的现实均衡强度恰好等于理想均衡强度，现股票交易市场规制体系达到现实均衡。

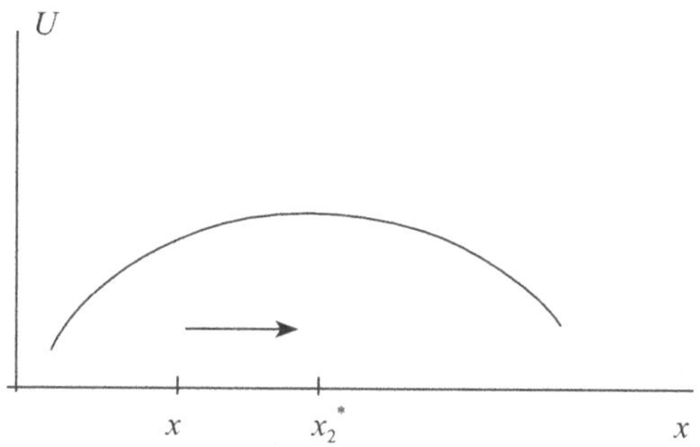

图 3-27　股票交易市场规制体系现实强度逐步提升的均衡过程

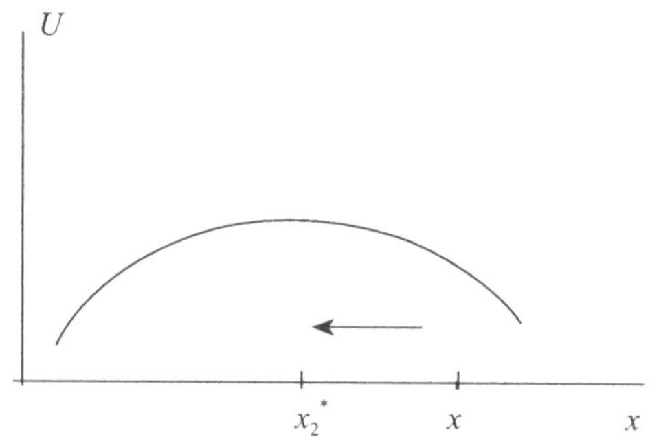

图 3-28　股票交易市场规制体系现实强度逐步减弱的均衡过程

3.2.3　股票交易市场规制体系变迁的路径依赖

在政府外在的正式制度、非正式制度、外部压力集团和政府偏好、委托—代理关系四重约束条件下，股票交易市场规制体系的变迁得以实现。股票交易市场规制体系变迁的路径就是股票交易市场规制变迁的表现形式，也可以说，股票交易市场规制变迁的路径选择就是股票交易市场规制变迁的时序分类。

股票交易市场规制的路径有如下几个类别。

其一，从时间的维度考虑，是股票交易市场规制体系各部分变迁的先后次序问题，具体来说就是股票交易市场规制法规、股票交易市场规制执法和股票交易市场规制救济哪个先进行变迁的问题，先变迁股票交易市场规制法规后变迁股票交易市场规制执法和股票交易市场规制救济是一种变迁的形式，先变迁股票交易市场规制执法后变迁股票交易市场规制法规和股票交易市场规制救济是另一种变迁的可能，先变迁股票交易市场规制救济后变迁股票交易市场规制法规和股票交易市场规制执法又是一种变迁的可能。当然，股票交易市场规制法规、股票交易市场规制执法和股票交易市场规制救济内部的变迁也有先后顺序，形成不同的股票交易市场规制改革变迁路径。

其二，从股票交易市场规制体系对股市介入深度的角度，股票交易市场规制变迁路径可以分为“强化市场型”变迁和“强化政府型”变迁。按照金融深化理论的解释，股市失灵的根源即在于股票市场结构的不完善，更在于股票交易市场规制的失灵，从某种意义上来看，股票交易市场规制失灵对股票市场失灵的影响更为重大。政府应当放弃对股票交易市场的过分干预和控制，允许市场机制自由运行，充分反映市场上资金与信息的供求情况，那么股市就可以实现很大程度的有效性；“强化市场型”变迁中，政府对股票交易市场的规制必须尊重市场自治，保护私权，充分发挥市场机制的作用，政府对股票交易市场的介入以市场自制为前提，以弥补市场失灵为行为边界；“强化政府型”变迁中，股票交易市场规制以实现政府经济发展为目标，政府强力介入股市，以股市的发展服务于经济的超常发展。“强化政府型”变迁又分为超前变迁和滞后变迁两类，如果股票交易市场规制体系的供给超出了现实的股票交易市场规制的需求，那么股票交易市场规制体系就具有超前性；如果股票交易市场规制体系不能满足现实的股票交易市场规制需求，那么这种股票交易市场规制体系变迁就具有滞后性。

其三，从股票交易市场规制体系变迁速度来看，有渐进式的变迁和激进式的变迁两类路径。渐进式的股票交易市场规制体系变迁模式中，股票交易市场规制体系变迁按照先易后难、先外围后核心的次序，逐步进行股票交易市场规制体系变迁；在激进式的股票交易市场规制变迁中，股票交易市场规制体系按照先难后易、先核心后外围的次序，短期内实现股票交易市场规制的变迁。

其四，从股票交易市场规制变迁的主导型因素角度，将股票交易市场规制体系变迁路径分为两种类型，即诱致性变迁和强制性变迁。前者是指股票交易市场规制的需求方在股票交易市场规制体系变迁中起主导作用，股票交易市场规制体系变迁主要是由规制需求方所引致的；后者是指股票交易市场规制体系变迁主要是由规制的供给方主导的，股票交易市场规制体系变迁主要是由规制的供给方安排的。

股票交易市场规制体系变迁的路径依赖表现为股票交易市场规制体系变迁路径的自我强化，如果股票交易市场规制体系的形式最初是“强化市场型”规制变迁，那么股票交易市场规制体系会继续延续“强化市场型”规制变迁；如果股票交易市场规制体系变迁路径最初是“强化政府型”规制变迁，那么股票交易市场规制体系变迁会继续延续“强化政府型”规制变迁；

如果股票交易市场规制体系变迁路径最初是渐进式规制变迁，那么股票交易市场规制体系变迁会继续延续渐进式规制变迁；如果股票交易市场规制体系变迁路径最初是激进式规制变迁，那么股票交易市场规制体系变迁会继续延续激进式规制变迁；如果股票交易市场规制体系变迁路径最初是诱致性变迁，那么股票交易市场规制体系变迁会继续延续诱致性变迁；如果股票交易市场规制体系变迁路径最初是强制性变迁，那么股票交易市场规制体系变迁会继续延续强制性变迁。股票交易市场规制体系变迁会重演历史，股票交易市场规制体系的现在是过去的复写，股票交易市场规制体系的未来是现在某种程度的复写。

“强化政府型”和“强化市场型”规制变迁路径依赖可以表示如下：$x^*_{2,\ t+1}=f\,(x^*_{2,\ t})$，$\mathrm{d}x^*_{2,\ t+1}/\mathrm{d}x^*_{2,\ t}>0$ 或 $\mathrm{d}x^*_{2,\ t+1}/\mathrm{d}x^*_{2,\ t}<0$。

解得，$\&\ _2{}^*=f'\ (x_2{}^*)$，且 $\&\ _2{}^*>0$ 或 $\&\ _2{}^*<0$。图示中，横轴表示时间，纵轴表示股票交易市场规制体系规制强度。在“强化政府型”规制变迁（图 3-29）的路径依赖中，股票交易市场规制体系规制强度随时间单调（序列）增强，在“强化市场型”规制变迁（图 3-30）的路径依赖中，股票交易市场规制体系规制强度随时间单调（序列）减弱。

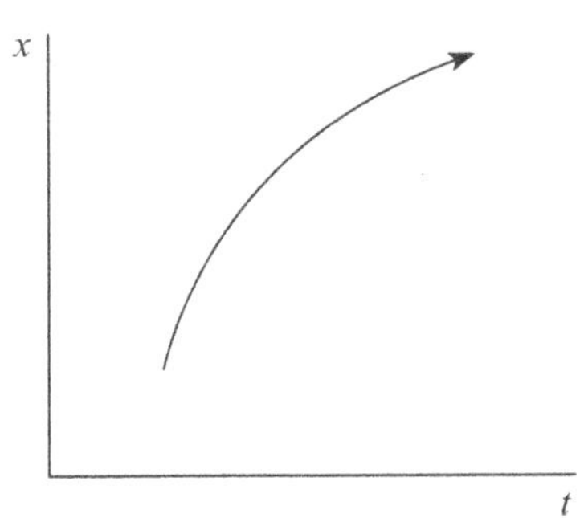

图 3-29 “强化政府型”规制变迁路径依赖

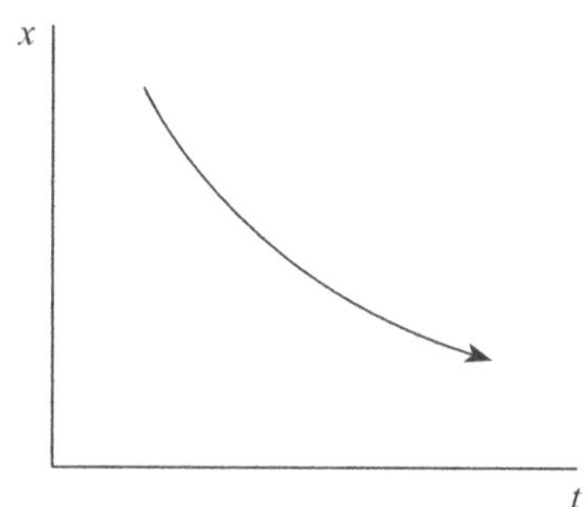

图 3-30 “强化市场型”规制变迁路径依赖

至此，我们已经完成了股票交易市场规制体系变迁成因理论的构建，股票交易市场规制体系变迁的成因可以从两个方面去考量：其一，从空间截面的角度来看，股票交易市场规制体系变迁是由股票交易市场规制体系供给、需求两方面的变化导致的，股票交易市场体系供需的改变是股票交易市场规制体系变迁的一个原因；其二，从时间序列的角度来看，股票交易市场规制体系变迁是股票交易市场规制变迁路径所决定的，股票交易市场规制体系变迁的路径依赖表现为股票交易市场规制体系变迁路径的自我强化，现在的股票交易市场规制体系是过去的股票交易市场规制体系的延续，将来的股票交易市场规制体系是现在的股票交易市场规制体系的延续。股票交易市场规制体系的变迁是在特定时间和空间下进行的变迁，时间和空间是股票交易市场规制体系变迁的两个基本维度，股票交易市场规制体系的供需理论和股票交易市场规制体系变迁的路径依赖理论分别从空间和时间两个角度解释了股票交易市场规制体系的变迁原因，股票交易市场规制体系变迁是股票交易市场规制体系供需方、股票交易市场规制体系变迁的路径依赖共同作用的结果，只有将两者结合才是完整的股票交易市场规制体系变迁成因理论，才能对股票交易市场规制变迁做出合理的解释。

这里又会出现一个问题，既然股票交易市场规制体系变迁是股票交易市场规制体系供需方和变迁的路径依赖共同决定的，那么，股票交易市场规制体系供需理论和股票交易市场规制体系变迁路径依赖理论有没有关系呢？答案是肯定的，两者的关系可以做如下表述：股票交易市场规制体系供需理论是股票交易市场规制体系变迁依赖理论的根源，股票交易市场规制变迁路径依赖是股票交易市场规制体系供需惯性的外在表现。再进一步地阐述，股票交易市场规制体系变迁的路径依赖的根源在于股票交易市场规制体系的供需方面的路径依赖，政府偏好的惯性、正式法律制度约束的惯性、意识形态约束的惯性、利益集团偏好的惯性、股市结构的惯性等股票交易市场规制体系供需方面的惯性，都会导致作为“映像”的股票交易市场规制体系变迁体现出惯性特征。

3.3　股票交易市场规制体系的评价

所谓评价，就是将评价对象与参照物按照一定的评价方法进行对比，得出评价对象相对于参照物的状态描述。评价有四个要素：对象、参照物、评价方法和评价指标。股票交易市场规制体系评价就是将客观存在的股票交易市场规制体系与人为设定的参照物进行对比后，得到的客观存在的股票交易市场规制体系的状态描述。

根据股票交易市场规制体系的评价对象的不同，可以将股票交易市场规制体系的评价分为两类：对股票交易市场规制体制本身的评价和对股票交易市场规制体系效应的评价，与之相对应，股票交易市场规制体系的评级指标包括股票交易市场规制体系本身的评价指标和股票交易市场规制体系效应的评价指标两类。根据所选参照物的不同，股票交易市场规制体系的评价可以分为静态评价和动态评价两类，与之相对应，股票交易市场规制体系的评级指标包括静态评价指标和动态评价指标两类；股票交易市场规制体系的评价指标可以分为有效和失灵两个状态。

3.3.1 对股票交易市场规制体系本身的评价

所谓对股票交易市场规制体系本身的评价，就是将股票交易市场规制体系与人为设定的参照物进行对比后得到的股票交易市场规制体系的状态描述。

令$\partial T_t（x，J）/\partial x|_{x=x_3^*}=0$，则$x_3{}^*$就是$t$时刻股票交易市场的理想规制水平。

（1）股票交易市场规制体系本身的静态评级指标。

将理想的股票交易市场规制体系（x_3^*）作为参照物，用现实的股票交易市场规制体系（x）与理想的股票交易市场规制体系（x_3^*）的差距来衡量现实的股票交易市场规制体系本身的状态。在理想的状态中，股票市场规制体系不存在越位、缺位、错位。如果股票交易市场规制体系与理想的股票交易市场规制体系的差距不大，那么现实的股票交易市场规制体系本身存在的越位、缺位、错位严重程度越低，其有效程度就越高；反之，现实的股票交易市场规制体系本身存在的越位、缺位、错位严重程度越高，其本身的失灵程度就越高。对股票交易市场规制体系本身的静态评价是现实的股票交易市场规制体系与理想的股票交易市场规制体系进行比较的结果，是将理想的股票交易市场规制体系作为参照物，用来评价现实的股票交易市场规制体系，从而得到关于现实的股票交易市场规制体系有效程度的状态描述。

假定理想的股票交易市场规制水平是x_3^*，现实的股票交易市场规制水平是x，股票交易市场规制的静态评价性指标为$\Delta x=|x_3^*-x|$，Δx越大说

明股票交易市场规制的静态有效程度就越低，Δx 越小说明股票交易市场规制的静态失灵程度就越低，如图 3-31 所示。

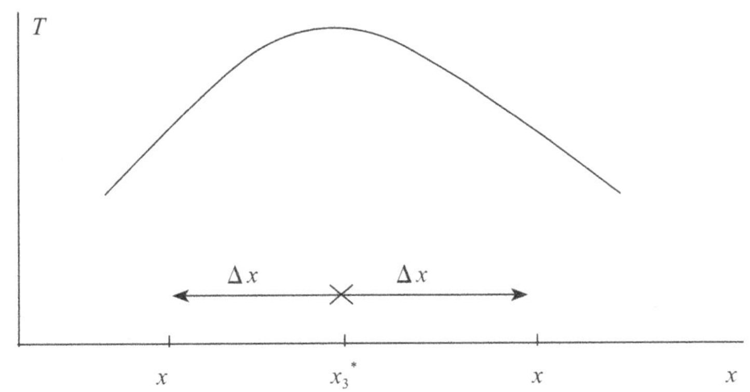

图 3-31　股票交易市场规制体系本身的静态评价指标

（2）股票交易市场规制体系本身的动态评价指标。

如果股票交易市场规制体系变迁没有使股票交易市场规制体系本身存在的越位、缺位、错位情况得到完善，那么股票交易市场规制体系变迁就是失灵的；反之，如果股票交易市场规制体系变迁使股票交易市场规制体系本身存在的越位、缺位、错位情况得到完善，那么股票交易市场规制变迁就是有效的。股票交易市场规制体系变迁失灵是现实的股票交易市场规制体系与历史的股票交易市场规制体系进行比较的结果，是将历史的股票交易市场规制体系作为评价标准，用来评价现实的股票交易市场规制体系，从而得到股票交易市场规制体系变迁有效程度的状态评价。

假定理想的股票交易市场规制水平是 x_3^*，历史的股票交易市场规制水平是 x_t，令 $\Delta x_t = | x_3^* - x_t |$，现实的股票交易市场规制水平是 x_{t+1}，令 $\Delta x_{t+1} = | x_3^* - x_{t+1} |$，股票交易市场规制的动态评价指标为 $\Delta x = \Delta x_{t+1} -$

Δx_t，当 $\Delta x>0$ 时说明股票交易市场规制体系变迁失灵，当 $\Delta x<0$ 时说明股票交易市场规制体系变迁有效，Δx 越大说明股票交易市场规制体系变迁的失灵程度越高，Δx_t 越小说明股票交易市场规制变迁的有效程度越高，如图 3-32 所示。

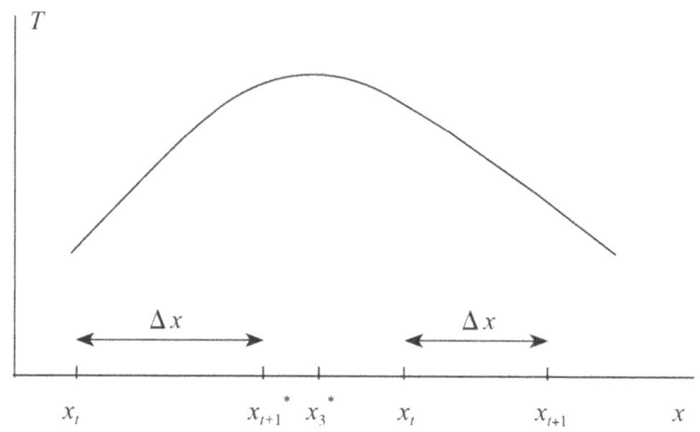

图 3-32　股票交易市场规制体系变迁效应的评价指标

3.3.2　对股票交易市场规制体系效应的评价

所谓对股票交易市场规制体系效应的评价，就是将股票交易市场规制体系效应与人为设定的参照物进行对比后得到的股票交易市场规制体系效应的状态描述。这里的股票交易市场规制体系效应，是指股票交易市场规制体系对股市泡沫、溢价性、波动性和流动性等绩效指标的影响。股票交易市场规制体系效应分为股票交易市场规制体系的静态效应和股票交易市场规制体系的变迁效应，前者是指静态的股票交易市场规制体系对股市绩效的影响，后者是指股票交易市场规制体系变迁所引起的股市绩效变化。

（1）股票交易市场规制效应的静态评价指标。

假定在既定的股市结构下存在充分有效的股票交易市场规制体系，此时的股市绩效是 T_2，现实中，在既定的股市结构和股票交易市场规制体系情况下，股市绩效是 T_3，设 $\Delta T=T_2-T_3$，ΔT 即为股票交易市场规制效应的静态评价指标，ΔT 越大说明股票交易市场规制体系的静态效应失灵程度越大，ΔT 越小说明股票交易市场规制体系的静态效应有效程度越高。股票交易市场规制效应的静态评价是现实的股票交易市场规制效应与理想的股票交易市场规制效应进行比较的结果，是将理想的股票交易市场规制效应作为评价标准，用来评价现实的股票交易市场规制效应，从而得到股票交易市场规制效应状态的描述（见图 3-33）。用静态的方法度量股票交易市场规制简单明了，但该方法运用的假设条件较多，很难在实际中应用。

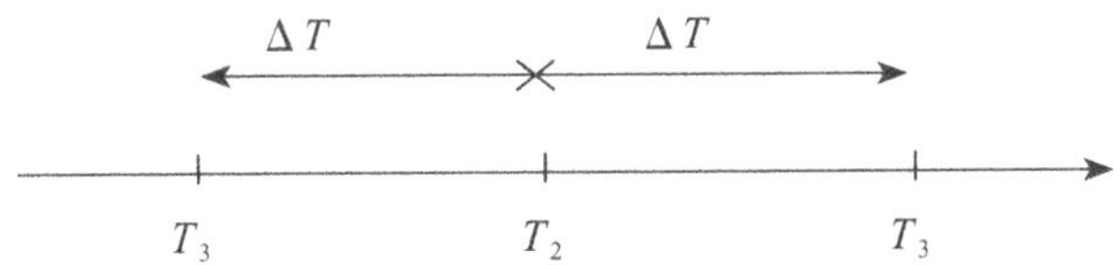

图 3-33　股票交易市场规制效应的静态评价指标

（2）股票交易市场规制效应的动态评价指标。

如果股票交易市场效率指标 T 随着股票交易市场规制体系的变迁而改善，那么股票交易市场规制体系变迁效应就是有效的；反之，如果股票交易市场效率指标 T 随着股票交易市场规制体系的变迁而趋于恶化，那么就可以说股票交易市场规制变迁效应失灵。假定股票交易市场规制体系状态为 l，此时股市绩效为 T_l，经过一段时间后，股票交易市场规制体系状态变迁为 h，此时股市绩效为 T_h，设 $\Delta T=T_h-T_l$，ΔT 即为股票交易市场规制体系的变迁效应评价指标，ΔT 越大说明股票交易市场规制体系变迁效应的有效程度越大，ΔT 越小说明股票交易市场规制体系变迁效应的失灵程度越大（见图 3-34）。股票交易市场规制效应的动态评价是现实的股票交易市场规制效应

与历史的股票交易市场规制效应进行比较的结果，是将历史的股票交易市场规制效应作为评价标准，用来评价现实的股票交易市场规制效应，从而得到股票交易市场规制效应状态的描述。

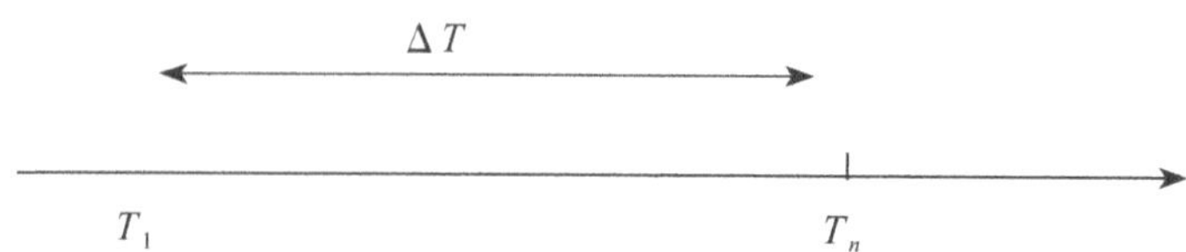

图 3-34　股票交易市场规制体系变迁效应的评价指标

3.3.3　上述两类评价指标之间的关系

按照前面的分析，股票交易市场结构的不完善导致了股票交易市场的绩效失灵，单靠市场机制并不能实现资源的有效配置，这样就需要通过政府规制来弥补和矫正市场失灵，以促进社会福利的改善。

这样就又派生出一个问题，股票交易市场规制是否一定能弥补和矫正股市失灵？换言之，股票交易市场规制体系是否一定是有效的？回答是否定的，股票交易市场规制不一定能弥补和矫正股市失灵，股票交易市场规制体系的失灵是一种常态。

（1）股票交易市场规制体系本身失灵的成因。

股票交易市场规制成因理论罗列了影响股票交易规制体系变迁的因素，并解释了这些因素对股票交易市场规制体系变迁的影响路径。股票交易市场规制体系有效或失灵都是股票交易市场规制体系的状态，股票交易市场规制体系的失灵也要从股票交易市场规制体系变迁的成因中寻找根据。因此，股票交易规制体系本身失灵的成因可以抽象为股票交易市场规制变迁的成因。

股票交易市场规制体系本身的静态失灵成因具体如下。

第一，从供给方面解释股票交易市场规制体系本身的静态失灵。我们将股票交易市场的有效定义为实现最优股市绩效时的规制状态，即股市绩效指标 $T=T(x, J)$，最优化上述函数，令 $dT/dx=0$，得到 $x_3^*=x_3^*(J)$，很显然 $x_3^* \neq x_2^*$。这说明供给方面的约束的存在必然导致股票交易市场规制体系的失灵。

$x_2^*=x_2^*(p, \gamma^*, x_3, x_4, J_t, f, u, F^*)$，供给方面的各因素 p、γ^*、x_3、x_4、J_t、f、u、F^*，其中任何一个因素的变化都可能导致股票交易市场规制体系偏离最优状态的程度越来越大，造成股票交易市场规制体系本身失灵程度的加剧。包括政府效用函数的成本性、正式法律制度约束的缺失、非正式制度约束的非相容性、外部利益集团压力的非均衡性和股票交易市场规制体制委托—代理关系的不完善性，都会导致股票交易市场规制体系失灵程度的加剧。

第二，从需求方面解释股票交易市场规制体系本身的静态失灵。这是指股市结构的变化所导致的股票交易市场规制体系的失灵。假定历史时刻 t 的股市结构是 J_t，股票交易市场规制体系 $x^*_{2,t}$ 能使股市绩效最大化，$\partial T(J_t, x)/\partial x|_{x=x^*_{2,t}}=0$；一段时间后到达 $t+1$ 时刻，股市结构转变为 J_{t+1}，这时，股票交易市场规制体系还延续 t 时刻的股票交易市场规制体系，但由于股市结构的转变，$\partial T(J_{t+1}, x)/\partial x|_{x=x^*_{2,t}} \neq 0$，则股票交易市场规制体系 $x^*_{2,t}$ 静态失灵。

第三，从时间维度的股票交易市场规制体系变迁路径锁定方面来解释股票交易市场规制体系本身的静态失灵。规制变迁的路径依赖可能产生正、负两种效应。正效应表现为规制主体延续正确的制度变迁路径，沿着过去的规制变迁路径进入了良性循环的轨道，并随着“雪球效应”而不断提高规制效率。反之，若我们在最初选择了错误的规制体系变迁路径，那么受制于自我强化机制，尽管规制体系已显现出阻碍股市发展的负面效应，但由于规制变迁的惯性，最终规制路径陷入锁定而不能自拔，规制效率不断下降。

股票交易市场规制体系本身变迁失灵的成因如下。

第一，从供给方面解释股票交易市场规制体系本身的变迁失灵。包括政府效用函数成本性的变迁、正式法律制度约束条件的变迁、非正式制度约束非相容性的变迁、外部利益集团压力非均衡性的变迁和股票交易市场规制体制委托–代理关系不完善性的变迁，都会导致股票交易市场规制体系变迁失灵。

第二，从需求方面解释股票交易市场规制体系本身的变迁失灵。是指股市结构的变化所导致的股票交易市场规制体系变迁失灵。

第三，从时间维度的股票交易市场规制体系变迁路径依赖方面来解释股票交易市场规制体系本身的变迁失灵。

（2）股票交易市场规制体系效用失灵的成因。

一般来说，在股市结构一定的情况下，如果股票交易市场规制体系本身是静态失灵的，那么股票交易市场规制体系的效应也是静态失灵的；如果股票交易市场规制体系本身是静态有效的，那么股票交易市场规制体系的效应也是静态有效的。在股市结构一定的情况下，股票交易市场规制体系本身的静态有效程度与股票交易市场规制效应的静态有效程度成正比，股票交易市场规制体系本身的静态失灵程度越大，则股票交易市场规制效应的静态失灵程度也越大。①

一般来说，在股市结构一定的情况下，如果股票交易市场规制体系本身的变迁是失灵的，那么股票交易市场规制体系的变迁效应也是失灵的；如果股票交易市场规制体系本身的变迁是有效的，那么股票交易市场规制体系的

① 佟孟华. 股权分置改革前后股市流动性溢价的稳定性研究 [J]. 统计与决策，2008（12）：123–125.

变迁效应也是有效的。在股市结构一定的情况下，股票交易市场规制体系本身的变迁有效程度与股票交易市场规制效应的变迁有效程度成正比，股票交易市场规制体系本身的变迁失灵程度越大，股票交易市场规制效应的变迁失灵程度也越大。

3.4 股票交易市场规制体系的改革

股票交易改革的核心问题是在一定的约束条件下，什么样的改革措施才是最优实现政府效用函数的改革。股票交易市场规制变迁理论罗列了影响股票交易规制变迁的因素，并解释了这些因素对股票交易市场规制变迁的影响路径。过去的股票交易市场规制变迁受到的制约因素，必然要制约将来的股票交易市场规制改革。历史是过去的现实，现实是未来的历史，股票交易规制成因理论既是历史的、既定的、成为过去时的股票交易市场规制的成因理论，也是将来的、未定的、将成为过去时的股票交易市场规制的改革理论。

股票交易市场规制改革的制约因素主要由以下几个部分组成。

其一，股票交易市场规制体系改革目标。

其二，股票交易市场规制体系改革面临的约束条件。这些约束条件可以归纳为空间和时间两个维度的约束。空间维度的约束分为股票交易市场规制体系供给、需求两个方面，供给方面包括正式法律制度约束、非正式制度约束、外部利益集团约束和规制主体的内部委托—代理约束，需求方面是指股票交易市场结构；时间维度的约束是指股票交易市场规制体系变迁的路径依赖，这种变迁路径的“惯性”要自然延伸到未来，影响到股票交易市场规制改革。需要指出的是，这些供给和需求方面的约束是股票交易市场规制变革当时所面对的约束条件，从而区别于现实的各种约束条件，也就是未来的、变化的供给和需求方面的约束条件是股票交易市场规制改革面临的约束条件。

其三，从空间维度考量，股票交易市场规制体系改革就是政府以股票交易市场规制体系改革目标为依据，比较股票交易市场规制体系改革约束条件内各种可能的改革措施对股票交易市场规制体系改革目标的达成程度，从而选择最佳的股票交易市场规制体系改革路径。从时间维度考量，股票交易市场规制体系改革就是一个延续股票交易市场规制体系变迁路径的过程，或打破变迁路径依赖截断历史“惯性”，跳出历史程式的蜕变。金融深化就是这样的一种路径蜕变，按照金融深化理论的观点，股票交易市场失灵的根源既在于股票市场结构的不完善，更在于股票交易市场规制的失灵，从某种意义上来说，股票交易市场规制失灵对股票市场失灵的影响更为重大。政府应当放弃对股票交易市场的过分干预和控制，允许市场机制自由运行，充分反映市场上资金与信息的供求情况，那么股市就可以实现很大程度的有效。

第4章　我国股票交易市场规制体系的演进及现状

我国股票交易市场规制体系是股票交易市场规制主体对规制客体所实施的干预、控制的集合，包括规制法规、规制执法和规制救济。

4.1　我国股票交易市场规制法规的演进及现状

我国股票市场监管的法律法规有四个层次，由全国人大及其常委会依法制定的法律，例如《中华人民共和国证券法》(简称《证券法》)等；由国务院依法制定的行政法规，例如《股票发行与交易管理暂行条例》《关于严禁国有企业和上市公司炒作股票的规定》等；由国务院所属部委依法颁布的部门规章，例如《禁止股票欺诈暂行办法》《证券公司客户资产管理业务管理办法》等；由证券交易所依法发布的交易所规则，例如《上海证券交易所交易规则》《深圳证券交易所新股上市初期异常交易行为监控指引》等。

本书的研究对象是我国股票交易市场规制体系，规制主体是政府而不包括作为立法机构的全国人大，因此，作为我国股票交易市场规制体系组成部分的股票交易市场规制法规的内涵就是行政法规、部门规章和交易所规则，而不包括法律。股票交易市场规制法律不在本书研究范围内，本书的研究对象是股票交易市场规制体系相关的行政法规、部门规制和交易所规则，本书将与股票交易市场规制体系相关的法律作为外生变量看待，这是需要交代清楚的一点。还有一点需要交代，虽然股票交易市场规制法律不是本书的研究对象，但为了叙述的完整性和连贯性，也为下节阐述我国股票交易市场规制体系变迁的法律约束做铺垫，本节将股票交易市场规制体系相关的法律、行政法规、部门规章和交易所规则作为一个整体进行了描述和回顾，将法律、行政法规、部门规章和交易所规则统称为法规而没有刻意区分它们之间的界限。

4.1.1 我国股票交易市场规制范围法规

我国股票交易市场规制法规界定了股票交易市场规制对象的合法行为，由股票交易市场规制体系对象法规和股票交易市场规制内容法规两部分组成。

4.1.1.1 股票交易制度

股票交易制度相关法规如表 4-1 所示（编者注：因本书写作时间较早，故汇集的法规、规定等情形最晚截至 2014 年，下同）。

表 4-1 股票交易制度相关法规

法规名称	公布时间	实施时间	废止时间
股票发行与交易管理暂行条例（国务院令第112号）	1993-04-22	1993-04-22	1999-07-01
深圳证券交易所、上海证券交易所交易规则	2001-08-31	2001-12-01	2006-07-01
上海证券交易所交易规则（修订）	2006-05-15	2006-07-01	

续表

法规名称	公布时间	实施时间	废止时间
深圳证券交易所交易规则（修订）	2006-05-15	2006-07-01	2011-02-28
深圳证券交易所交易规则（修订）	2011-01-17	2011-02-28	
关于对证券公司结算备付金账户进行分户管理的通知（证监机构字[2004]105号）	2004-08-30	2004-08-30	2014-02-12
证券登记结算管理办法	2006-04-12	2006-07-01	2009-03-11
证券登记结算管理办法（修订）	2009-03-11	2009-03-11	

下面以上海证券交易所交易规制为例，说明我国股票交易制度的变迁。《上海证券交易所交易规则》于 2001 年 8 月 31 日发布，2001 年 12 月 1 日正式实施，以下简称旧版规则。《上海证券交易所交易规则（修订）》于 2006 年 5 月 15 日公布，2006 年 7 月 1 日实施，以下简称新版规则。

（1）股票价格形成机制。

我国股票市场一直采用的是指令驱动模式。新版规制 3.5.1 与旧版规则第六十四条规定：股票竞价交易采用集合竞价和连续竞价两种方式。

新版规则 2.4.2 与旧版规则第十八条规定：采取竞价交易方式的，每个交易日的 9：15—9：25 为开盘集合竞价时间，9：30—11：30、13：00—15：00 为连续竞价时间。

根据《关于实施 < 上海证券交易所交易规则 > 有关事项的通知》，自 2006 年 7 月 1 日起，开盘价格形成机制由封闭式集合竞价调整为开放式集合竞价。

（2）订单形式。

我国股市一直只有限价委托一种订单形式，直到 2005 年 5 月 15 日股市推出市价订单，订单形式才有所发展。

新版规则 3.4.3：本所接受会议的限价申报和市价申报。

旧版规则第五十条：本所只接受限价申报。

（3）交易离散构件。

交易金额离散构件方面，新版规则 3.4.11 与旧版规则第五十七条规定：A 股、债券交易和债券买断式回购交易的申报股票价格最小单位为 0.01 元人民币。

交易单位离散构件方面，新版规则 3.4.7 与旧版规则第五十三条规定：竞价交易买入股票、基金、权证的，申报数量应当为 100 股（份）或其整数倍。

交易时间离散构件方面，新版规则 2.4.1 与旧版规则第十八条规定：本所交易日为每周一至周五；国家法定假日和本所公告的休市日，本所市场休市。

（4）股票价格稳定机制。

从 1998 年开始，除实施特别处理的 ST 和 1999 年实施的特别转让等少量股票外，深沪两市 AB 股的涨跌幅度一直保持在 10% 不变。

新版规则 3.4.13 和旧版规则第六十二条规定：本所对股票、基金交易实行 10% 的价格涨跌幅限制，其中 ST 股票和 *ST 股票价格涨幅为 5%。

（5）停复牌机制。

我国股市停牌机制的变迁可以分为以下三个时期。

萌芽阶段：1998 年 6 月—2002 年 3 月。这段时间，我国发布了有关上市公司股票交易停牌的前提以及依据，包括在定期报告、临时报告、股东大会等 14 种情形，首次明确了我国股市停牌机制框架，并且在 2000 年和 2001 年对上述停牌情形进行了进一步的增删，将停牌事项增加至 18 条。

逐步完善阶段：2002 年 4 月—2008 年 9 月。这一阶段，沪深交易所对停牌的期限进行了修改，从过去的最短期限半天改为 1 小时。在此后的 2004 年和 2006 年，随着上市规则的改变，停牌机制在停牌事项涵盖内容方面又进行了两次调整，但停牌的最短期限并没有调整。

与国际接轨阶段：2008 年 10 月至今。这一阶段，我国的停牌机制真正向欧美等国家和地区看齐，对过去的停牌机制进行了大幅度的修改以及增删，出台的新版上市规则明显强化了警示性停牌的作用，真正强化了市场教育与信息披露之间的联动机制，从过去以例行停牌为主的阶段，转化为以警示性停牌为主的新阶段。①

（6）结算机制。

分级清算：我国股票交易结算采取分级清算的形式。深圳证券交易所的清算可以分为二级，一级清算是各地证券公司与中国证券登记结算有限责任公司深圳分公司之间的结算；二级清算是投资者与券商之间的结算。上海证券交易所则采用了三级清算的方式，其中，一级清算是异地的资金集中清算中心与中国股票登记清算有限责任公司上海分公司之间的结算；二级清算是异地资金清算中心与证券公司之间的结算；三级清算则是证券公司与投资者间的结算。

净额清算：将同一结算单位在同一交易期内发生的所有交易进行轧差计算，得到其应收应付证券与价款的净额，最终只对净额交收。依据：《证券登记结算管理办法》第四十五条、第四十六条。

货银对付：指进行股票交易的结算时证券交收和资金交收可撤销地同时完成，通俗地说就是“一手交钱，一手交货”的机制。依据：《证券法》第一百六十七条、《证券登记结算管理办法》第四十五条、第四十九条、第六十二条和第六十六条。

① 廖静池. 中国股票市场停复牌制度的有效性研究 [D]. 成都：电子科技大学，2010.

T+1 滚动交收：资金结算实行滚动交收，交收日为 T+1 日。即证券登记结算公司根据 T 日净额清算结果，于 T+1 日对结算参与人的结算账户进行簿记处理，完成与结算参与人的资金交收。

（7）股票托管和资金存管机制。

上海证券交易所目前实行的是中国结算上海分公司统一托管和证券公司法人集中托管及投资者指定交易的制度；深圳证券交易所目前实行的是中国结算深圳分公司统一托管和股票营业部分别托管的二级托管制度，又称托管证券公司制度。

2003 年之前，我国股票市场客户资金采用证券公司存管的形式，客户将资金直接存放在证券公司，2003 年末，证监会在设计南方证券股份有限公司风险处置方案时，提出实行客户股票交易结算资金第三方存管制度，至此，第三方存管制度全面推开。

4.1.1.2　股票交易市场准入法规

股票投资主体限制和股票投资资金运用限制相关法规如表 4-2 所示。

表 4-2　股票投资主体限制和股票投资资金运用限制相关法规

法规名称	文号	公布时间	实施时间	废止时间	主要内容
关于证券公司股票自营业务投资范围及有关事项的规定	证监会公告[2011]13号	2011-04-29	2011-06-01		证券公司从事股票自营业务，限于买卖本规定所列股票
关于修改《关于证券公司证券自营业务投资范围及有关事项的规定》的决定	证监会公告[2012]35号	2012-11-16	2012-11-16		修改了证券公司证券自营投资品种清单，扩大了证券自营品种范围

续表

法规名称	文号	公布时间	实施时间	废止时间	主要内容
证券公司客户资产管理业务试行管理办法	证监会令[2012]87号	2003-12-18	2004-02-01		对限定性集合资产管理计划和非限定性集合资产管理计划投资范围做出限制
证券公司客户资产管理业务管理办法	证监会令[2003]17号	2012-10-18	2012-10-18		集合和定向资产管理双10%的限制
证券公司风险控制指标管理办法	证监会令[2006]34号	2006-07-20	2006-11-01		确定净资本计算方法和净资本比率
证券公司定向资产管理业务实施细则（试行）	证监会公告[2008]25号	2008-05-31	2008-05-31	2012-10-18	
证券公司集合资产管理业务实施细则（试行）	证监会公告[2008]26号	2008-05-31	2008-05-31	2012-10-18	
关于修改《证券公司风险控制指标管理办法》的决定	证监会令[2008]55号	2008-06-24	2008-12-01		
证券公司集合资产管理业务实施细则	证监会公告[2012]29号	2012-10-18	2012-10-18		
证券公司定向资产管理业务实施细则	证监会公告[2012]30号	2012-10-18	2012-10-18		
信托公司净资本管理办法	银监会令[2010]5号	2010-08-24	2010-08-24		确定信托公司风险资本计算和风险控制指标
证券投资基金管理暂行办法		1997-11-14	1997-11-14		
证券投资基金运作管理办法	证监会令[2004]34号	2004-06-29	2004-07-01		对基金的投资方向做出规定

续表

法规名称	文号	公布时间	实施时间	废止时间	主要内容
开放式投资基金试点办法	证监基金字[2000]73号	2000-10-08	2000-10-08		
关于修改〈证券投资基金运作管理办法〉第六条及第十二条的决定	证监会令[2001]79号	2012-06-19	2012-06-19		
证券投资基金管理公司公平交易制度指导意见	证监会公告[2008]9号	2008-02-20	2008-02-20		保证同一公司管理的不同投资组合得到公平对待
证券投资基金管理公司公平交易制度指导意见（2011年修订）	证监会公告[2011]18号	2011-08-03	2011-08-12		规范不同组合之间的同日反向交易、进一步明确不同组合同向交易价差的控制要求、加强信息披露
中国证券监督管理委员会香港证券及期货事务监察委员会联合公告		2014-04-10	约6个月之后		开展沪港股票市场交易互联互通机制试点
基金管理公司特定客户资产管理业务试点办法	证监会令[2007]51号	2007-11-29	2008-01-01	2011-10-01	资产管理计划投资单只股票不得超过计划资产净值20%，投资于一家公司发行的证券不得超过该证券10%的限制
基金管理公司特定客户资产管理业务试点办法（修订）	证监会令[2010]74号	2010-08-25	2011-10-01	2012-11-01	

续表

法规名称	文号	公布时间	实施时间	废止时间	主要内容
基金管理公司特定客户资产管理业务试点办法（修订）	证监会令[2012]83号	2012-09-26	2012-11-01		取消20%和10%的规定
关于实施《基金管理公司特定客户资产管理业务试点办法》有关问题的通知	证监基金字[2007]326号	2007-11-29	2008-01-01	2011-10-01	
关于基金管理公司开展特定多个客户资产管理业务有关问题的规定	证监会公告[2009]10号	2009-05-05	2009-06-01	2011-10-01	
中华人民共和国保险法（修订）		2002-10-28	2003-01-01		保险公司可以购买投资基金间接持有股票
保险机构投资者股票投资管理暂行办法	保监会令[2004]12号	2004-10-24	2004-10-24		保险资金直接进入股市
关于保险机构投资者股票投资交易有关问题的通知		2005-02-15	2005-02-15		明确了保险资金直接投资股票市场涉及的证券账户、交易席位、资金结算、投资比例等问题
保险机构投资者股票投资登记结算业务指南		2005-02-15	2005-02-15		
保险公司股票资产托管指引(试行)		2005-02-17	2005-02-17		明确了保险资金直接投资股市涉及的资产托管、投资比例、风险监控等问题
关于保险资金股票投资有关问题的通知		2005-02-17	2005-02-17		
保险资金运用管理暂行办法	保监会令[2012]9号	2010-07-30	2010-08-31	2014-02-19	对保险公司资金运用做出规定

续表

法规名称	文号	公布时间	实施时间	废止时间	主要内容
关于加强和改进保险资金运用比例监管的通知	保监发[2014]13号	2014-02-19	2014-02-19		将保险资金投资股票等权益类资产的比例上限由25%提高到30%
保险资产管理公司管理暂行规定	保监会令[2004]12号	2004-04-25	2004-06-01		规范了资产管理公司的资金运用
企业集团财务公司管理暂行办法	银发[1996]355号	1996-09-27	1996-09-27	2000-06-30	对资产负债比率进行了约束
关于加强企业集团财务公司资金管理有关问题的通知	银发[1997]365号	1997-09-03	1997-09-03	2000-06-30	资金主要用于集团内企业的技术改造贷款及设备的融资租赁
关于外资企业集团财务公司设立与经营中有关问题的通知	银发[1996]382号	1996-10-28	1996-10-28	2000-06-30	
企业集团财务公司管理办法	中国人民银行令[2000]3号	2000-06-30	2000-06-30	2004-09-01	对资产负债比率进行了约束
企业集团财务公司管理办法	银监会令[2004]5号	2004-07-27	2004-09-01		修改了资产负债比率约束
关于修改《企业集团财务公司管理办法》的决定	银监会令[2006]8号	2006-12-28	2006-12-28		
合格境外机构投资者境内股票投资管理办法	中国人民银行、证监会、国家外汇管理局令[2006]36号	2006-08-24	2006-09-01		证监会批准设立、外管局批准投资额度
基金管理公司、证券公司人民币合格境外机构投资者境内证券投资试点办法	证监会令[2011]76号	2011-12-16	2011-12-16	2013-03-01	RQFII（人民币合格境外机构投资者）不超过募集规模20%的资金被允许可投资股票及股票类基金

续表

法规名称	文号	公布时间	实施时间	废止时间	主要内容
人民币合格境外机构投资者境内证券投资试点办法	证监会令[2013]76号	2013-03-01	2013-03-01		取消RQFII不超过募集规模20%的资金投资股票及股票类基金的限制
全国社保基金投资管理暂行办法		2003-06-16	2003-06-16		股票投资基金、股票投资的比例不得高于40%
关于严禁国有企业和上市公司炒作股票的规定	国发[1997]16号	1997-05-21	1997-05-21	1999-07-08	国有企业和上市公司不得动用银行信贷资金买卖股票，不得用股票发行募集资金炒作股票，也不得提供资金给其他机构炒作股票
企业年金基金管理试行办法	劳社部令[2004]23号	2004-02-23	2004-05-01	2011-05-01	企业年金资金可以投资股票市场
关于企业年金基金证券投资有关问题的通知	劳社部[2004]25号	2004-09-29	2004-09-29		
企业年金基金证券投资登记结算业务指南		2004-11-10	2004-11-10		细化了企业年金基金证券投资登记结算业务流程
企业年金基金管理试行办法	劳社部等四部委第11号令	2011-02-12	2011-05-01		

我国股票交易市场准入主要从投资主体限制、股票投资资金运用限制和股票限售制度等三个方面进行限制。具体来说，市场准入制度规定了哪些投资主体可以进入股票市场进行投资活动，例如《合格境外机构投资者境内股票投资管理办法》将QFII纳入我国股票市场；股票投资资金运用限制制度

规定了合规投资主体的哪些性质的资金可以投资股票、合规投资主体的合规来源的资金中有多少可以投入股市。股票投资资金运用的限制办法有两种，其一是直接对股票投资资金占比做出规定，例如，《全国社保基金投资管理暂行办法》规定股票投资基金、股票投资的比例不得高于 40%；其二是是通过规定净资本与风险资本或净资本与净资产的比率来间接控制合规投资主体股市投资资金比例，例如《信托公司净资本管理办法》规定，信托公司净资本不得低于各项风险资本之和的 100%，净资本不得低于净资产的 40%。

1998 年 3 月，《证券投资基金管理暂行办法》出台，标志着我国证券投资基金立法步入正轨；2000 年 10 月《开放式投资基金试点办法》颁布后，开放式基金以其高度的信息透明性、较强的市场约束力很快受到市场的青睐。2002 年证监会发布《外资参股基金管理公司设立规则》，推动了中外合资证券公司的发展。

2002 年 12 月 1 日，央行和证监会联合发布了《合格境外机构投资者境内证券投资管理暂行办法》，QFII 试点正式启动。根据该办法，合格的境外机构投资者资格应当具备下列条件：第一，财务健全、资信良好，达到证监会规定的资产规模等条件，风险监控指标符合所在国家或地区法律的规定和证券监管机构的要求；第二，从业人员符合所在国家或地区的有关从业资格的要求；第三，有健全的治理结构和完善的内控制度及经营行为规范，近三年来未受到所在国家或地区监管机构的重大处罚；第四，合格投资者所在国家或地区有完善的监管制度，其证券监管机构已与证监会签订监管合作谅解备忘录，并保持有效的监管合作关系；第五，证监会根据审慎监管原则规定的其他条件。

我国保险资金的入市是随着中国保险业发展的需要而逐步展开的。1999 年 10 月，保监会正式批准保险资金以投资证券基金的方式间接进入股市，同时规定各保险公司购买投资基金占总资产的比例为5%；2002年5月，全国金融工作会议对保险资金运用提出明确要求，强化保险资金集中管理，防范资金运用风险，提高资金运用效率；2003年1月1日，新修订的《中华人民共和国保险法》开始实施，将保险公司证券投资基金的总资产占比上限提升到15%，国内保险资金开始大规模入市。2004年10月24日，保监会和证监会联合颁布《保险机构投资者股票投资管理暂行办法》，保险资金获准直接进入股市。2005年2月15日，保监会同证监会下发《关于保险机构投资者股票投资交易有关问题的通知》及《保险机构投资者股票投资登记结算业务指南》，明确了保险资金直接投资股票市场涉及的证券账户、交易席位、资金结算、投资比例等具体技术性问题。2005年2月17日，保监会联合银监会下发《保险公司股票资产托管指引（试行）》和《关于保险资金股票投资有关问题的通知》，明确了保险资金直接投资股市涉及的资产托管、投资比例、风险监控等技术性问题。自此，从法律上讲，保险资金已可以无障碍地进入股市了[①]。2014年2月19日，保监会发布《关于加强和改进保险资金运用比例监管的通知》，将保险资金投资股票等权益类资产的比例上限由25%提高到30%。

全国社保基金是指全国社会保障基金理事会负责管理的由国有股减持划入资金及股权资产、中央财政拨入资金、经国务院批准以其他方式筹集的资金及其投资收益形成的由中央政府集中支配的社会保障资金。《全国社会保障基金投资管理暂行办法》规定，社保基金的投资范围限于银行存款、国债和上市流通的投资基金、股票，以及信用等级在投资级以上的企业债、金融债等有价证券等具有良好流动性的金融工具，并规定证券投资基金、股票投

① 曹凤岐．我国保险资金投资证券市场的渠道及风险控制[J]. 中国金融，2004（20）：41-43.

资比例不高于 40%。在 2001 年 6 月之前，全国社保基金资金的唯一投资通道就是银行存款和在一级市场购买国债。2001 年 7 月，经证监会批准，社保基金理事会以特殊战略投资者身份配售中石化 A 股。在 2003 年 6 月之后，社保基金会将全国社保基金分别委托长盛基金管理有限公司、博时基金管理有限公司、华夏基金管理有限公司、南方基金管理有限公司、鹏华基金管理有限公司、嘉实基金管理有限公司等 6 家投资管理人进行管理，委托交通银行和中国银行 2 家托管行托管。

企业年金是指企业及其职工在依法参加基本养老保险的基础上，自愿建立的补充养老保险，是我国养老保障制度的重要支柱之一。2004 年《企业年金基金管理试行办法》的出台，扫清了企业年金入市的法律障碍。随后实行的《企业年金基金证券投资登记结算业务指南》和《关于企业年金基金证券投资有关问题的通知》等一系列配套政策，规定了企业年金入市的具体技术性问题。

限售股就是指在一定时间、一定条件下限制在二级市场出售的股票，解禁之后的限售股就成为可以在二级市场上自由交易的流通股。限售股既包括股权分置改革中形成的限售股，又包括 IPO、公开增发、定向增发等形成的限售股。

我国股权限售相关法规，如表 4-3 所示。

表 4-3　股票限售相关法规

法规名称	文号	公布时间	实施时间	废止时间	主要内容
国务院关于推进资本市场改革开放和稳定发展的若干意见	国发[2004]3号	2004-01-31	2004-01-31		提出积极稳妥解决股权分置问题

续表

法规名称	文号	公布时间	实施时间	废止时间	主要内容
关于上市公司股权分置改革试点有关问题的通知	证监发[2005]32号	2005-04-29	2005-04-29	2005-09-04	先行试点、逐步推进、分步解决
关于做好股权分置改革试点工作的意见		2005-05-30	2005-05-30		各级国有资产监督管理机构要积极支持股权分置改革试点工作
关于进一步做好股权分置改革工作的通知	证监发[2005]46号	2005-06-09	2005-06-09	2005-09-04	
关于已完成股权分置改革的上市公司原非流通股股份转让有关问题的通知	证监发[2006]87号	2006-08-02	2006-08-02		规范完成股权分置改革的上市公司原非流通股股份转让有关问题
关于上市公司股权分置改革的指导意见	证监发[2005]80号	2005-08-23	2005-08-23		股权分置改革要积极稳妥、循序渐进，成熟一家，推出一家，实现相关各方利益关系的合理调整
上市公司股权分置改革管理办法	证监发[2005]86号	2005-09-04	2005-09-04		由A股市场相关股东在平等协商、诚信互谅、自主决策的基础上进行改革
关于上市公司股权分置改革涉及外资管理有关问题的通知	商资发[2005]565号	2005-10-26	2005-10-26		外商投资上市公司股权分置改革办法
上市公司股权分置改革业务操作指引		2005-09-06	2005-09-06		明确股权分置改革业务操作流程

续表

法规名称	文号	公布时间	实施时间	废止时间	主要内容
上市公司股权分置改革说明书格式指引		2005-09-07	2005-09-07		

A股市场上市公司的股票被分为两类：一类是社会公众购买的公开发行股票，可以在证券交易所挂牌交易，称为可流通股；另一类是上市公司公开发行前股东所持股份（其中绝大多数为国有股），只能通过协议方式进行转让，称为非流通股。非流通股的形成是由于早期具有试验性质的国有企业改制、国有股缺乏上市流通的内在需求等因素造就的。流通股与非流通法人股的长期人为分割，造成大股东与小股东在上市公司利润分配等问题上明显而长期的冲突，不利于股市的长期健康发展。

我国证券市场在设立之初对国有股流通问题总体上采取搁置的办法，在事实上形成了股权分置的格局，股权分置改革经历了两个阶段。

第一阶段，通过国有股变现解决国企改革和发展资金需求的尝试，开始触动股权分置问题。1998年下半年到1999年上半年，为了推动国有企业改制早日完成，也为筹集社保资金，我国开始国有股减持的探索性尝试。但是，市场本身对于原方案的认可及接受程度较低，使得其不得不搁置。此后，虽然国务院先后出台了新的政策建议，但是依然由于市场本身对于方案的认可程度较低，都无疾而终。

第二阶段，证监会和国务院国资委逐步意识到了过去股权分置改革的弊端以及原因，因此采取了针对性的措施，2004年《国务院关于推进资本市场改革开放和稳定发展的若干意见》的发布标志着我国股权分置改革得到实质性推进。随后，证监会和国务院国资委发布《关于做好股权分置改革试点工作的意见》，标志着股权分置改革正式拉开序幕。经过近两年的改革，我国股市基本完成股权分置改革。

IPO、公开增发、定向增发形成的限售股相关规定如表 4-4 所示。

表 4-4　IPO、公开增发、定向增发形成的限售股相关规定

法规名称	主要内容
中华人民共和国公司法（简称《公司法》）	第一百四十二条
证券法	第四十七条、第九十八条
外国投资者对上市公司战略投资管理办法	第五条
上海、深圳（主板、中小板）上市规则	同《公司法》及《证券法》相关内容
上市公司收购管理办法	第六十三条、第七十四条
国有股东转让所持上市公司股份管理暂行办法	
国有单位受让上市公司股份管理暂行规定	
股权激励有关备忘录1号	第三条
上市公司董事、监事和高级管理人员所持本公司股份及其变动管理规则	第七条、第十三条
关于进一步规范创业板上市公司董事、监事和高级管理人员买卖本公司股票行为的通知	第三条、第六条
上海证券交易所上市公司董事、监事和高级管理人员所持本公司股份管理业务指引	第八条
深圳证券交易所上市公司董事、监事和高级管理人员所持本公司股份及其变动管理业务指引	第十条、第十六条
上证所上市公司股东及其一致行动人增持行为指引	第四条、第七条
上市公司解除限售存量股份转让指导意见	第三条、第五条
上（深）交所关于实施《上市公司解除限售存量股份转让指导意见》有关问题的通知	第三条
关于进一步规范中小企业板上市公司董事、监事和高级管理人员买卖本公司股票行为的通知	第三条、第五条
上海证券交易所上市公司控股股东、实际控制人行为指引	4.5款
外资参股证券公司设立规则	第七条

4.1.1.3 股票信息披露与传播法规

股票信息披露与传播相关法规如表 4-5 所示。

表 4-5 股票信息披露与传播相关法规

法规名称	文号	发布时间	实施时间	废止时间	主要内容
公开发行证券公司信息披露实施细则（试行）	证监上字[1993]43号	1993-06-10	1993-06-10	2007-01-30	凡在证监会登记注册公开发行股票的公司均必须按照本细则的要求披露信息
关于证券公开发行与上市公司信息披露有关事项的通知	证监研字[1993]19号	1993-03-08	1993-03-08	2007-01-30	
关于加强对上市公司临时报告审查的通知	证监上字[1996]26号	1999-12-02	1999-12-02	2007-01-30	
关于上市公司发布澄清公告若干问题的通知	证监上字[1996]28号	1996-12-13	1996-12-13	2007-01-30	
上市公司披露信息电子存档事宜的通知	证监信字[1998]50号	1998-12-29	1998-12-29	2007-01-30	
公开发行证券公司信息披露编报规则（1—6号）		2000-11-14	2000-11-14		规范了公开发行证券的商业银行、保险公司和证券公司的信息披露编报规则
关于进一步加强ST、PT公司信息披露监管工作的通知	证监公司字[2000]63号	2000-06-07	2000-06-07	2007-01-30	

续表

法规名称	文号	发布时间	实施时间	废止时间	主要内容
关于拟发行新股的上市公司中期报告有关问题的通知	证监公司字[2001]69号	2001-07-09	2001-07-09	2007-01-30	
证券公司年度报告内容与格式准则	证监会计字[2002]2号				
关于上市公司临时公告及相关附件报送证监会派出机构备案的通知	证监公司字[2003]7号	2003-03-20	2003-03-20	2007-01-30	
上市公司信息披露管理办法	证监会令[2007]40号	2007-01-30	2007-01-30		对上市公司及其他信息披露义务人的所有信息披露行为的总括性规范
公开发行证券的公司信息披露内容与格式准则第2号（修订）	证监公司字[2007]212号	2007-12-19	2007-12-19	2013-01-01	规定了年度报告的内容与格式
证券公司年度报告内容与格式准则（修订）	证监会公告[2008]1号	2008-01-14	2008-01-14		
关于上市公司建立内幕信息知情人登记管理制度的规定	证监会公告[2011]30号	2011-10-25	2011-11-25		上市公司建立内幕信息知情人登记管理制度
信息披露违法行为行政责任认定规则	证监会公告[2011]11号	2011-04-29	2011-04-29		

续表

法规名称	文号	发布时间	实施时间	废止时间	主要内容
公开发行证券的公司信息披露内容与格式准则第2号（修订）		2012-09-21	2013-01-01		大幅缩减年报摘要篇幅；简化年报全文披露内容；简化年报全文披露内容；鼓励差异化披露
证券交易所暂行管理办法		1993-07-07	1993-07-07	1996-08-21	
证券交易所管理办法		1996-08-21	1996-08-21	2001-12-12	交易所应公布交易信息
证券交易所管理办法	证监会令第4号	2001-12-12	2001-12-12		交易所应公布交易信息
关于加强对地方报刊及其他媒体传播证券期货市场信息的监管的通知	证监发字[1996]64号	1996-05-29	1996-05-29	2014-02-12	
关于加强股票期货信息传播管理的若干规定	证监[1997]17号	1997-12-12	1998-04-01		
股票、期货投资咨询管理暂行办法		1997-12-25	1998-04-01		强化对股票、期货投资咨询活动的管理，保障投资者的合法权益和社会公共利益
关于规范股票投资咨询机构和广播电视股票节目的通知	证监发[2006]104号	2006-09-15	2006-09-15		
保险公司信息披露管理办法	保监会令[2010]7号	2010-05-12	2010-06-12		

我国最早对证券信息披露做出规范的法规是国务院 1993 年 4 月发布的

《股票发行与交易管理暂行条例》，该条例第六章要求上市公司对投资人尚未得知的、可能对股票价格产生较大影响的重大事件进行披露。

目前，我国各层次的法律、行政法规、部门规章及其他规范性文件中均对信息披露进行了规定。其中，相关法律主要是《证券法》和《公司法》。《证券法》第三章规定了证券上市的信息披露和上市后的持续信息公开，以及信息披露瑕疵的归责原则。《公司法》第五章和第七章分别对发行公司债券的相关程序、发行文件提出要求。

目前经过修订并继续施行的信息披露方面的部门规章主要有《公开发行证券的公司信息披露编报规则》《公开发行证券公司信息披露实施细则》《公开发行证券的公司信息披露解释性公告》《公开发行证券的公司信息披露内容与格式准则》，其他与上市公司信息披露有关的规范性文件还有《证券公司年度报告内容与格式准则》《证券期货监督管理信息公开办法（试行）》《上市公司信息披露管理办法》《上市公司收购管理办法》《公开发行证券的公司信息披露内容与格式准则第 3 号——半年度报告的内容与格式》《公开发行证券的公司信息披露内容与格式准则第 2 号——年度报告的内容与格式》《公开发行证券的公司信息披露编报规则第 13 号——季度报告内容与格式特别规定》等。

证券交易所是经国家有关部门批准成立的进行证券集中交易的有形场所，根据证券市场的具体情况制定交易规则，对违反规则的市场主体进行谴责，情节严重的可以移送执法机关处理。上海证券交易所和深圳证券交易所的交易规则中对信息披露的有关问题都进行了规定。

股票交易信息传播方面，1997 年，证监会发布《关于加强股票期货信息传播管理的若干规定》，强化对股市信息传播的规制；发布《股票、期货投资咨询管理暂行办法》，强化对股票、期货投资咨询活动的管理，保障投资者的合法权益和社会公共利益。2006年，证监会发布《关于规范股票投资咨询机构和广播电视股票节目的通知》，着力规范股票投资咨询机构和广播电视股票节目乱象。

上市公司信息披露规制框架，具体如图4-1所示。

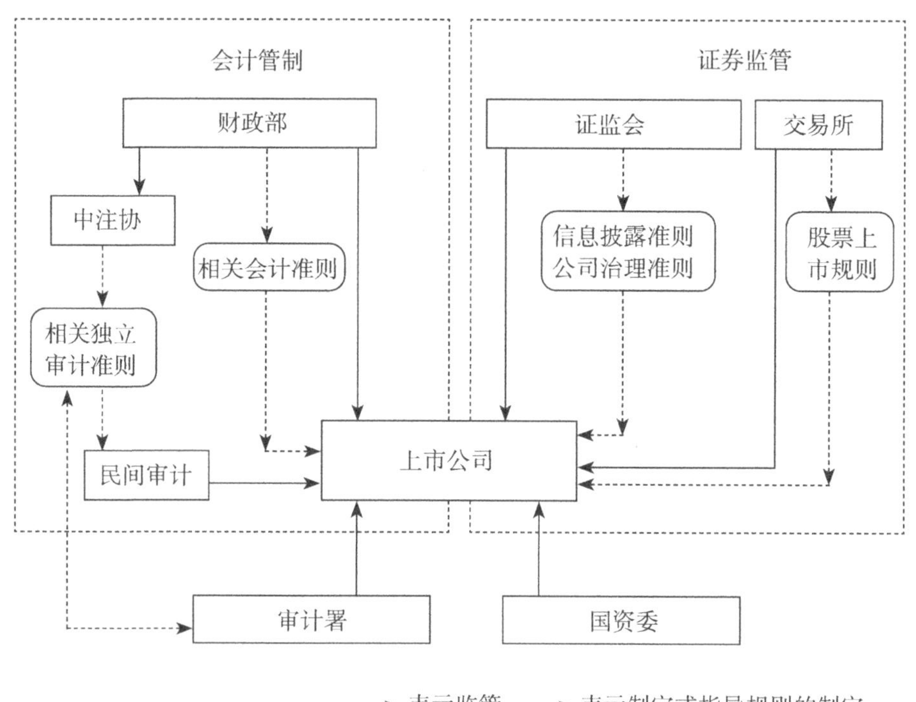

图4-1 上市公司信息披露规制框架[①]

4.1.1.4 股票禁止性交易法规

股票禁止性交易相关法规如表4-8所示。

① 李莉.中国上市公司关联交易监管制度研究[D].济南：山东大学，2012.

表 4-8 股票禁止性交易相关法规

法规名称	公布时间	实施时间	废止时间	主要内容
股票发行与交易管理暂行条例（国务院令第112号）	1993-04-22	1993-04-22	1999-07-01	
禁止股票欺诈行为暂行办法	1993-09-02	1993-09-02	2008-01-15	
关于严禁操纵证券市场行为的通知	1996-11-01	1996-11-01		对操纵市场行为的具体操纵手法进行了补充规定
上市公司董事、监事和高级管理人员所持本公司股份及其变动管理规则	2007-05-04	2007-05-04		
证券法	1998-12-29	1999-07-01		第五条
证券法修正案	2004-08-28	2004-08-28		第四章
证券法修正案	2005-10-27	2006-01-01		第七十三条至第八十三条
中华人民共和国刑法（简称《刑法》）	1997-03-14	1997-10-01		
刑法修正案（一）	1999-12-25	1999-12-25		
刑法修正案（六）	2006-06-29	2006-06-29		
刑法修正案(七)	2009-02-28	2009-02-28		

我国证券内幕交易的立法雏形是 1990 年 10 月中国人民银行发布的《证券公司管理暂行办法》第十七条，后来有了《上海市证券交易管理办法》第三十九条和第四十二条，《深圳市股票发行与管理暂行办法》第四十三条。1993 年 4 月 22 日，国务院颁布了《股票发行与交易管理暂行条例》，初步规定了内幕交易的认定标准及其法律责任。1993 年 9 月 22 日，国务院证券委员会又颁布了《禁止证券欺诈行为暂行办法》，进一步对内幕交易做了明确具体的规定。1999 年 7 月 1 日生效的《证券法》，从内幕交易的定义、内幕

人员的界定、内幕信息的界定和内幕交易责任等方面对内幕交易做出了详细具体的规定。随着资本市场改革的不断深入，全国人大常委会于 1999 年和 2005 年分别对《证券法》和《公司法》中有关内幕交易的条款进行了适当修订，充实了完善公司治理结构、保护中小投资者权益等方面的内容，设定了诸多违法行为的行政责任。2007 年，证监会又颁布了《上市公司董事、监事和高级管理人员所持本公司股份及其变动管理规则》及《限制证券买卖实施办法》。

1990 年，上海市人民政府颁布了我国最早禁止操纵证券市场行为的法规——《上海证券交易管理办法》，该办法第三十九条明确禁止任何单位和个人操纵市场。1991 年，深圳市人民政府颁布的《深圳经济特区证券管理暂行办法》第七十四条也对操纵市场行为进行了规范。1993 年《股票发行与交易管理暂行条例》第七十四条第 1 款第（三）（四）（五）（六）项对操纵市场进行了规定。1993 年的《禁止证券欺诈行为暂行办法》第七条和第八条对操纵市场行为进行了规定。1996 年 10 月，证监会又针对证券市场上突出的操纵市场行为，发布了《关于严禁操纵证券市场行为的通知》，对操纵市场行为的具体手法进行了补充规定，为这类案件的调查与认定做出进一步明确的指引，同时再次强调了证券交易所和地方证监局在查处操纵市场行为方面的责任。

我国于 2005 年 10 月 27 日修订通过的《证券法》第七十八条规定了操纵证券市场的四种行为，《证券法》第二百零三条规定了证券操纵市场的行政责任，第二百三十一条规定“违反本法规定，构成犯罪的，依法追究刑事责任”，第七十七条规定“操纵证券市场行为给投资者造成损失的，行为人应当依法承担赔偿责任”。这样，新的《证券法 》在民事责任追究方面，涉及了证券交易活动中的一些违规行为的民事责任，但是由于民事责任的规定比较笼统、不具体，缺乏可操作性，《证券法》还是偏重运用行政责任制裁各种证券欺诈行为。

我国《刑法修正案（六）》第一百八十二条规定了操纵市场行为的刑事责任，操纵证券市场情节严重的，处五年以下有期徒刑或者拘役，并处或者单处罚金；情节特别严重的，处五年以上十年以下有期徒刑，并处罚金。相比原来的《刑法修正案（五）》，增加了“情节特别严重的”量刑幅度，将“并处或者单处违法所得一倍以上五倍以下罚金”修改为“并处或者单处罚金”。

我国证券法规采用列举的方式来确定某种行为是否属于证券欺诈行为。1993 年 9 月 2 日，国务院证券委员会颁布的《禁止证券欺诈行为暂行办法》将证券公司欺诈客户的行为具体为 6 种。1998 年实施的《证券法》第三十七条规定了 6 种证券欺诈行为。2005 年修订颁布的《证券法》第七十九条对此进行了精简和删改，明确了证券公司欺诈客户行政责任的承担。概括来说，证券公司欺诈客户的行政处罚措施包括：责令改正、罚款、没收违法所得、责令关闭、撤销业务许可。对证券公司直接负责的主管人员和其他直接责任人员的行政处罚措施包括：警告、撤销任职资格、撤销从业人员资格、罚款。《刑法》规定了当证券公司挪用客户资金的行为达到一定标准时应当承担的刑事责任，涉及挪用资金罪和挪用公款罪两个罪名。

2005 年修订颁布的《证券法》第七十八条规定：禁止国家工作人员、传播媒介从业人员和有关人员编造、传播虚假信息，扰乱证券市场；禁止证券交易所、证券公司、证券登记结算机构、证券服务机构及其从业人员，证券业协会、证券监督管理机构及其工作人员，在证券交易活动中做出虚假陈述或者信息误导；各种传播媒介传播证券市场信息必须真实、客观，禁止误导。《证券法》第二百零七条规定：违反本法第七十八条第二款的规定，在证券交易活动中做出虚假陈述或者信息误导的，责令改正，处以三万元以上二十万元以下的罚款；属于国家工作人员的，还应当依法给予行政处分。我国《证券法》明确规定证券违法行为"构成犯罪的依法追究刑事责任"，并没有在证券立法中规定直接科以刑事处罚的规定，比照我国《刑法》第一百六十条"欺诈发行股票、债券罪"、第一百六十一条"提供虚假财会报告罪"、第一百八十条"内幕交易、泄露内幕信息罪"和第一百八十一条"编造并传播证券、期货交易虚假信息罪"等规定，对违法行为人给予刑事责任的追究，但并未对上市公司及其责任人因虚假陈述给投资者造成严重损害的做出明确的处罚规定，实属《证券法》立法之不足。

4.1.2 我国股票交易市场规制执法法规

我国股票规制执法法规规定了股票交易市场规制主体将规制客体的行为限制在合法范围内所能采取的措施，包括股票交易市场规制调查法规和股票交易市场规制处罚法规，如表 4–9、表 4–10 所示。

表 4–9 股票交易市场规制调查法规

法规名称	文号	发布时间	实施时间	废止时间
中国证券监督管理委员会冻结、查封实施办法	证监会主席令[2005]28号	2005–12–30	2006–06–01	2011–10–01
限制证券买卖实施办法	证监会令[2007]第45号	2007–05–18		
中国证券监督管理委员会冻结、查封实施办法	证监会令[2011]71号	2011–05–23	2011–10–01	
上市公司检查办法	证监发[1996]46号	1996–12–20	1996–12–20	2001–03–19
上市公司检查办法	证监发[2001]46号	2001–03–19	2001–03–19	2010–05–20
现场检查管理办法	证监公告[2010]12号	2010–04–30	2010–05–20	
关于股票经营机构业务资料报送有关问题的通知	证监机字[1997]3号			2000–03–14

续表

法规名称	文号	发布时间	实施时间	废止时间
关于严格执行证券公司业务资料报送制度有关问题的通知	证监办发[1999]22号			2000-03-14
证券公司统计报表制度（试行）	证监信息字[2000]3号			2012-08-20
关于证券公司业务资料报送有关问题的通知	证监机构字[2000]47号	2000-03-14	2000-03-14	2012-08-20
证券公司统计报表制度	证监机构字[2002]248号	2012-08-20	2012-08-20	
中国证券监督管理委员会行政处罚听证规则	证监法律字[2007]8号	2007-04-18		

我国股票交易市场规制调查方面的法律、法规主要有：证监会颁布的《上市公司检查办法》（1996年）、《关于股票经营机构业务资料报送有关问题的通知》（1997年）、《证券公司统计报表制度（试行）》（2000年）、《上市公司检查办法》（2001年）、《证券公司统计报表制度（试行）》（2002年）、《现场检查管理办法》（2010年）等。

深圳市政府1991年颁布的《深圳市证券机构管理暂行规定》和《深圳市股票发行与交易管理暂行办法》有专门针对证券市场中的违法违规行为进行监管及处罚的规定，这是深证证券稽查最早的依据。

国务院1993年4月公布的《股票发行与交易管理暂行条例》对股票市场行为进行了全面规范，具体陈述了禁止性交易行为，并明确了相应的调查和处罚措施。国务院证券委员会1993年8月颁布的《禁止证券欺诈行为暂行办法》界定了证券发行、交易及相关活动中的禁止性行为，并对证券市场中主要违法违规行为的具体表现形式、调查要件及处罚措施做了详细的规定，是针对稽查执法最具操作性的第一部行政法规依据。1993年12月通过的《公司法》第一次以法律形式对证券市场违法违规行为和法律责任进行了规定。

为加强稽查执法工作，提高稽查执法效率，1996 年 6 月，证监会发布《关于加强证券、期货交易所稽查工作的通知》，高度强调了交易所稽查工作的重要性，并要求各交易所明确稽查工作的职责，建立健全稽查工作规章制度，建立市场实时监控预警系统，完善基础工作，加强稽查机构建设，加强工作的横向联系，建立健全备案报告制度等。

1999 年 7 月 1 日，《证券法》的正式施行，标志着我国证券立法进入了一个新的阶段。该法第十章第一百六十六条至第一百七十四条对国务院证券监督管理机构的职责、调查职权、监管机构工作人员的责任与义务、被检查单位和个人的义务、证券违法行为的处罚原则等方面做出了具体的规定，从法律上保障了国务院证券监督管理机构依法对证券市场实行监督管理，维护证券市场秩序，保障证券市场健康运行。

在吸取以往执法经验与教训的基础之上，2005 年 10 月 27 日，第十届全国人大常委会第十八次会议对《证券法》进行了全面修订，大幅扩充了证监会的调查权，丰富和创新了证监会行政处罚形式，增强了对证券违法行为的威慑力。新办法的实施，赋予了证监会在必要时对证券市场相关主体现场检查权、调查权、讯问权、查阅查询权和查封财产权等权力，这些都是修订前的《证券法》所没有涵盖的。

根据 2005 年修订的《证券法》，2006 年 4 月 4 日，《中国证券监督管理委员会冻结、查封实施办法》颁布，这部办法的实施给予了证券稽查执法部门一定程度的准司法权，证监会案件调查部门、处罚部门及派出机构有权对涉及违法案件的资料进行调查，申请冻结、查封相关的资金账户和证券账户。2011 年 6 月 21 日发布《关于修改〈中国证券监督管理委员会冻结、查封实施办法〉的决定》，根据新规，实施冻结，应当依照有关规定，向协助执行部门出示冻结决定书，送达冻结通知书，并在实施冻结后及时向当事人送达冻结决定书。当事人应当将被冻结情况告知其控制的涉案财产的名义持有人。实施查封，应当依照有关规定向当事人送达查封决定书，需要有关部门协助的，还应当向协助执行部门送达查封通知书。实施查封后，应当制作现场笔录和查封清单。冻结或者查封应当由两名以上执法人员实施，执法人员在实施冻结或者查封时应当出示有效证件。

目前，证监会拥有的稽查权主要有：（1）现场检查权。证券监管机构有权对上市公司、证券发行人等 7 类主体进行现场检查。（2）调查权。证券监管机构有权进入涉嫌违法行为发生场所调查取证。调查权与现场检查权的区别在于，现场检查权的行使对象是证券业机构，调查权的行使对象的身份和范围不限；现场检查权的行使没有前提条件，行使调查权时进入调查的场所，需涉嫌发生过证券违法行为。（3）讯问权。证券监管机构有权讯问当事人和与被调查事件有关的单位和个人，要求其对被调查事件有关的事项做出说明。（4）查阅查询权。证券监管机构有权查阅、复制当事人和与被调查事件有关的财产权登记、通信记录等资料，有权查阅、复制当事人和与被调查事件有关的单位和个人的证券交易记录、登记过户记录等资料，对可能被转移、隐匿或者毁损的文件和资料可以予以封存，有权查询当事人和与被调查事件有关的单位和个人的资金账户、证券账户和银行账户。（5）查封财产权。对有证据证明已经或者可能转移或者隐匿违法资金、证券等涉案财产或者隐匿、伪造、毁损重要证据的，经国务院证券监督管理机构主要负责人批准，可以冻结或者查封。（6）限制交易权。在调查操纵证券市场、内幕交易等重大证券违法行为时，经国务院证券监督管理机构主要负责人批准，可以限制被调查事件当事人的证券买卖，但限制的期限不得超过 15 个交易日，案件复杂的，可以延长 15 个交易日。[①]

表 4-10　股票交易市场规制处罚法规

法规名称	文号	发布时间	生效时间	废止时间
中华人民共和国行政处罚法（简称行政处罚法）	主席令63号	1996-03-17	1996-10-01	
中华人民共和国行政强制法（简称行政强制法）	主席令49号	2011-06-30	2012-01-01	
证券市场禁入暂行规定	证监[1997]7号	1997-03-03	1997-03-03	2006-07-10
证券市场禁入暂行规定	证监会令[2006]33号	2006-06-07	2006-07-10	

根据《行政处罚法》的规定，证监会行政处罚种类有警告，罚款，责令停产停业，暂扣或吊销许可证、执照，没收违法所得、违法财物，行政拘留，以及法律规定的其他处罚。

《行政强制法》规定的行政机关行政强制执行权如下：罚款或者缴纳滞纳金，划拨存款、汇款，拍卖或者依法处理查封、扣押的场所、设施或者财物，排除妨碍、恢复原状，代履行，以及其他强制执行方式。证监会的行政强制执行范围由法律设定，法律没有规定的，应当向法院申请强制执行令。

我国的证券市场从 20 世纪 80 年代开始，经过三四十年的发展，向着公平、公开、公正、有序的法治目标愈走愈近。证券市场禁入制度正切中了证券违法活动的要害。

我国证券市场禁入制度正式开始实施的标志是国务院证券委员会在 1997 年 3 月颁布的《证券市场禁入制度暂行规定》。该规定指出，对从事证券欺诈活动或其他严重违反法律、法规和部门规章的行为，证监会有权认定其为市场

① 王婷 . 中国证券稽查执法制度变迁及实证研究 [D]. 武汉：武汉大学，2009.

禁入者，一定时期内或终身不得从事证券业务或担任上市公司高管人员。

1997 年 5 月，国务院批转了《关于严禁国有企业和上市公司炒作股票的规定》。该项规定中的第六条要求，上市公司炒作股票的，“对上市公司的主要负责人和直接负责人，由中国证监会认定并宣布为市场禁入者。”2001 年发布的《国务院关于整顿和规范市场经济秩序的决定》，也将对严重违法违规的中介机构和人员实行禁入制度列为整顿和规范市场经济秩序的主要内容和工作重点。

然而，关于证券市场禁入制度的实施，其间也存在不同的意见，对该制度的执行有一定的影响和阻滞作用。例如，有人认为出台《证券市场禁入暂行规定》没有上位法依据，是无效的。对此，为了进一步明确证券市场禁入制度的地位和作用，进一步促进市场禁入制度的顺利实施，《国务院关于推进资本市场改革开放和稳定发展的若干意见》（2004 年 1 月）发文指出“对严重违法违规、严重失信的机构和个人坚决实施市场禁入措施”，进一步对市场禁入制度进行了确认。

《证券法》（2005 年 10 月）中的第二百三十三条规定，对违反法律、法规或国务院证券监督管理机构有关规定，情节严重的，针对有关责任人员可以采取一定期限至终身的证券市场禁入措施。此项规定解决了上位法空缺的问题，为证券市场禁入问题提供了上位法律依据，确立了证券市场禁入措施的法定地位。

《证券市场禁入规定》（2006 年 7 月）根据新版《证券法》中市场禁入制度的规定，将适用范围扩大至发行人、上市公司、证券公司以及基金公司、证券服务机构的控股股东等 7 类主体。该规定指出，证监会可以根据上述 7 类人员违规行为的严重程度，采取相应的证券市场禁入措施。

之后，证监会陆续出台《证券、期货投资咨询管理暂行办法实施细则》

（1998年）、《证券经营机构高级管理人员任职资格管理暂行办法》（1998年）、《基金从业人员资格管理暂行规定》（1999年）、《关于做好基金从业人员资格注册登记工作的通知》（2001年）、《证券公司管理办法》（2001年）、《证券业从业人员资格管理办法》（2002年）等规章和规范性文件，对证券市场禁入做了相应的配套规定。例如在对有关从业人员资格审核的过程中，发现其有违规行为，可以采取一定期限内或终身限制其资格申请，或将未被证监会认定为市场禁入者或已过禁入期作为批准相关资格的前提条件。

我国证券行政处罚实行的是查审分离体制。证监会稽查部门和地方派出机构立案的案件在调查终结后均集中于行政处罚委进行审理。我国股票交易市场规制执法流程，如图4–2所示。

4.1.3　我国股票交易市场规制救济法规

我国股票交易市场规制救济法规赋予股票交易市场规制客体对规制主体做出的规制处罚提出异议的权力，具体如表4–11所示。

表4–11　股票交易市场规制救济法规

法规名称	文号	公布时间	生效时间	废止时间
行政复议条例	国务院令70号	1990–12–24	1991–01–01	1994–10–09
行政复议条例（修订）	国务院令499号	1994–10–09	1994–10–9	1999–10–01
信访条例		1999–10–28	1999–10–28	2005–05–01
中华人民共和国行政复议法	主席令[1999]16号		1999–10–01	
中国证券监督管理委员会行政复议办法	证监会令[2002]13号	2002–11–25	2003–01–01	2010–07–01
信访条例	国务院令（431号）	2005–01–10	2005–05–01	
中国证券监督管理委员会行政复议办法	证监会令[2010]67号	2010–05–04	2010–07–01	

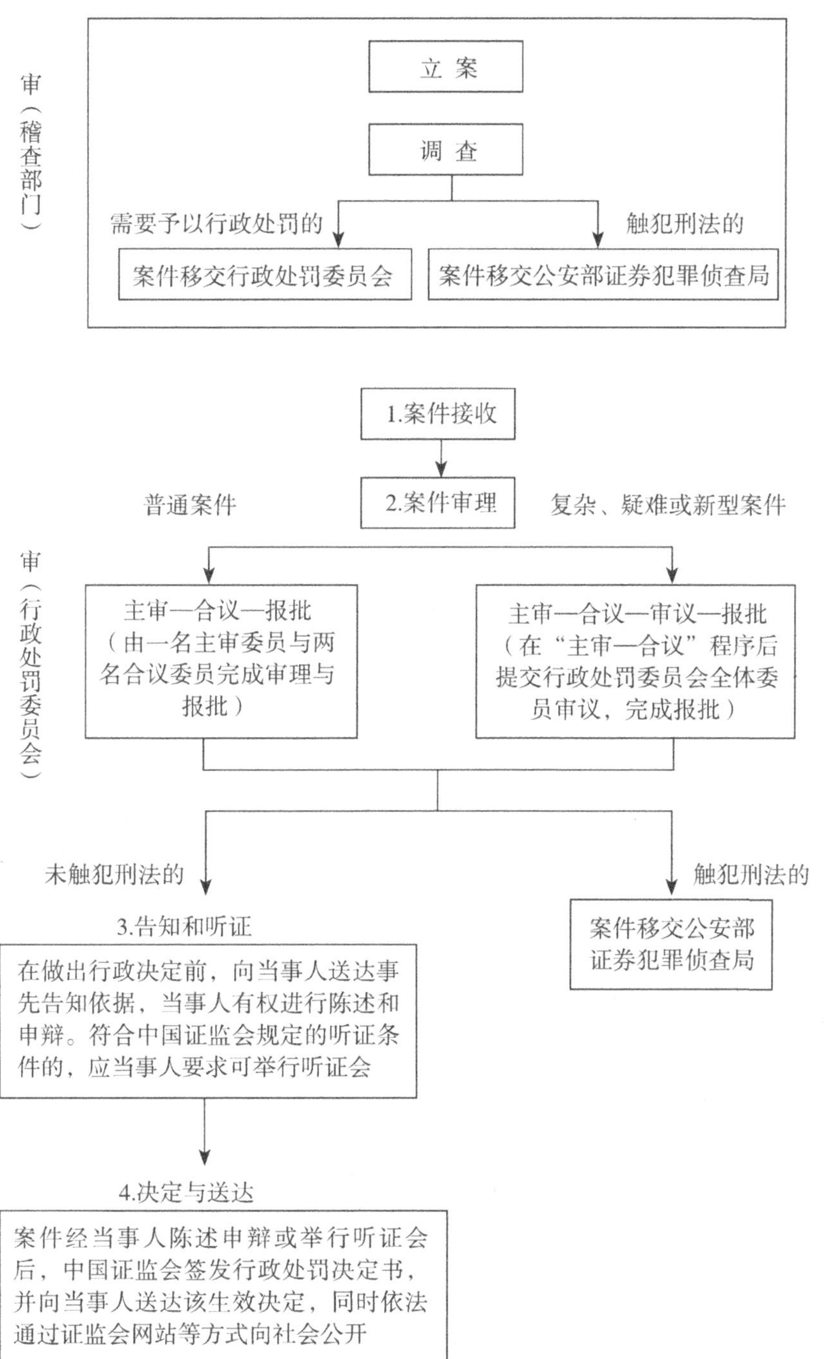

图 4-2　我国股票交易市场规制执法流程

我国股票交易市场规制救济法规有《信访条例》《中华人民共和国行政复议法》，以及证监会依据《中华人民共和国行政复议法》所制定的《中国证券监督管理委员会行政复议办法》。

4.2　我国股票交易市场规制执法的演进及现状

我国证券行政处罚实行的是查审分离体制，证监会稽查部门和地方派出机构立案的案件在调查终结后均集中于行政处罚委进行审理。根据行政处罚委的审理，证监会对处罚对象采取两类制裁：一是做出《行政处罚决定书》；二是做出《市场禁入决定书》。

4.2.1　行政处罚

行政处罚基本数据以证监会官网公示的“行政处罚决定”为统计口径，2001—2013 年度证监会行政处罚委共实施股票交易类行政处罚 564 件，共有 2581 名相关人员受到处罚，对法人罚款总计 12.61 亿元。

（1）案件行政处罚年度分布。

按照处罚年度划分，2001 年实施行政处罚 30 件，占比 5.32%；2002 年实施行政处罚 16 件，占比 2.84%；2003 年实施行政处罚 34 件，占比 6.03%；2004 年实施行政处罚 49 件，占比 8.69%；2005 年实施行政处罚 43 件，占比 7.62%；2006 年实施行政处罚 38 件，占比 6.74%；2007 年实施行政处罚 35 件，占比 6.21%；2008 年实施行政处罚 49 件，占比 8.69%；2009 年实施行政处罚 56 件，占比 9.93%；2010 年实施行政处罚 48 件，占比 8.51%；2011 年实施行政处罚 56 件，占比 9.93%；2012 年实施行政处罚 34 件，占比 6.02%；2013 年实施行政处罚 76 件，占比 13.48%。基于剔除偶然性因素考虑，将以上 13 年的数据分四组比对，案件数量基本呈上升趋势。行政处罚案件年度分组统计情况，如表 4-12 所示。

表 4-12　行政处罚案件 2001—2013 年度分组统计

年度	2001—2003	2004—2006	2007—2009	2010—2013
案件数	80	130	140	214

（2）处罚对象类型分布。

按照处罚对象划分，处罚对象仅涉及法人的 90 件，占比 16.08%；仅涉及个人的 161 件，占比 28.28%；同时涉及法人及个人的 313 件，占比 54.92%。2001—2012 年度处罚对象类型分布趋势特点为：同时涉及法人及个人案件占比较高，基本呈平稳波动；仅涉及法人的案件占比与仅涉及个人的案件占比以 2006 年为临界点呈相反趋势变化。总体而言，仅涉及法人的案件占比基本呈逐年下降趋势，涉及个人的案件占比基本呈逐年上升趋势（见图 4-3），表明对自然人的处罚力度在加大。

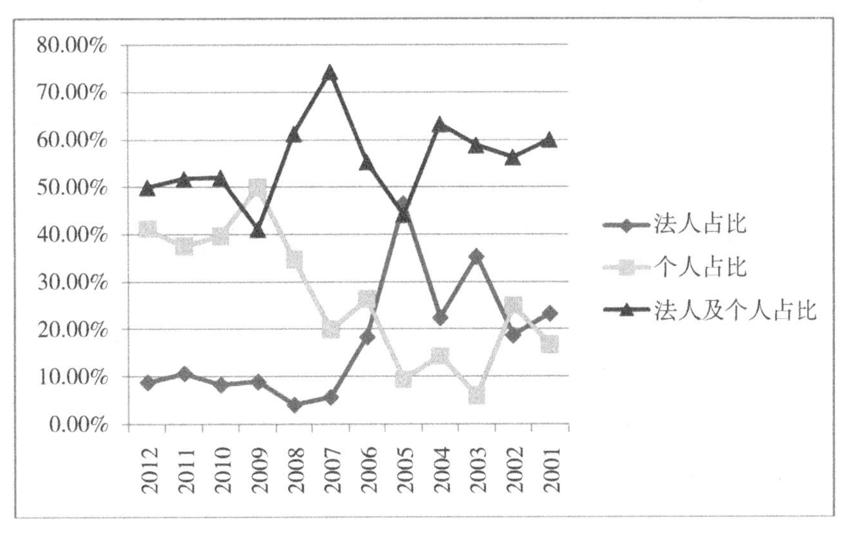

图 4-3　行政处罚对象类型 2001—2012 年度分布趋势图

（3）案件的行政处罚类型分布。

根据《行政处罚法》的规定及我国的证券行政处罚实践，本书对证券行政处罚具体类型的分布做了专项统计，常见的行政处罚类型包括罚款、警告、没收违法所得、责令改正、吊销资格、责令关闭等。案件行政处罚类型分布统计情况，如表 4-13 所示。

表 4-13　2001—2013 年行政处罚类型分布统计

行政处罚类型	起数	占比（%）
罚款	464	34.30
警告	366	12.37
没收违法所得	132	43.49
其他	105	9.84
合计	1067	100.00

注：由于同一案件中可能采取多种行政处罚类型，因此上表中体现的行政处罚起数超过了处罚案件数。

在 2001—2013 年所有的行政处罚案件中，使用频率最高的行政处罚类型是罚款、警告和没收违法所得，分别占全部处罚类型的 43.49%、34.30% 和 12.37%，责令改正、吊销资格、责令关闭等其他类型占比 9.84%。这反映了上述三类行政处罚类型对于证券违法案件的普遍适用性。由于其他的行政处罚类型如责令改正、吊销资格、责令关闭均需要特定的适用情形和条件，因此不是所有的证券案件均有这些行政处罚类型。

（4）案件的行政处罚金额分布。

将行政处罚金额分为 0～10 万元（含）、10 万～50 万元（含）、50 万～100 万元（含）、100 万～500 万元（含）、500 万元以上等 5 个区间进行分析。案件行政处罚金额分布统计，如表 4-14 所示。

表 4-14　2001—2013 年行政处罚金额分布统计

处罚金额区间	起数	占比（%）
0～10万元	70	15.09
10万～50万元（含）	181	39.01
50万～100万元（含）	114	24.57
100万～500万元（含）	84	18.10
500万元以上	15	3.23
合计	464	100.00

2001—2013 年，处罚金额在 10 万～50 万元（含）区间的案件最多，为 181 件，占比 39.01%。我国证券市场规制罚款金额集中在 10 万～100 万元的区间，罚款在 0～10 万元间的小案件较少，超过 500 万元罚款的大案也不多。

（5）处罚对象数与处罚金额年度比较。

2013 年，行政处罚对象 274 名，处罚金融达到 73000 万元，处罚对象和处罚金额均创历史新高。2012 年，行政处罚对象 51 名，处罚金额为 1851 万元，与 2002 年相比，在处罚对象数减少的情况下，处罚金额大幅增加。2010 年，处罚对象 215 名，处罚金额为 5002 万元，与 2007 年、2009 年相比，处罚对象数未有明显变化，在处罚金额上，与 2007、2009 年相比有较大增长。根据处罚对象数与处罚金额年度统计（见表 4-15），总体而言，处罚力度在逐年加大。

表 4-15　处罚对象数与处罚金额年度统计

年度	2001	2002	2003	2004	2005	2006	2007	2008	2009	2010	2011	2012	2013
处罚对象数	155	81	173	329	192	182	210	254	234	215	231	51	274
处罚金额（万元）	6161	650	4121	5362	1538	2471	3127	15787	3015	5002	3972	1851	73000

（6）处罚时间与违法事实发生时段偏离值分布。

这里所说的偏离值是指处罚时间与违法行为终止时间之差，即行政处罚相对于违法行为的时滞。本书将该偏离值时段分为 1 年（含）以下、1～2 年（含）、2～3 年（含）、3 年以上 4 个区间，分布情况如表 4-16 所示。

表 4-16　2001 年～2013 年行政处罚案件偏离值分布统计

偏离值时段	案件数	占比（%）
1年（含）以下	126	22.34
1～2年（含）	153	27.13
2～3年（含）	156	27.66
3年以上	129	22.87
合计	564	100.00

2001—2013 年统计数据表明，偏离值在 2～3 年（含）区间的案件最多，为 156 件，占比 27.66%；偏离值在 1 年（含）以下的案件最少，为 126 件，占比 22.34%。案件处罚时间与违法事实发生时段偏离值大多在 2 年以上，总体而言，行政处罚时间相对违法行为滞后，处罚不及时。

4.2.2　市场禁入

本书数据来源以证监会官网公示的“市场禁入决定”为统计口径，2004—2013 年度，经过审理，证监会共做出 141 项股票交易类市场禁入决定书，共有 341 名自然人被市场禁入。

（1）案件数年度分布。

按照实施市场禁入年度划分，2004 年实施市场禁入 8 件，占比 5.67%；2005 年实施市场禁入 6 件，占比 4.26%；2006 年实施市场禁入 15 件，占比 10.64%；2007 年实施市场禁入 16 件，占比 11.35%；2008 年实施市场禁入

25 件，占比 17.73%；2009 年实施市场禁入 16 件，占比 11.35%；2010 年实施市场禁入 16 件，占比 11.35%；2011 年实施市场禁入 10 件，占比 7.09%；2012 年实施市场禁入 8 件，占比 5.67%。2013 年实施市场禁入 21 件，占比 14.89%。以 2004 年为基期，从 2004—2013 年基比发展情况来看，市场禁入案件数量基本呈上升趋势。值得注意的是，2006 年环比增长 150%，增长速度显著，其原因是《证券市场禁入规定》于该年颁布实施，而 2013 年环比增长 162.50%，原因在于新一届证监会主席上任以来，加大了市场规制力度，市场禁入案件大幅增加，市场禁入在行政处罚中的作用日益凸显。市场禁入案件年度统计情况，如表 4-17 所示。

表 4-17　市场禁入案件 2004—2013 年度统计

年度	案件数	占比（%）	基比（以2004年为基期，%）	环比（%）
2004	8	5.67		
2005	6	4.26	−25.00	−25.00
2006	15	10.64	87.50	150.00
2007	16	11.35	100.00	6.67
2008	25	17.73	212.50	56.25
2009	16	11.35	100.00	−36.00
2010	16	11.35	100.00	0.00
2011	10	7.09	25.00	−37.50
2012	8	5.67	0.00	−20.00
2013	21	14.89	162.50	162.50
合计	141	100.00		

（2）禁入时间分布。

2004—2013 年度统计数据按禁入时间划分为 2 年、3 年、5 年、7 年、10

年、永久性禁入 6 种。市场禁入时间分布统计，如表 4-18 所示。

表 4-18　2004—2013 年市场禁入案件禁入时间分布

禁入时间	2年	3年	5年	7年	10年	永久
案件数	1	38	54	3	40	57

注：由于同一案件中可能涉及多种市场禁入处罚年限，因此上表中显示的市场禁入起数超过了禁入案件数。

2006 年的《证券市场禁入规定》将禁入期限划分为 3～5 年、5～10 年和终身三个档次，故禁入案件集中于以上时段。

（3）处罚时间与违法事实发生时段偏离值分布。

这里所说的偏离值是指市场禁入时点与违法行为终止时间之差，即市场禁入相对于违法行为的时滞。本书将该偏离值时段分为 1 年（含）以下、1～2 年（含）、2～3 年（含）、3 年以上 4 个区间，分布情况如表 4-19 所示。

表 4-19　2004—2013 年市场禁入案件偏离值分布统计

偏离值时段	案件数	占比（%）
1年（含）以下	17	12.06
1～2年（含）	30	21.28
2～3年（含）	44	31.20
3年以上	50	35.46
合计	141	100.00

2004—2013 年统计数据表明，偏离值在 3 年以上的案件最多，为 50 件，占比 35.46%；偏离值在 2～3 年（含）区间的案件次之，为 44 件，占比 31.20%。偏离值在 1 年以下的案件最少，为 17 件，占比 12.06%。总体而言，市场禁入处罚时间相对违法行为滞后，处罚不及时。

4.3　我国股票交易市场规制救济的演进及现状

本书数据来源以证监会官网公示的“行政复议决定”为统计口径，2006—2013 年度共审结股票交易类行政复议案件 90 件。因不服行政处罚引起的行政复议案件为 77 件，占证监会行政处罚委实施行政处罚案件（564 件）的 13.65%；因不服市场禁入决定提起的行政复议案件为 12 件，占全部 141 项市场禁入案件的 8.51%。

（1）行政复议案件年度分布。

按照行政复议审结年度划分，2006 年审结行政复议案件 1 件，占比 1.11%；2007 年审结行政复议案件 1 件，占比 1.11%；2008 年审结行政复议案件 17 件，占比 18.89%；2009 年审结行政复议案件 16 件，占比 17.78%；2010 年审结行政复议案件 31 件，占比 34.44%；2011 年审结行政复议案件 9 件，占比 10.00%；2012 年审结行政复议案件 10 件，占比 11.11%；2013 年审结行政复议案件 5 件，占比 5.56%。

（2）行政复议申请人类型分布。

按照复议申请人类型划分，申请人为法人的行政复议案件 12 件，占比 13.33%；申请人为个人的行政复议案件 78 件，占比 86.67%。具体分布情况，如表 4-20 所示。

表 4-20　行政复议案件申请人分布

申请人类型	案件数	占比（%）
个人	78	86.67
法人	12	13.33
合计	90	100.00

（3）行政复议申请事项分类。

2006—2013 年度共审结行政复议案件 90 件。因不服行政处罚引起的行政复议案件为 77 件，占比 85.56%；因不服市场禁入决定提起的行政复议案件为 13 件，占比 14.44%。分布情况如表 4-21 所示，可见引发行政复议案件最多的为行政处罚事项。

表 4-21　行政复议案件在各类行政复议事项中的分布

申请事项（原处罚）	案件数	占比（%）
行政处罚	77	85.56
市场禁入	13	14.44
合计	90	100.00

（4）行政复议结果。

2006—2013 年，决定不予受理行政复议 4 件，占全部行政复议案件的 4.44%，做出撤销规制处罚或市场禁入的行政复议案件 8 件，占全部行政复议案件的 8.88%，做出变更规制处罚或市场禁入的行政复议案件 4 件，占全部行政复议案件的 4.44%；其余 82.22% 的行政复议都维持原裁决。

第5章　当前我国股票交易市场规制体系存在的问题及成因

从静态角度来说，股票交易市场规制评价是对现实的股票交易市场规制与理想的股票交易市场规制的差距的衡量。在理想的股票交易市场规制中，股票交易市场规制体系不存在越位、缺位、错位。如果我国股票交易市场规制与理想的股票交易市场规制的差距不大，那么我国股票交易市场规制体系本身存在的越位、缺位、错位情况严重程度越低，股票交易市场规制体系就越有效。反之，我国股票交易市场规制体系本身存在的越位、缺位、错位情况严重程度越高，我国股票交易市场规制的有效性就越差。

5.1　当前我国股票交易市场规制体系存在的问题

规制权力配置问题是我国股票交易市场规制体系存在的较大问题，这主要体现在以下几个方面：第一，规制越位、错位。证券市场上有许多事务应由自律型组织自行管理或由市场规律去决定，然而证监会的工作又过多地集中在对证券市场的日常管理上。从程度上来看，证监会的监管已深入许多具体微观领域，如市场准入制度过于严格、人为过多设定限售股等。这种事无巨细的“家长式”规制方式极不利于证券市场的健康发展，严重扼杀了证券市场的自主性与活跃性。第二，规制缺位。由于股票市场本身失灵，股票市场不能实现资源的最优配置，这时就需要政府规制去弥补市场的缺陷，使股票市场的资源配置实现最优，然而证监会在弥补市场不足、建立完善的股票市场方面存在一定程度的缺失，例如，内幕交易、市场操作等禁止性交易严重蚕食我国股票市场，但证监会在规制禁止性交易方面的力度尚嫌不足。

5.1.1 当前我国股票交易市场规制法规存在的问题

（1）规制法规稳定性偏低。

保持法规稳定性使投资行为具有可预期性，有利于市场参与者形成稳定的预期，促使其行为长期化。法规的频繁变动容易导致市场参与者行为的短期化，还会诱发他们寻求改变对此的寻租行为，这会极大地损害股市的健康发展。以2002—2013年我国发布的212项有关证券市场的部门规章为例，已有27项被废止或修订，占部门规章总数的12.74%，而且绝大部分被废止或修订的部门规章才执行了两年左右。

（2）规制法规不协调。

许多现行的行政法规、部门规章互相矛盾，法规之间缺乏配套与衔接，法规内容上的整体性和统一性程度偏低，难免出现靠临时出台的政策来调控股市而导致较大的负面效应，造成规制的直接成本和间接成本过高。例如，2001年证监会发布《公开发行证券的公司信息披露编报规则第 16 号——A 股公司实行补充审计的暂行规定》，要求拟首次公开发行股票上市的公司和上市后拟在证券市场再筹资的上市公司必须聘请国际会计师进行补充审计，但该规定仅颁布两个月，证监会又出台了《关于 2002 年 A 股公司进行补充审计试点有关问题的通知》，将补充审计试点范围进行严格限制，而且国内会计师经认定也可以取得补充审计资格，致使补充审计制度名存实亡。这样的规章冲突事例并不是个例。

（3）规制法规过于抽象，缺乏具体的可操作性，在个案执法过程中出现相应问题常常无法可依。

如《刑法》第一百八十二条规定："有下列情形之一，操纵证券交易价格，获取不正当利益或者转嫁风险情节严重的，处五年以下有期徒刑或拘役，并处或者单处违法所得一倍以上五倍以下罚金。"首先，对于"违法所得"问题，行为人操作行为的成败在相当程度上受市场因素的影响，行为人无法完全控制，如果最终未能获利，无所得，依据什么判处罚金？其次，对于"情节严重"问题，证券市场操纵行为需达到"情节严重"才构成犯罪，但什么是"情节严重"，我国《刑法》并没有做出具体规定，相关的司法解释亦未出台。

（4）规制范围法规不健全。

经过多年的努力和实践探索，我国在股票交易市场规制立法方面已经取得了一定的成果，形成了一个初步的股票交易市场规制范围法规框架，但是随着股市的迅速发展，又出现了许多现行法规和条例无法解决的新问题。股票交易市场规制范围法规的不完善，不可避免地会带来操作性差、法律手段弱化等问题，影响了规制的质量和效率。例如与成熟证券市场相比，还缺少诸如《投资者权益保护条例》《投资咨询条例》《证券交易条例》等行政法规；在禁止性交易方面，至今仍没有出台禁止性交易规制的实施细则。

（5）规制调查法规不健全。

当前我国股票交易市场规制法规的执法程序过于刚性，弹性不足，既可能给执法部门带来执法风险，也不利于执法的事前介入。一是立案程序时间长，难以实现早发现早立案早处理，不利于把案件解决于萌芽阶段，同时股票市场信息不对称，保密效果不佳，对处于信息劣势的中小投资者显失公平。二是环节复杂，是否立案主要取决于立案部门的立案依据。对于复杂案件的实质性很难判断，就会出现进行调查却无实据的情况，但是按规定已经进行了公告，对调查对象和投资者都会产生不利影响，给执法工作带来风险。三是目前的执法基本以“事后监管”为主，案件立案后执法部门才会介入。四是稽查权限不足。目前，证监会拥有的稽查权有现场检查权、调查取证权、询问权、查阅查询权、冻结或封存权和交易限制权等，但相比于其他成熟证券市场的主要规制主体，证监会还缺少部分行政强制措施，例如对涉案人员的强制传唤权以及当事人有意躲避即为违法的权限，申请搜查令权，向法院申请强制令、破产令、清算令、执行令等权限。

（6）规制处罚法规不健全。

首先，按照目前的法律规定，对涉嫌犯罪的违法案件证监会要移交公安部门。公安部门需要另行立案调查取证，证监会前期稽查证据不能被公安部门直接采信，这大大延长了执法周期，降低了执法效率。其次，证监会行政处罚权限不足，相比境外发达证券市场证券监管部门普遍具有处罚权，证监会缺少的处罚权为行政处罚和解权与直接起诉权。

（7）规制救济法规不健全。

根据现行《中国证券监督管理委员会行政复议办法》，在复议的审理方式上，主要以书面审理的方式进行，对于重大复杂或疑难案件不易查明事实真相，认定事实容易出现差错，不利于保护公民、法人和其他组织的合法权益；未规定复议不得加重相对人的处罚，这就必然会增加复议申请人的思想顾虑，从而使行政复议的有效性大打折扣；只将抽象行政行为有限地纳入行政复议范围，而抽象部门规章仍不在行政复议的范围内；采用的是自动受理制，不利于当事人行使行政复议救济权。

5.1.2　当前我国股票交易市场规制执法存在的问题

（1）规制处罚的时滞性偏大。

由于证券监管部门追查案件没有日常化，而是视市场情形的变化决定采取惩罚措施，加之规制处罚缺乏一致性，也使规制执法缺少权威性和严肃性。2001—2013 年统计数据表明，偏离值在 2～3 年（含）区间的行政处罚案件最多，为 156 件，占比 27.66%，偏离值在 1 年（含）以下的案件最少，为 126 件，占比 22.34%。案件处罚时间与违法事实发生时段偏离值大多在 2 年以上。2001—2013 年，偏离值在 3 年以上的市场禁入决定最多，为 50 件，占比 35.46%；偏离值在 2～3 年（含）区间的案件次之，为 44 件，占比 31.20%；偏离值在 1 年以下的案件最少，为 17 件，占比 12.06%。总体而言，规制处罚时间相对违法行为滞后，处罚不及时。

（2）规制处罚手段单一。

在 2001—2013 年所有行政处罚案件中，使用频率最高的规制处罚类型是罚款、警告和没收违法所得，分别占全部处罚类型的 43.49%、34.30% 和 12.37%，责令改正、吊销资格、责令关闭等其他类型占比 9.84%，规制处罚严重依赖罚款和警告。

（3）规制处罚欠缺力度。

2001—2013 年，行政处罚罚款金额在 10 万～50 万元（含）区间的案件最多，为 181 件，占比 39.01%。我国证券市场规制罚款金额集中在 10 万～100 万元的区间，罚款在 0～10 万元间的小案件较少，超过 500 万元罚款的大案也不多。例如，民源海南公司违规动用银行信贷资金操纵“琼民源”股价非法获利 6651 万元，被证监会查处后除了没收非法所得外，仅被处以警告和罚款。ST 啤酒花因信息披露违规被证监会罚款 60 万元，而投资者因此受损达 22 亿元之巨（部分落入违规人腰包），两者相差 3600 多倍。因此，只有对违法主体的违规行为处罚及时、严厉，才能树立法规的权威，从而使潜在的违规者望而却步。

（4）执法缺乏透明度。

由于我国现有执法信息的不对称，使得公众对于最终的处罚意见往往无法通过正常有效的渠道获知，由此也使得人们对于最终的执法单位本身的公正性和透明化产生了质疑。如“亿安科技案”，罚没款达 8.98 亿元，但是在本案中除了主要责任人名单之外，对于各方的责任明确以及具体的处罚方案较为模糊，仅仅是告知了处罚金额与总数，其中的细则却鲜有披露。①

（5）执法尺度不统一、不连贯。

对同一类型违法行为有时处罚重、有时处罚轻。如在实践中，有的违法违规行为情节轻重显然存在很大差异，违法所得不一样，对它们的规制处罚措施却基本一致。不同情况不进行区别对待，违背了公正原则，也不利于遏制违法行为的发生。

5.1.3 当前我国股票交易市场规制救济存在的问题

（1）行政复议结案数量下滑明显。

根据证监会“行政复议决定”统计数据，2006—2013 年证监

① 向祖荣．论证券监管机构的法律定位 [J]. 证券市场导报，2012（9）：53-58.

会共审结股票交易类行政复议案件 90 件，2006—2010 年行政复议案件稳中有升，特别是 2010 年审结行政复议案件 31 件，增幅达 93.75%，行政复议案件上升势头明显。但 2011 年审结行政复议案件仅为 9 件，降幅达 70.97%，2012 年审结行政复议案件 10 件，增幅仅为 11%，结案数量下滑明显；2013 年审结行政复议案件 5 件，降幅达 50%。

（2）行政复议申请人类型结构失衡。

2006—2013 年度共审结行政复议案件 90 件。按照复议申请人类型划分，申请人为个人的行政复议案件 78 件，申请人为法人的行政复议案件 12 件，两者之比为 6.5：1；同期，证监会行政处罚案件涉案个人与涉案法人之比为 4.9：1。提出行政复议申请的个人比例明显高于行政处罚案件涉案个人比例。

（3）行政复议申请事项分类单一。

2006—2013 年度共审结行政复议案件 90 件。因不服行政处罚引起的行政复议案件为 77 件，因不服市场禁入决定提起的行政复议案件为 13 件，前者是后者的 5.9 倍。同期，证监会开出的行政处罚单数与市场禁入单数之比为 3.29：1。由于行政处罚所引起的行政复议数与由于市场禁入决定引起的行政复议之比，明显大于证监会开出的行政处罚单数与市场禁入单数之比。可以看出，大量的行政复议申请集中在行政处罚复议申请上。

（4）行政复议结果消极。

2006—2013 年，决定不予受理行政复议 4 件，占全部行政复议案件的 4.44%，做出撤销规制处罚或市场禁入的行政复议案件 8 件，占全部行政复议案件的 8.88%，做出变更规制处罚或市场禁入 4 件，占全部行政复议案件的 4.44%，多达 82.24% 的行政复议维持原裁决。

我国股票交易市场规制体系由三部分组成：股票交易市场规制法规、股票交易市场规制执法和股票交易市场规制救济。与此相对应，我国股票交易市场规制体系的静态失灵表现为我国股票交易市场规制法规的静态失灵、我国股票交易市场规制执法的静态失灵和我国股票交易市场规制救济的静态失灵。

我国股票交易市场规制法规的静态失灵、我国股票交易市场规制执法的静态失灵和我国股票交易市场规制救济的静态失灵有着内在的逻辑。这种逻辑可以表述为：在股票交易市场规制体系供给和需求不变的情况下，我国股票交易市场规制法规的静态失灵在一定程度上导致了我国股票交易市场规制执法的静态失灵和我国股票交易市场规制救济的静态失灵。

规制执法的时滞性偏大、规制处罚手段单一、规制处罚时欠缺力度、执法缺乏透明度、执法尺度不统一不连贯，行政复议结案数量下滑明显、行政复议申请人类型结构失衡、行政复议案件申请事项种类单一，这些股票交易市场规制执法和规制救济的静态失灵都与规制法规稳定性偏低、规制的法律体系不协调、规制法规过于抽象、行政执法权相对不足、规制法规不健全有着密切的联系。

5.2 当前我国股票交易市场规制体系存在问题的成因

我国股票交易市场规制体系静态失灵的成因可以从两方面去考量，其一，从空间截面的角度来看，我国股票交易市场规制体系静态失灵是由股票交易市场规制体系供给和需求两方面的缺陷导致的（见图 5-1）；其二，从时间序列的角度来看，我国股票交易市场规制体系静态失灵是我国股票交易市场规制体系变迁路径所决定的，我国股票交易市场规制体系变迁的路径依赖表现为股票交易市场规制体系变迁路径的自我强化，现在的股票交易市场规制体系是过去的股票交易市场规制体系的延续，将来的股票交易市场规制体系是现在的股票交易市场规制体系的延续。时间和空间是股票交易市场规制体系存在的两个基本维度，我国股票交易市场规制体系的供需和股票交易市场规制体系变迁的路径依赖分别从空间和时间两个角度解释了股票交易市场规制体系静态失灵的原因，我国股票交易市场规制体系静态失灵是我国股票交易市场规制体系供需方、股票交易市场规制体系变迁路径依赖共同作用的结果，只有将两者结合，才能对我国股票交易市场规制体系的静态失灵做出合理的解释。

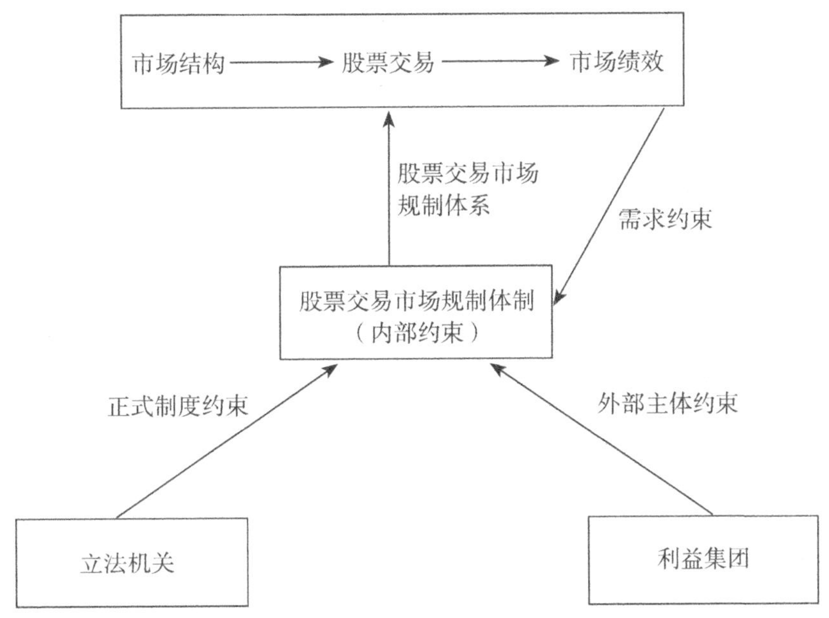

图 5-1　当前我国股票交易市场规制静态失灵的供需分析

5.2.1　我国股票交易市场规制体系的供给

从供给方面来看，我国股票交易市场规制体系的股票交易市场规制行为是在外在和内在双重约束的条件下进行的决策行为，规制行为的外在约束表现为股票交易市场规制体系所处的外部制度约束条件和外部利益集团压力约束，规制行为的内在约束表现为规制主体的偏好和股票交易市场规制体系内部的委托—代理关系。

5.2.1.1　规制目标偏差

在体制转轨中，政府经济职能应从两方面来认识。从制度变迁的角度来看，政府是新制度的供给者，在由计划经济体制到市场经济体制的转轨过程中，政府主要靠逐步设定和完善一系列符合市场经济的规则弥补市场失灵，逐渐完成制度变迁，建立完善的市场经济；从经济发展的角度来看，政府是经济增长的推动者，由于市场经济很不成熟，市场机制不可能有效发挥资源配置作用，这就要求政府除了弥补市场失灵现象，还要部分替代市场执行资源配置的功能，从而实现经济的发展。总之，国家在社会经济运行中具有双重经济职能，即一方面国家是经济管理者，另一方面国家又是经济增长的推动者。

在我国，政府的双重经济职能表现得尤为明显，我国股票市场交易规制不仅表现为政府对市场失灵的纠正，更表现为政府积极介入股市，实现股指的持续上扬，保证短期经济发展，我国股票市场持续上演的政策市就是明证。政府在股票市场上的过度介入，在客观上造成市场投机风气盛行，市场的价值发现功能无法得到实现，股票交易市场规制的目标也摇摆在弥补市场缺陷和促进经济增长两个方面。①

监管部门规制成本较大、运行效率效率偏低。自 2010 年起，证监会开始公布部门预算与决算数据。证监会系统 2010 年预算额 126286.69 万元，决算额 89636.42 万元，预算支出与预算执行支出的差异总额为 36650.2 万元。

① 何胖通. 股市宏观调控——调控的必要性及优化政策工具 [J]. 商场现代化，2006（14）：280-281.

2011 年财政部批复证监会 2011 年度的部门预算支出为 134610.13 万元（指财政性资金预算，下同），证监会决算（草案）反映的当年决算为 94694.99 万元，其部门预算与执行结果的差异总额为 39915.14 万元。2010—2011 年预算额、预算执行、差异值额呈上升趋势，表明行政成本较大，行政效率较低。①

证监会系统使用财政拨款开支因公出国（境）费、公务用车购置及运行费和公务接待费。2010 年证监会“三公经费”财政拨款支出决算 3327.38 万元，2011 年证监会“三公经费”财政拨款预算 3252.68 万元，全年支出决算 3200.90 万元，2012 年“三公经费”财政拨款预算 3252.68 万元，与 2011 年预算数持平。

下面建立一个模型来说明政府目标函数的二重性和监管部门规制成本所造成的股票交易市场规制体系静态失灵。

首先，我国政府目标函数的收益表现为两个方面：保证短期经济发展收益（*TR*）和纠正市场失灵获取效率收益（*T*），成本表现为规制成本（*C*）。

$TR=TR(x)$，$\partial TR(x)/\partial x>0$。*TR* 与 *x* 相关，一般而言，规制强度 *x* 越大，越有利于保障短期经济目标的实现。

$T=(x,\gamma,J)$，$\partial T/\partial\gamma<0$，$\partial T(x,\gamma)/\partial x|_{x=x^*}=0$，当 $x\leqslant x^*$ 时，$\partial T/\partial x>0$，当 $x\geqslant x^*$ 时，$\partial T/\partial x<0$。*T* 取决于股票交易市场规制体系的规制水平 *x* 和股票交易市场规制体制的寻租行为 γ，*J* 是股市的现实绩效。当股票交易市场规制体系规制力度小于 x^* 时，效率收益随着规制力度的增大而增大，当股票交易市场规制体系规制力度大于 x^* 时，效率收益随着规制力度的

① 数据来源于《证监会 2010 年部门预算》《证监会 2010 年度部门决算》《2011 年度证监会部门预算》《2011 年度证监会部门决算》，这里的预决算口径为证监会本级和 36 家派出机构。这里的预算和决算支出不包括结余分配。

增大而降低。

$C=C(x, \gamma)$，$C(x, \gamma)/\partial x>0$，$C(x, \gamma)/\partial\gamma>0$。规制成本 C 包括直接成本和间接成本。直接成本主要是规制体制的运行费用，间接成本主要形成于官僚的寻租行为 γ。C 与 x 相关，一般而言，规制强度 x 越大，规制成本越大；C 与 γ 相关，一般而言，官僚寻租 γ 越大，规制成本越大。

假定政府具有二重经济职能，那么规制主体效用函数表示如下：$U_g=\int_{t=1}^{\infty}\{TR(x)+T_t(x, \gamma, J)-C_t(x, \gamma)\}^{-\rho}\mathrm{d}t$，其中，$p$ 表示规制主体的贴现偏好。

寻租行为 γ 随着股票交易市场规制体系的规制程度 x 的提高而升高，$\gamma=\gamma(x)$，$\partial\gamma/\partial x>0$，所以 $U_g=\int_{t=1}^{\infty}\{TR(x)+T_t(x, J)-C_t(x)。\}^{-\rho}\mathrm{d}t=U_g(x, \rho, J)$。

最优化上述目标函数：$MaxU_g=\int_{t=1}^{\infty}\{TR(x)+T_t(x, J)-C_t(x)\}^{-\rho}\mathrm{d}t=U_g(x, \rho, J)$，令 $\partial U_g/\partial x=0$，得到 $x_4^*=x_4^*(p, J)$，此为我国股票交易市场规制体系的现实强度。

其次，假定政府职能只限于设定和完善一系列符合市场经济的规则弥补市场失灵，逐渐完成制度变迁，建立完善的市场经济，那么政府效用函数可以表示为：$U_g=\int_{t=1}^{\infty}\{T_t(x, J)-C_t(x)\}^{-\rho}\mathrm{d}t=U_g(x, \rho, J)$。

最优化上述目标函数：$MaxU_g=\int_{t=1}^{\infty}\{T_t(x, J)-C_t(x)\}^{-\rho}\mathrm{d}t=U_g(x, \rho, J)$，令 $\partial U_g(x, \rho)/\partial x=0$，得到 $x_2^*=x_2^*(p, J)$，此为我国单一股票交易市场规制目标下规制体系的最优规制水平。

最后，假定政府职能只限于设定和完善一系列符合市场经济的规则弥补市场失灵，逐渐完成制度变迁，建立完善的市场经济，而且政府规制行政成本为零，那么政府效用函数可以表示为：$U_g=\int_{t=1}^{\infty}\{T_t(x,J)\}^{-\rho}dt=U_g(x,\rho,J)$。

最优化上述目标函数：$MaxU_g=\int_{t=1}^{\infty}\{T_t(x,J)\}^{-\rho}dt=U_g(x,\rho,J)$，令$\partial U_g(x,\rho)/\partial x=0$，得到$x_3^*=x_3^*(p,J)$，此为我国股票交易市场规制体系理想的最优规制水平。

很显然，$x_2^*\neq x_3^*\neq x_4^*$，亦即，我国股票交易市场规制体制的行政成本导致我国单一股票交易市场规制目标下规制体系的最优规制水平（x_2^*）不等于我国股票交易市场规制体系理想的最优规制水平（x_3^*），由于我国政府的双重职能，加剧了我国股票交易市场规制体系的现实强度（x_4^*）与我国股票交易市场规制体系理想的最优规制水平（x_3^*）之间的差距。也就是说，我国股票交易市场规制体制的规制成本与我国股票交易市场规制目标的二重性导致股票交易市场规制体系的静态失灵。

5.2.1.2　内部约束——委托代理关系不完善

我国股票交易市场规制体制是一元集中规制体制。我国股市规制的权力集中于中央政府，形成了以证监会为核心，由多个规制机构共同承担规制责任，各规制机构既分工负责，又协调配合的股票交易市场规制体制。

国务院：向全国人民代表大会或者全国人民代表大会常务委员会提出有关证券市场的议案；根据宪法和法律，制定证券市场相关的行政法规；改变或者撤销各部、各委员会发布的关于证券市场不适当的命令、指示和规章；审定规制机构的人员编制，任免、培训、考核和奖惩行政人员。

证监会：研究和拟订股票交易市场的方针政策、发展规划；制定有关股票交易市场规制的规章、规则和办法；规制证券投资基金活动；管理证券期货交易所；归口管理证券业、期货业协会；规制证券期货经营机构、证券投资基金管理公司、证券登记结算公司、期货结算机构、证券期货投资咨询机构、证券资信评级机构等；规制股票股票交易、托管和结算；规制股票信息传播活动，负责股票市场的统计与信息资源管理；依法对股票违法违规行为进行稽查、处罚；垂直领导全国证监局。

财政部负责组织起草与股票交易相关的税收法律、行政法规草案及实施细则和税收政策调整方案，制定相关的上市公司会计信息披露细则；国务院国资委对国有企业资金投资股市做出规定，维护国有资产出资人的权益；国家广电总局、工商行政管理局负责规范股市信息传播行为；银监会依照法律、行政法规制定银行业金融机构的审慎经营规则，规范银行股票市场投资行为；保监会依法规制保险公司的偿付能力和市场行为，对保险公司投资股票市场进行规范；公安部下设证券犯罪侦察局，派驻证监会办公，并在上海、深圳等设立六个分支机构，负责对证券犯罪的侦查；股票交易所提供股票交易的场所和设施，制定证券交易所的业务规则，组织、监督股票交易，对会员、上市公司进行监管，管理和公布市场信息。

需要特别指出的是，上海证券交易所和深圳证券交易所虽然采用会员制，但两个交易所的高管任命、人员编制、收入分配等事项均按照事业单位执行，并不是传统意义上的企业，因而本书中将两个交易所归为股票交易市场规制相关主体，纳入股票交易市场规制体制。

我国股票交易市场规制体制由国务院和相关部委组成，这构成了第一层的委托—代理关系，国务院是委托人，相关部委是代理人；国务院和相关部委是由一个个工作人员组成的，这构成第二层的委托—代理关系，各部委主要负责人是委托人，各部委工作人员是代理人，作为代理人的工作人员必然要在行使第二层委托—代理关系的过程中，借助公共权力来换取个人利益。

我国股票交易市场规制体制委托—代理机制的缺陷，也在一定程度上造成了我国股票交易市场规制体系的静态失灵。

（1）相关规制主体规制职责不清晰，规制体制功能发挥不充分。

一是中央有关部门职责分工不合理。目前，相关的股票交易市场规制部门除了证监会之外还包括财政部、保监会、银监会等多个部门，尽管目前我国相关法律明确了证监会在股票交易中的规制主体地位，但各部门在规制权力方面还存在一定程度的空缺与交叉，例如，保险公司资金入市投资要受到保监会和证监会的双重监管，信托公司入市要受到银监会和证监会的双重监管。规制主体的多元化不利于规制的快速反应以及效率的提高。二是地方政府的规制职责不清晰。实行垂直管理的证券规制体制以后，由于地方政府的管理职责不清晰，加上双方协调配合不够，在实际工作中出现了规制部门管不了、地方政府不愿管，或者规制部门与地方政府争着管的现象，如果不尽快扭转这种局面，势必会影响我国股市的健康发展。

（2）证监会地位不明。

第一，我国《立法法》第七十一条规定，国务院各部、委员会、中国人民银行和具有行政职能的直属机构，可以根据法律和国务院的行政法规、决定、命令，在本部门的权限范围内制定规章。我国《宪法》第九十条第二款规定各部、各委员具有法定的制定部门规章的权力。然而，根据“三定”方案，证监会是国务院直属事业单位，并不属于国务院组成部委，但其有权在职责范围内制定和发布规章，这显然是没有宪法依据的。第二，因为证监会的权力来源于国务院的委托，《行政诉讼法》第二十五条第四款规定，由法律法规授权的组织所作的具体行政行为，该组织是被告。由行政机关委托的组织所作的具体行政行为，委托的行政机关是被告。在这种情况下，国务院将成为行政诉讼被告，而我国《行政诉讼法》并未规定国务院可作为被告。因此，这不能不说是法律上的冲突，而导致该法律冲突正是由证监会行政主体法律地位不明而造成的。

（3）监管独立性存在不足。

第一，政监合一问题。我国股市虽然表面上实现了政企分离，但政监不分问题依然严重，这影响了证券监管机构的独立性。这种政监合一的体制实际上造成证监会同时作为所有者、政策制定者和监管者三种角色，高度专业的证券监管往往受到政府高层的牵制、其他利益部门的影响，致使证监会没能力也没精力实现独立、公正的监管。第二，证监会级别低的问题。这一问题突出表现为证监会仅仅作为国务院的一个事业单位，这从根本上使得监管机构的行政级别低、权威不足，独立性难以得到保障。

（4）没有建立起必要的规制者激励机制。

我国对规制主体的激励，更多地依赖于升迁激励，经济激励机制等。首先，证监会作为垂直行政机构，工作人员的升迁途径只有一条——升入上级证监会机构，证监会工作人员的升迁路径并不顺畅；其次，证监会系统的工作人员作为事业单位的工作人员，业务、人事都实行垂直管理，对于落后地区而言，工资福利待遇勉强还有吸引力，可以留住一部分人才，可以依靠自律履行规制职责，但对于发达地区，工作人员的工资薪酬收入比起其他部门的收入，没有优势可言。升迁激励和经济激励的匮乏为其设租、寻租留下了空间。

（5）缺乏对规制的有效约束。

证监会事前立法规制、事中规制和事后执法规制往往不公开，或者没有广泛征集意见，特别是来自被规制主体的意见。由于规制权易被“俘获”的天性，如果缺乏必要的公众监督机制和信息公开途径，股市规制部门的规制行为就可能存在规制过度和规制不力并存的现象。证监会集执行权、自主裁决权、准立法权、准司法权等权力于一身，如无专门的证券监管程序立法来制约证监会，那将会导致监管成本加大，增加监管行为的随意性，制造大量的寻租行为。

面对证券稽查能力不足以及证券稽查机构稽查不作为，发挥证券市场参与者特别是投资者对违法行为调查、处理作用对违法行为的查处就显得十分必要。投资者往往是证券违法行为的直接受害者，从经济人假设的角度出发，投资者对证券违法行为更为关心，更希望证券违法行为得到及时的查处，特别是我国证券民事诉讼赔偿制度是以证券违法行为得到行政处罚或者刑事处罚为诉讼启动条件下，其对违法行为的查处需求就显得更为迫切。但实际上，我国中小投资者对证券违法行为的监管往往显得无能为力。

（6）交易所规制功能发挥不充分。

交易所是股票市场的组织者，是股票市场进行自律性监管最重要的部门。在对市场的监管上，它是最直接、最灵敏、反应最为迅速快捷的机构。上海证券交易所、深圳证券交易所采用会员制，实行自律管理，并由证监会监督管理。但由于早期交易所曾经出现过越权行为，以至于矫枉过正，使它的独立性不断丧失，甚至连监管的职能都被极度弱化，几乎成为证监会的下属机构，只能按照证监会的指令活动。具体表现在以下几个方面：证监会委派交易所三分之一的非会员理事，提名交易所理事长，任免总经理、副总经理，交易所中层干部的任免报证监会备案；交易所自律规章、上市规则、交易规则、会员管理规则等一般都由证监会主导，统一进行制定和修订；交易所基本没有对上市公司的审查职能；新业务的推出一般由证监会提出，交易所实施；对违规会员及上市公司的处罚上，交易所极少有独立的反应，基本上都是证监会的处理意见出台后，由交易所具体执行。原本作为第一线的对股票市场进行自律性监管的交易所在这种高度集权型的规制体制中变成了一个没有作为的下属机构，这对整个规制体系而言是一个巨大的损失。在上市公司、证券公司和证券服务机构的内部监管不能发挥作用的时候，掌握大量信息并且对股票异动反应灵敏的交易所是第一个关卡，它应该在第一时间内对相关违法、违规行为做出判断和处理，但由于证监会将权力控制得过于集中，交易所目前还无法做到这点。

5.2.1.3　正式制度约束——上位法安排缺失

我国的法律规范具有等级之分，称为法律规范的位阶。根据《立法法》的规定，全国人大及其常委会制定的绝大部分规范性法律条文称“法”；国务院制定的行政法规一般称“条例”；国务院部门制定的规章一般称“规定”。法律规范位阶的高低依次为：宪法、法律、行政法规和部门规章。为了维护法制统一，我国股票交易市场规制体系作为下位法必须服从上位法，不得与上位法相抵触，这是我国立法活动的基本原则。证监会的规制行为需要服从的上位法主要有《宪法》《证券法》《刑法》《行政许可法》《行政处罚法》《行政强制法》《行政复议法》和《行政诉讼法》。上述法律构成了我国股票交易市场规制体系最优化的正式制度边界，而我国股票交易市场规制体系的失灵也能在上述法律的瑕疵中找到原因。

(1)《证券法》。

授权立法现象普遍。《证券法》第一百四十九条关于证券公司的审计与评估规则、第一百七十条关于对从业人员的管理办法等，都是授权由国务院证券监督管理机构制定，类似的授权性条文占证券法全部条款的5.3%，这在一般经济立法中已相当罕见。上述状况直接导致这样一个事实：大量的政府规制行为留待政府通过行政法规和部门规章等自行制定权力边界。如果行使权力者自行设定运用权力的规则，就谈不上具有正当性。

证监会缺乏实施一些必要的规制调查权。虽然《证券法》第一百八十条对证监会现场检查权、询问权、调查取证权，对涉案财产和证券的冻结封存权，对涉案当事人证券交易的限制权等行政强制措施进行了规定，但与西方发达经济体的完善的证券市场相比，证监会仍缺少以下四项权力：第一，向法院申请破产令、执行令、强制令的权力；第二，判定当事人故意逃避就是违法的权力；第三，向司法机关申请搜查令的权力；第四，强制传唤涉案人员的权力。

证券登记制度存在问题亟须完善。证券登记制度主要存在的问题就是开户实名制未落实到位。证券登记结算公司散户的开户由证券公司代办，这一政策容易导致证券交易开户不实。在法律上账户不能作为法律主体，承担相应的法律权利和义务，只有账户所对应的开户人真实才有价值。如果账户的开户人信息不真实，对于操纵市场和内幕交易等违法行为就难以实施有效的制裁和法律处罚。解决这个问题，首先需要改变登记结算规则，直接面向投资者。证券登记结算机构调整登记结算规则必须确立证券登记要直接面向投资者和坚持实名制原则，才可能从根本上解决这一资本市场的历史遗留问题；其次需要引入证券交易信托账户，用以解决证券公司（包括境外证券经纪人）依据信托关系为收益人的利益买卖持有证券却以证券公司自身名义开户的矛盾。

（2）《行政处罚法》。

《行政处罚法》未对行政处罚实行严格的限制，约束条件相对宽松。国际上对行政处罚的限制主要有两种方式：一种是赋予行政机关充足的行政处罚权同时建立严格的事后惩罚机制；另外一种是严格限制行政处罚权，一开始就从源头上对行政机关的行政处罚权限进行严格限制。由于我国行政机关事后监督机制没有完全建立起来，因此采取了后一种方式，即对行政处罚进行严格约束。但是《行政处罚法》对行政法规、部门规章的行政处罚设定权，只是运用简单的排除法对罚种进行了非常宽松的约束，而且行政处罚法未对处罚条件、处罚幅度进行严格的限制，这些都是欠妥的。

我国《行政处罚法》中的听证程序在立法上理论化原则性强，在具体实践过程中存在以下问题：一是并不是所有行政处罚当事人都有听证权利，只有数额较大或者性质比较严重的行政处罚案件的行政处罚当事人才有权利要求听证，这样就变相剥夺了一部分当事人的听证权利；二是由于法律没有明确规定，实际工作中，行政机关一般不开放卷宗，当事人或其代理人无法查阅或者复制调查人员的处罚材料，行政当事人的申辩权无法得以有效保障，进而产生不信任感，质疑听证的公正性。

行政处罚时效上行政机关自由裁量权较大，《行政处罚法》未做出严格的限定。《行政处罚法》第二十九条对行政处罚时效进行了规定，行政处罚时效有两个构成要件：一是违法行为 2 年内没有被发现；二是违法行为没有超过 2 年。如果 2 年内发现，是否就不受行政处罚时效的限制，此时行政机关的自由裁量权较大，可以予以处罚，也可以保留进行行政处罚的权力，甚至可以放弃处罚权。①

行政处罚权力不足。证监会行使的是行政职能，其处罚权应遵循《行政处罚法》。根据此法，处罚种类有警告，罚款，责令停产停业，暂扣或吊销许可证、执照，没收违法所得、违法财物，行政拘留，法律规定的其他处罚。证监会的行政处罚权仅限于《行政处罚法》的规定，《证券法》没有规定其他处罚措施，例如西方发达国家的证券市场监管部门还有行政处罚和解的权力和直接起诉的权力。我国《证券法》可以借鉴这一做法，以保证证监会能更好地行使其职能。

（3）《行政强制法》。

根据《行政强制法》的规定，行政强制措施和行政强制执行必须依法进

① 程谷 . 浅谈行政处罚法的立法缺陷及其完善 [J]. 黑龙江省政法管理干部学院学报，2005（5）：38-40.

行，法律有明文规定的，必须按规定进行，而且严格按照法定权限和法定程序进行；无明文规定不得实行。法律已经作为规定的，行政法规、部门规章不得做出扩大规定。应该说是非常严格、明确的。从法理角度来看，上位法做出明文规定的，下位法未经授权不得做出扩大性的规定和解释，否则无效。但是，从行政强制的实际工作来看，还存在一定问题，主要表现在行政强制实施的条件上。按照《行政强制法》的规定，答案明确而简单：法律规定的条件。这里其实隐含着一个假设前提，就是法律已经把行政强制行为的法定条件都明确了，或者至少是已经基本明确了，但从我国法律规定的事实来看，这个假定前提经常是不存在的。

我国立法的基本做法是，法律一般只是规定原则和主要内容，而把需要进一步具体化的法规内容交给行政机关或者司法机关自己去补充细化或者增加扩充。这样一来，所谓行政强制的法定条件，在法律上就只是一个原则性的规定而很少细化，总是留给行政机关一定的自由裁量权，由执行机关根据情况以行政法规或部门规制的形式进行填充，这样就造成了行政强制的条件由法律规定变成由行政机关自行规定。由于在法律上对行政强制条件的规定比较空泛，原则性较强而可操作性差的现状导致行政机关的规定在实际工作中应用较多，行政强制的法定条件非法律化。行政机关既是执行者同时又是规则的制定者，行政强制的公正性受到质疑，社会认可度较低。

（4）《行政复议法》。

《行政复议法》规定复议以书面复议为主，这种方式不适用案件复杂的情形，不利于保障行政相对人的权益；未将规章以上的抽象行政行为纳入复议范围，监督作用有限；未做复议不得加重处罚的规定，本意是保护相对人，而实际上增加了行政相对人的忧虑，不愿意积极复议；规定了委托—代理制度，但是对代理人如何参与行政复议活动没有规定，在具体操作程序上也没有相应程序法进行规范，导致代理人的作用有限；《行政复议法》规定自动受理，改变了原来发送书面受理通知书的做法，但这样也出现了行政复议工作不衔接的现象，最终不利于行政当事人行使行政复议救济权。

（5）《行政诉讼法》。

行政诉讼的目的主要有三个：一个是保障法院及时、正确地审理行政案件；二是监督行政机关在其职权范围内按照法定的程序行使行政职权；三是保护行政相对人的合法权益。其中第三个目的更为重要，但《行政诉讼法》更多地体现了保障、监督和维护行政机关依法行使职权的目的，而保护行政相对人的合法权益这一目的相对较弱，没有提到相应的高度。

在诉讼受理范围上，《行政诉讼法》采取了两个标准：具体行政行为和合法权利（人身权、财产权以及其他合法的权利）受到侵犯。两个标准必须同时具备，才可以提起行政诉讼。如果行政行为不同时具备上述两个标准，就不属于行政诉讼的受理范围，自然也就不受《行政诉讼法》的保护。

《行政诉讼法》规定的管辖制度包括级别管辖、地域管辖、裁定管辖，这种管辖规则不便于法院的公正、有效审理，而是方便了地方利益、部门利益和官僚利益的保护。最集中的体现是司法的地方化倾向，行政诉讼案件的审判有时会受到地方相关部门的非法干预，很大程度上影响了行政诉讼案件裁决的公正性，诉讼当事人的合法权益也不能得到依法保护。

5.2.1.4 非正式制度约束——官本位思想残留

两千多年的封建专制统治，在中国社会中形成了一种持久而强烈的官本位意识，社会各阶层的人格与意识都是依附于官员阶层的人格和意识，各阶层意识形态是官员阶层意识形态在社会各阶层的“放映”。整个社会将自身利益让渡给官员阶层，把自身利益的维护与扩大寄希望于官员阶层。这种自我意识的缺位的直接后果是风险意识的淡漠，在让渡自身利益的情况下将一切自身行为的后果及责任推给官员阶层，不论是好的还是不好的。随着封建制度的灭亡，科举制也销声匿迹，在社会价值取向日益多元化、成才道路日益宽广的今天，官本位意识仍然盘踞在相当一部分人的脑海中挥之不去。

官本位思想影响到人们对风险与收益的认知程度和捕捉投资机会的能力，降低了居民的金融风险意识。金融风险意识淡薄阻碍了投资者的自负盈亏自担风险机制的形成，直接束缚着股市投资主体的发育，抑制了股市创新和股市商人团体的成长，导致股票交易市场规制变迁需求的不足，股市投资者不能成为股票交易市场规制变迁的重要力量；金融风险意识淡薄迫使政府必须要承担一切金融风险，股票交易市场规制必须由政府强制供给，最终金融风险意识淡薄构成了我国股票交易市场规制体系最优化的非正式制度边界，形成强制性的股票交易市场规制变迁，结果是股票市场对政策的依赖性越来越大，股票市场政策市积重难返。[①]

一致性的意识形态可以替代正式制度约束，使人们形成一致的认识并简化其制度改革决策过程，从而成为一种节约制度变迁成本的有效机制。我国目前的官本位意识形态与正式制度具有一定的互斥性，官本位意识形态会提高股票交易市场规制体系的变迁成本，导致我国股票交易市场规制体系本身的静态失灵。

5.2.1.5 外部主体约束——利益集团压力失衡

我国股票交易市场规制利益集团构成了我国股票交易市场规制体系变迁的外部主体约束。我国政府在进行股票交易市场规制的过程中，为了维护政治稳定，必然要考虑到规制措施对相关利益集团的影响，利益集团的压力不均衡是我国股票交易市场规制体系静态失灵的一个重要因素。[②]

---

① 张纪骁．中国金融监管制度的变迁 [D]. 武汉：武汉大学，2005.

② 程浩．中国社会利益集团研究 [J]. 战略与管理，2003（8）：67-73.

从我国股票交易市场利益集团的组织状况及其在股票交易市场规制决策过程中作用的大小等角度，我们把中国的股票交易市场利益集团分为公司型利益集团、社团型利益集团、无组织型利益集团和境外利益集团。

在我国，被学者和研究者视为利益集团的公司主要有两类：一是垄断行业的大型国有企业，比如铁路、邮政、水电、电信、航空和金融等企业。二是暴利行业的公司，比如房地产业和采矿业，这些行业的产权多元化，既有国有也有私有，但无论是什么产权形态的企业，离开政府权力的保护就难以运转，而政府对这些行业的保护并不体现在公开的行政垄断，而是体现在暴利行业对政府的寻租渗透，以此达到垄断市场、获得高额利润的目的。与垄断行业相比，暴利行业的利益集团数量更多，在影响政府政策的方式上合法与非法并存。

社团型利益集团主要包括两类：一是行政性群众团体所代表的利益集团。从某种程度上来说，这些群众团体是一些政府部门联系相关利益团体的一个“传送带”。不过，在利益日益分化的今天，其中一些团体和行业协会也正在积极转型，寻求代表特定群体的利益，以解决制度合理性与社会合法性之间的矛盾与困境，从而使他们逐步褪去行政的外壳，具有真正代表相关利益集团利益的某些特征。二是社会新兴中间组织即自治性民间社团所代表的利益集团。改革开放以来，由于经济、社会结构的变化，政府也逐步而谨慎地退出一些原来严格控制的领域，逐步简化和放宽民间社团的注册门框，将许多原由政府监管的事项交由民间团体实行自治，这其中包括许多能够在股票交易市场规制政策决策过程中起不同程度作用的民间团体。

无组织型利益集团是由弱势群体形成的潜在利益集团，这种潜在的利益集团是为特定的具体利益而聚集在一起的松散群体，具有来得快、去得快，组织程度极低的组织特征。我国广大散户股民就是这样的无组织型利益集团，他们既没有掌握大量经济、政治资源，又没有组成社团的动力，他们所掌握的经济、政治资源通过组织行为大规模地转换聚集的可能性更小，其对政府决策的影响力极其有限。总体来说，他们在集团利益的意识方面都处于一种“原子化”分散状态，基本上是一个被遗忘和忽略的集团。

境外利益集团主要由在中国的外资证券公司、基金公司和投行组成。他们的集团利益是：争取更多税收优惠，掌握股市话语权，垄断股市交易，打击竞争对手。这些境外利益集团以自身雄厚的经济实力及母国强大的政治经济实力为后盾，建立经常性的沟通机制谋求共同利益，活跃于股票交易市场规制主体与重要民间团体之间。由于缺乏有效的制约与制衡，各类境外利益集团越来越多、越来越深地介入了股票交易市场规制体系的改革进程，并带来一系列复杂影响。

（1）我国股票交易市场利益集团的特征。

利益集团作为人们维护和实现其利益的工具和途径，必然受制于一定的经济、政治、文化条件。中国改革的模式既定为渐进式改革，这种改革模式决定了中国社会经济、政治、文化的变革呈现出自己独有的特征。这种具有中国特色的具体情况也决定了中国股票交易市场利益集团有许多不同于西方国家利益集团的基本特征。

第一，中国股票交易市场利益集团具有政府主导性的特征。主要表现在：一是很多利益集团的形成与政府有着千丝万缕的联系，有的甚至是政府直接扶持而成立的，如证券业协会；二是政府虽然承认了利益集团的存在，但并不是任由其发展，不受约束，利益集团的发展要受到政府各方面的制约。

第二，股票交易市场利益集团的发展具有不平衡性。部分利益集团已经拥有较为完整和固定的组织结构，例如行业协会；而部分利益集团组织程度很低，只能被称为“准利益集团”，例如最近悄然兴起的股票协会就是“准利益集团”的代表；甚至有些利益集团以网络虚拟的形式存在，没有实体的组织结构形式，例如股民 QQ 群等。从利益集团对政府的影响力上来看，利益集团对政府影响力的差异性也很大。

第三，股票交易市场利益集团的组织结构和角色功能具有不完善性。中国大多数股票交易市场利益集团，无论是其组织形式还是功能发挥都还不成熟、完善，其非政府性、自愿性、独立性、自主性的特征表现还不明显，对政府的影响方式也鲜有程序性、规范性。

第四，股票交易市场利益集团之间矛盾的对抗性有增强趋势。随着我国改革进程的逐步加快，改革领域日益“深水化”，不同利益集团之间的利益此消彼长，既得利益集团往往依靠其强大的经济、政治资源阻挠有损本集团利益的变革，造成社会利益结构的合理化、均衡化进程受阻，各个利益集团之间的对抗性矛盾日益显现。

第五，部分股票交易市场利益集团将不断分化重组。随着社会经济的快速发展、社会结构的快速转变，社会利益集团也处于高速的迁移中。

（2）我国股票交易市场利益集团施加影响的方式。

在我国，股票交易市场利益集团对规制主体施加影响的方式主要有以下几种。

通过拉拢贿赂相关部门的有关人员以达到既定目的。将本集团利益嵌套于股票市场交易规制体系内，以便得到政策上的倾斜和眷顾，谋取私利。该方式形式隐蔽，一般都要“暗箱”操作。

个人关系网络。个人关系网络通常是利用由亲情关系、同乡关系、同窗关系等具有相似经历或背景的一群人编织而成的一张关系网，对相关市场规则制定者或当权者或决策人施加压力，进而影响规制决策的执行。这是中国股票交易市场利益集团最常用，也是最直接、最有效的影响方式。

说服。即采用书信、电子邮件、电话、短信、研究报告以及信访等方式，对股票交易市场规制主体进行游说。游说的理由，往往不在于利益集团自身的特殊利益，而是采取换位思考的方式，分析该利益集团目标决策给相关各方带来的好处。与个人关系网络不同的是，说服活动是通过现有的正式渠道、以“公事公办”的面目出现的。

求助于“精英人物”。即向本集团中具有相当社会地位的“精英人物”寻求帮助，让他们为之代言，采取的主要手段有向规制决策者或相关规则制定者施加压力或向人大或政协直接提交议案，进而达到通过传递诉求给股票市场交易规则制定与决策者，从而最大化本集团内部利益的目的。

借助媒体呼吁。即向（当地、外地甚至境外）大众传媒（报刊、广播、电视、互联网）主动提供相关信息，由大众媒体向广大受众公布相关情况，以争取尽可能多的民众的关注、支持或同情，从而对政府形成强大的舆论压力，使本集团所面临的问题被提上议事日程。一个值得注意的现象是，随着互联网的快速发展，利用互联网络表达利益诉求越来越成为一种趋势。

利用既定的规则、惯例或者直接诉诸法律。近年来，证券监管部门在制定行政法规和部门规章前公开征询意见的环节、在相关行政决策前举行的听证会正成为各相关利益集团表达利益诉求的重要途径；利益相关人通过向人民法院提起行政诉讼，通过司法手段使证券监管部门改变其与本集团利益目标相冲突的具体行政行为，这在民间性利益集团的维权行动中也屡有耳闻。

在现实中，股票交易市场利益集团往往将多种手段糅合在一起使用，对股票交易市场规制体制的决策施加影响。从总体上来讲，利益集团影响股票交易市场规制体制的方式有以下特点：第一，利益集团影响股票交易市场规制体制决策的方式中既有合法的手段又有非法的途径，利益集团影响股票交易市场规制主体的方式的正式性、合法性、公开性、透明性程度不足，导致这些利益集团往往会采取极端的集体施压等方式主张权力；第二，民间性利益集团、公共利益集团、弱势利益集团影响股票交易市场规制体制的资源有限，其决策影响方式的合法性、正式性、公开性和透明性程度显得更加不足。

股票交易市场利益集团“能力”的这种不均衡性，导致规制主体感受到不同强度的压力，股票交易市场规制体系会不同程度地打上强势利益集团的烙印，因此股票交易市场规制体系的静态失灵就在所难免。

这里需要指出的是，制度变迁过程是一个各方博弈的过程，是一个不断照顾各方利益、不断妥协的过程，可以说，政府政策只有经过这个充分的博弈过程才能平衡各方的利益，才是合理的公共政策。股票交易市场规制利益集团在股票交易市场规制的变迁中也扮演着这样的博弈对手的角色，利益集团的这种利益诉求只要是通过合法途径表达的，就是无可厚非的。我们需要防范的是利益集团通过非法途径来表达利益诉求，通过非法手段来影响股票交易市场规制体系变迁，而不是要让利益集团噤声，消除利益集团的影响。

5.2.2 我国股票交易市场规制体系的需求

股市结构有五个方面的内容：投资者结构、资金结构、交易成本、股票结构和股票市场信息的分布。投资者结构包括投资者的效用函数形式和投资者的理性程度两个因素；资金结构有充足和不充足两种状态；股票结构有股权、行业、区域等结构；股票市场信息的分布可以有充分与不充分、完全与不完全这几种状态。现实中，我国股市是不完善的，即资金结构是不合理的、投资者不是充分理性的、投资者效用函数是异质的、交易成本是比较高的、股票结构是不完善的、股票市场信息是不充分不完全的。而且，我国股市结构的不完善程度的变动频率很大，即资金结构的不合理程度随时间变化而变化、投资者的理性程度随时间变化而变化、投资者效用函数的异质性随时间变化而变化，交易成本随时间变化而变化、股票结构的不完善性随时间变化而变化、股票市场信息的不充分不完全性随时间变化而变化。

随着资本市场的发展，我国股票市场结构变迁速度很快，其变迁轨迹大体可以分为以下三个阶段。

（1）股市结构基本成型阶段：1990—1994 年。

1990 年、1991 年上海证券交易所和深圳证券交易所相继成立，我国股市进入了从小柜台到大市场的新时期。从 1992 年开始，股份制改革开始步入正轨，股市随之迅速发展，市场规模急剧形成，市场参与者不断涌入。这一时期的显著特点为中小股民成为市场投资的主力军，与成熟的股市相比，当时的股市投资主体——广大中小股民，无论是从投资的理念、行为还是风险耐受力方面均存在较大的欠缺。这一时期的机构投资者相对较少，证券公司刚刚起步，基金公司更是“小荷才露尖尖角”，远不及证券公司的市场辐射力。同时机构投资者的投资行为较为自由散漫，加之没有配套的制度约束与成型的规制体系，这一时期的市场风险暴露水平偏大，市场参与者行为扭曲，证券公司等机构投资者经营风险日益凸显，并呈积重难返之势。

（2）股市结构深化发展阶段：1995—2004 年。

股票市场经过前段时间的火热发展，暴露出很多问题，政府制定并发布了诸多有利于股票市场健康、有序、可持续发展的政策法规，如《证券法》（1999 年）、《证券投资基金法》（2004 年）等。这一时期是证券公司和基金公司最为活跃的时代、内外资机构投资者多元化起步的时代，也是中国证券业对外开放和规范发展的阶段。金泰基金、开元基金问世，揭开了基金业发展的新纪元。证券投资基金进入快速发展时期，在基金规模迅速膨胀的同时，基金品种创新也呈加速趋势。开放式基金与封闭式基金相比，具有信息透明、信托性和市场约束力较强等特征，逐渐成为最重要的基金设立方式。证券公司开始尝试用重组、增资和合资等方式进行整合，发展愈发规范化。保险资金、社保资金正日益成为资本市场重要的机构投资者。QFII 的引入，直接导致机构投资者的进一步多元化。

（3）股市结构调整与改革阶段：2005 年至今。

从 2005 年 4 月 29 日开始，证监会吹响了股权分置改革的号角，将我国股市结构引入了一个新的调整阶段。随后，各种各样的制度性变革接踵而至，在资本市场上掀起千层浪，资本市场制度基本面的变革得以全面展开，这一时期是历史性的、至关重要的，它改善了我国资本市场的运行环境，促进了投资机构的良性发展，因此这个时段也极具代表性，它标志着中国资本市场的发展迎来了又一个崭新的阶段。2006 年 9 月，随着中国石油化工股份有限公司顺利完成股权分置改革，为期近 18 个月的股权分置改革也接近完成。

从股票交易市场规制体系的需求方面来看，我国股票交易市场规制体系的静态失灵是由于我国股票交易市场规制体系的变迁时滞性导致的，是由于我国股市结构已经变化而股票交易市场规制体系没有及时改变，造成曾经相对完善的而没有及时更新的股票交易市场规制体系不能满足现时的、变化了的股市结构需求，现时的股票交易市场规制体系不能弥补现时的股市缺陷。

5.2.3　我国股票交易市场规制体系变迁的路径依赖

（1）我国股票交易市场规制体系变迁具有政府主导性。

新制度经济学的代表人物弗农·拉坦和速水佑次郎曾指出，制度变迁主要取决于一个社会制度供需双方既得利益集团的权力结构或力量对比。我国股票交易市场规制体系变迁的供给方是政府，需求方是股市。我国的股票交易市场规制体系变迁具有供给方——政府主导性的特征，这一主要特征与我国整个金融制度变迁的初始禀赋和传统意识形态的刚性有着直接关系。我国股票交易市场规制体系变迁的初始禀赋是高度集中的计划经济、国家垄断的单一银行体制，政府在资源配置中居于主导地位，金融资源具有高度的专用性；我国股票交易市场规制变迁的传统意识形态约束是微观经济主体金融意识淡薄，国有企业刚性依赖强。这样的初始禀赋决定了政府的偏好和能力，基本决定了我国股票交易市场规制体系变迁的取向、轨迹、速度和深度。虽然金融体制改革的不断深入和市场经济体制的不断完善会逐渐改变原有的权力结构和力量对比，但只要整个改革的过程是由政府主导的，我国股票交易市场规制体系变迁的政府主导性就会客观存在。

（2）我国股票交易市场规制体系变迁具有渐进性。

我国的经济体制选择了从高度集中的计划经济，到以计划经济为主、市场调节为辅，然后到有计划的商品经济，再到社会主义市场经济的渐进式的改革过程。从我国股票交易市场规制变迁经历的几个发展阶段来看，这符合我国核心经济制度对渐进式改革选择的必然逻辑，是对核心经济制度的耦合。选择渐进式的规制体系变迁，可以营造出一个相对稳定的金融环境，使微观金融主体在认识上和接受上有一个平稳的过渡，同时，可以降低新旧规制措施快速更替所带来的高昂的时间成本和摩擦成本。我国股票交易市场规制体系变迁的渐进性体现在以下三个方面。

第一，规制主体所采取的一系列规制手段并不追求在短期内解决制度僵化等体制问题，而在于缓解现实环境中的经济危机。例如，1994 年 7 月 29 日，上证指数下探 326 点，收于 334 点，深圳综合指数跌到 900 多点，《人民日报》次日发布国务院证券委员会与证监会关于稳定和发展股票市场的“三大政策”，8 月 1 日股市迅速反转。1996 年下半年，以琼民源为代表的垃圾股疯长，庄家操纵迹象明显，为此，管理层采取了被称为“12 道金牌”的一系列市场维稳措施。

第二，我国股票交易市场规制体系变迁重视尝试与纠错大胆实验、勇于纠错。例如，在解决股权分置的改革中，先由国务院发布《关于推进资本市场改革开放和稳定发展的若干意见》，随后证监会、国资委、财政部、人民银行和商务部联合发布《关于上市公司股权分置改革的指导意见》。据此，证监会发布《关于上市公司股权分置改革试点有关问题的通知》，在总结经验的基础上拟定了《上市公司股权分置改革管理办法》。

第三，我国股票交易市场规制体系改革只考虑部分重要的结果，并不尝试对全部结果进行权衡。例如，在股权分置改革中解决了我国股票同股不同权的问题，但也造成了我国股市的持续低迷。

（3）我国股票交易市场规制体系变迁的滞后性与超前性并存。

根据诺思对制度变迁的分析，制度变迁是具有滞后性的。同样，股票交易市场规制体系变迁的滞后性也是不可避免的。首先，现行的股票交易市场规制安排可能还具有部分价值，这就像某一台机器用了一段时间之后，会发生磨损并贬值，但只要这台机器尚未报废，其残余的价值就存在，这种价值越大，放弃它就越可惜，设备更新就慢，股票交易市场规制体系的变迁也适应此理。其次，股票交易市场规制体系的变迁是一个复杂的、需要大量成本的过程，这个成本当然也包括时间上的成本。再次，股票交易市场规制体系变迁是一个利益调整的过程，各方利益主体之间的利益摩擦及其矛盾必然需要对新规则进行一段时间的论证。虽然股票交易市场规制体系变迁的滞后性客观存在，但是弥补金融市场失灵、防范金融风险发生具有时间上的紧迫性，政府应该努力缩短供给上的时滞。我国股票交易市场规制体系变迁的滞后性主要表现在股票交易市场规制立法明显滞后。例如，20 世纪 90 年代初我国成立了两家证券交易所，证券市场已初步形成，而《证券法》实施的时间是 1999 年。①

同时，我国股票交易市场规制体系变迁具有超前性。在现行的宪法秩序下，政府具有超常的行政能力和资源掌控能力，有足够的能力去推动自认为正确的股票交易市场规制模式，而政府设计的理想股票交易模型又可能是超越了我国现实经济基础的、以西方完善的市场经济为条件建立的股票交易市场规制模式。在一个计划经济大量残留的转型经济体制中，人为建立起一个以完善的市场经济体制为基础的股市，其先天存在缺陷也是题中应有之义。由于不同国家的行政体制以及管理理念和股市发展存在的差异性，使得西方国家股票交易市场规制体系对我国股票交易市场规制体系的改革起到启示作用，而非全文照搬。在我国资本市场的发展过程中，虽然证监会等相关单位发布了一系列对于市场规制的政策方针以及相关法律条例，却收效甚微，市场的投机行为与投机思想依然占据主流，究其原因，很大程度上在于我国股票交易市场规制体系已经远远超前于我国股市发展水平。

股票交易市场规制体系变迁的路径依赖表现为股票交易市场规制体系变迁路径的自我强化，我国股票交易市场规制体系变迁路径最初是政府主导型

① 王鹏 . 我国金融监管问题研究 [D]. 长春：吉林大学，2005.

规制变迁，所以我国股票交易市场规制体系变迁会继续延续政府主导型规制变迁；我国股票交易市场规制体系变迁路径最初是渐进式规制变迁，所以我国股票交易市场规制体系变迁会继续延续渐进式规制变迁；我国股票交易市场规制体系变迁路径最初是超前性与滞后性夹杂的规制变迁，所以我国股票交易市场规制体系变迁会继续延续超前性与滞后性夹杂的规制变迁。当前，我国股票交易市场规制体系是沿袭自历史的股票交易市场规制体系，按照政府主导型、渐进型和超前性与滞后性夹杂的变迁路径演进过来的，因此，当前我国股票交易市场规制的静态失灵是这种政府主导型、渐进型和超前性与滞后性夹杂的变迁路径依赖的体现。

第6章　我国股票交易市场规制法规变迁的效应

我国股票交易市场规制体系效应是指股票交易市场规制体系对股市泡沫、溢价性、波动性和流动性等股市绩效指标的影响。我国股票交易市场规制体系效应分为股票交易市场规制体系的静态效应和股票交易市场规制体系的变迁效应，前者是指静态的股票交易市场规制体系对股市绩效的影响，后者是指股票交易市场规制体系变迁所引起的股市绩效变化。所谓我国股票交易市场规制体系效应的评价，就是将我国股票交易市场规制体系效应与人为设定的参照物进行对比后得到的我国股票交易市场规制体系效应的状态描述。本章从动态角度研究了我国股票交易市场规制法规的变迁效应，并对我国股票交易市场规制法规的变迁效应进行了评价。

6.1　模型的建立

股票市场是市场的一种，产业经济学的 SCP 理论也适应于股票市场，股票市场结构和政府规制决定股票投资者市场行为，股票市场投资者市场行为再决定股票市场绩效（或市场效率），股票市场绩效再决定股票交易市场规制。由此可见，在一定的股票市场结构条件下，股票交易规制通过影响股票交易行为，进而对股票市场绩效产生影响，如图 6-1 所示。

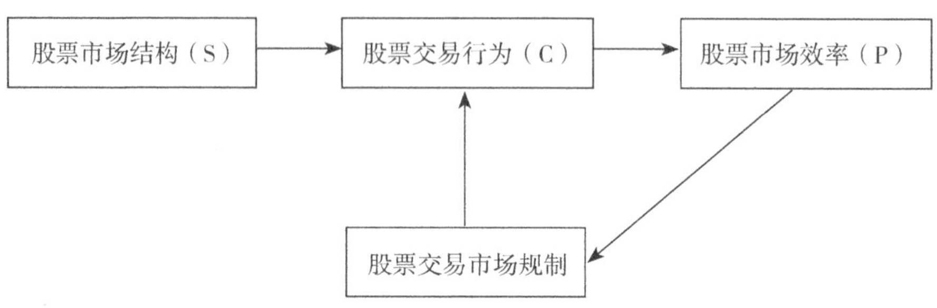

图 6-1　股票交易市场规制效应

本章从动态角度研究股票交易市场规制体系变迁的效应，并对股票交易市场规制体系的效应做出评价。据此，我们建立了以下股票交易市场规制的广义线性混合效应模型。

$$u_1=g_1(E(A))=\alpha_1+\beta_A^Z*Z+\beta_A^D*D+\beta_A^F*F+\beta_A^L*L+\beta_A^S*S+\beta_A^Q*Q+\beta_A^J*J+\xi_A$$

$$u_1=g_1(E(A))=\alpha_1+\beta_A^Z*Z+\beta_A^D*D+\beta_A^F*F+\beta_A^L*L+\beta_A^S*S+\beta_A^Q*Q+\beta_A^J*J+\xi_A$$

$$u_3=g_3(E(\psi))=\alpha_3+\beta_\psi^Z*Z+\beta_\psi^D*D+\beta_\psi^F*F+\beta_\psi^L*L+\beta_\psi^S*S+\beta_\psi^Q*Q+\beta_\psi^J*J+\xi_\psi$$

$$u_4=g_4(E(W))=\alpha_4+\beta_W^Z*Z+\beta_W^D*D+\beta_W^F*F+\beta_W^L*L+\beta_W^S*S+\beta_W^Q*Q+\beta_W^J*J+\xi_W$$

其中，$E(A)$ 表示市盈率的期望，$E(B)$ 表示溢价性指标的期望，$E(\psi)$ 表示波动性指标的期望，$E(W)$ 表示换手率的期望，Z 表示股票交易市场准入法规，D 表示股票交易制度，F 表示股权分置改革法规，L 表示股票市场信息披露法规，S 表示股票交易规制调查法规，Q 表示股票交易规制处罚法规，J 表示股票交易市场规制救济法规，α 表示截距，ξ 表示包括股市结构在内的随机变量。函数 $u_1=g_1〔E(A)〕$、$u_2=g_2〔E(B)〕$、$u_3=g_3〔E(\psi)〕$、$u_4=g_4〔E(W)〕$ 单调可导。

6.2　计量估计方法——广义线性混合方差分析

方差分析又称“变异数分析”或“F 检验”，用于两个及两个以上样本均数差别的显著性检验。由于各种因素的影响，研究所得的数据呈现波动状，造成波动的原因可分成两类，一类是不可控的随机因素，另一类是研究中施加的对结果形成影响的可控因素，这些可控因素称为自变量，自变量所处的某种特定状态或数量等级称为水平。

假设因素有 K 个水平，每个水平的均值分别用 μ_1、μ_2、$\cdots\mu_k$ 表示，为检验 K 个水平的均值是否相等，需要提出如下假设检验问题：$H_0:\mu_1=\mu_2=\cdots=\mu_k$；$H_0:\mu_1,\ \mu_2,\ \cdots,\ \mu_k$ 不全等。

1972 年，Nelder 对经典线性回归模型做了进一步的推广，建立了广义线性模型的统一理论和计算框架。在广义线性模型中，自变量与应变量之间的联系通过非线性连接函数来表达，进而可以处理多种类型的数据，如分类数据和计数数据等。

Laird 和 Ware 首次引入线性混合模型，现已被广泛应用于纵向数据研究中。Verbeke、Molenberghs 和 Demidenko 对线性混合模型进行了详细的介绍。线性混合模型通过在均值中加入随机效应，实现了对古典线性模型的推广。

广义线性混合模型则是通过在线性预测部分引入随机效应推广了广义线性模型。随机效应的引入主要反映了不同对象之间的异质性，以及同一对象不同观测之间的相关性。McCulloch、Demidenko 和 Searle 分别对广义线性混合模型进行了详细的介绍。

（1）经典线性回归模型 $EY=X\beta+\xi$，有以下两个假设。

第一，$Var(y)=\sigma^2 I_n$（各分量 y_i 独立、同方差）。

第二，y 正态分布（y_1，…，y_n 正态分布）。

（2）广义线性模型 $g(EY)=X\beta+\xi$，有以下三个假设。

第一，联接函数 $g(EY)$ 单调可导。

第二，y 服从指数分布族，其密度函数可以表示为 $f(y_i;\ \theta_i;\ \varphi)=\exp\left\{\dfrac{y_i\theta_i-\varphi(\theta_i)}{a(\varphi)}+c(y_i,\ \varphi)\right\}$，其中 $a(\varphi)$、$b(\theta_i)$、$c(y_i,\ \varphi)$ 为已知函数，对所有的观察具有相同的形式，这三个函数应该满足下述条件：$a(\varphi)>0$，且为联系函数，通常形式为 $a(\varphi)=\varphi/w_i$，w_i 被称作先验权重；$b(\theta_i)$ 的二阶倒数存在且大于零；$c(y_i,\ \varphi)$ 与参数 θ_i 无关。

第三，各分量 y_i 独立但不一定同方差。

（3）广义线性混合模型 $g(EY)=X\beta+Z\alpha+\xi$，其中 X 为正态效应的模型矩阵，Z 为随机效应的模型矩阵，β 为固定效应，α 为随机效应，且服从多元正态分布，一般来说假设其方差协方差矩阵是对角线的，即 α 的各元素之间线性无关，其假设条件如下。

第一，联接函数 $g(EY)$ 单调可导。

第二，y 服从指数分布族，其密度函数可以表示为 $f(y_{ij}\mid b_i,\ \beta,\ \varphi)=\exp\left\{\dfrac{y_{ij}\theta_{ij}-\varphi(\theta_{ij})}{\varphi}+c(y_{ij},\varphi)\right\}$，其中 $\varphi(.)$ 和 $c(.)$ 是已知函数，θ 是自然参数，φ 为尺度参数。

第三，随机效应 a_i、$i-1$、…、N 独立分布，其密度函数为 $\pi(a_i\mid D)$，其中 D 代表随机效应 a_i 的协方差，是未知参数。关于未知参数 β 和 D 的似然函数为 $L(\beta,\ D;\ y)=\prod_{i=1}^{N}f(y_{ij},\ \beta;\ \varphi)=\prod_{i=1}^{N}(\int\prod_{f=1}^{n}f(y_{ij}\mid ai,\ \beta;\ \varphi)\pi(a_i\mid D)dai)$，其中的积分是关于随机效应 a_i 的 q 维的积分，在一般情况下，

该积分很难直接积出，因此需要利用似然函数关于未知参数的最大值数值积分或者 Bayes 方法等。

第四，各分量 y_i 不要求独立和同方差。

广义线性混合模型放宽了数据质量要求，不需要数据满足线性、正态性、独立性和奇次性的假设条件，这大大地扩展了方差分析的应用范围。①

本书采取 SPSS19.0 版本进行数据处理。

6.3 变量设定及样本选取

6.3.1 自变量的设定

我国股票交易市场规制法规通过法规的形式规范了股票交易市场规制主体对规制客体进行干预的行为，包括股票交易市场规制范围法规、规制执法法规和规制救济法规。股票交易市场规制范围法规界定了股票交易市场规制对象的合法行为。本书中的股票交易市场规制范围法规具体包括股票市场交易制度、股票信息披露和传播法规、股票市场准入法规和对禁止性行为的规制法规等。我国股票交易市场规制执法法规规定了股票交易市场规制主体将规制客体的行为限制在合法范围内所能采取的措施，包括股票交易市场规制调查法规和股票交易市场规制处罚法规。我国股票交易市场规制救济法规赋予股票交易市场规制客体对规制主体做出的规制处罚提出异议的权力，分为政复议法和行政诉讼法两种。

据此，我们选取市场准入法规、交易制度、股权分置改革法规、信息披露法规、规制调查法规、规制处罚法规和规制救济法规等 7 个自

① 干晓蓉．广义线性混合模型 [J]. 昆明理工大学学报（理工版），2007（9）：107-113.

变量，每个自变量选择 2～3 个具有代表性的规制法规，具体编号如表 6-1 所示。

表 6-1　代表性规制法规列表

法规名称		公布时间	废止时间	编号
市场准入法规	合格境外机构投资者境内证券投资管理办法	2006-08-24		Z
	证券投资基金管理公司公平交易制度指导意见	2008-02-20		Z1
	保险资金运用管理暂行办法	2010-07-30		Z2
交易制度	上海证券交易所交易规则	2006-05-15		D
	深圳证券交易所交易规则	2006-05-15	2011-02-28	D
	深圳证券交易所交易规则（修订）	2011-01-17		D1
股权分置改革法规	关于上市公司股权分置改革试点有关问题的通知	2005-04-29		F
	上市公司股权分置改革管理办法	2005-09-04		F1
信息披露法规	关于规范证券投资咨询机构和广播电视证券节目的通知	2006-09-15		L
	上市公司信息披露管理办法	2007-01-30		L1
规制调查法规	中国证券监督管理委员会冻结、查封实施办法	2005-12-30	2011-10-01	S
	现场检查管理办法	2010-04-13		S1
规制处罚法规	证券市场禁入暂行规定	2006-06-07		Q
	行政强制法	2011-06-30		Q1
规制救济法规	信访条例	2005-01-10		J
	中国证券监督管理委员会行政复议办法	2010-05-04		J1

将上述各个代表性的规制法规按照公布时间先后排列如下，如表 6-2 所示。

表 6-2　代表性规制法规的公布时间序列

法规名称	公布时间	废止时间	编号
信访条例	2005-01-10		J
关于上市公司股权分置改革试点有关问题的通知	2005-04-29	2005-09-04	F
上市公司股权分置改革管理办法	2005-09-04		F1
中国证券监督管理委员会冻结、查封实施办法	2005-12-30	2011-10-01	S
上海/深圳证券交易所交易规制（修订）	2006-05-15	2011-02-18	D
证券市场禁入暂行规定	2006-06-07		Q
合格境外机构投资者境内证券投资管理办法	2006-08-24		Z
关于规范证券投资咨询机构和广播电视证券节目的通知	2006-09-15		L
上市公司信息披露管理办法	2007-01-30		L1
证券投资基金管理公司公平交易制度指导意见	2008-02-20		Z1
现场检查管理办法	2010-04-13		S1
中国证券监督管理委员会行政复议办法	2010-05-04		J1
保险资金运用管理暂行办法	2010-07-30		Z2
深圳交易证券交易所交易规则（修订）	2011-01-17		D1
行政强制法	2011-06-30		Q1

将上述具有代表性的规制法规按照公布时间进行排列组合，市场准入法规、交易制度法规、股权分置改革法规、信息披露法规、规制调查法规、规制处罚法规和规制救济法规等 7 个自变量的水平，如表 6-3 所示。

表 6-3　自变量水平列表

变量	水平
市场准入法规	Z^K，$Z1^K$，$Z2^K$
	Z，$Z1^K$，$Z2^K$
	Z，Z1，$Z2^K$
	Z，Z1，Z2

续表

交易制度法规	D^K
	D
	D1
股权分置改革法规	F^K
	F
	F1
信息披露法规	L^K，$L1^K$
	L，$L1^K$
	L，L1
规制调查法规	S^K，$S1^K$
	S，$S1^K$
	S，S1
规制处罚法规	$Q1^K$，Q^K
	$Q1^K$，Q
	Q1，Q
规制救济法规	J^K，$J1^K$
	J，$J1^K$
	J，J1

上标字母 K 表示没有实施相应规制法规的水平，例如，Z 表示实施《合格境外机构投资者境内证券投资管理办法》的水平，对应的 Z^K 表示没有实施《合格境外机构投资者境内证券投资管理办法》的水平；F1 表示颁布《上市公司股权分置改革管理办法》的水平，对应的 $F1^K$ 表示没有颁布《上市公司股权分置改革管理办法》的水平。

6.3.2 应变量的设定

股市效率体系包括三个层次：资源配置效率、信息效率和运行效率。

资源配置效率是指股市价格与价值之间的关系，主要从股票市场的泡沫性和溢价性两个方面来衡量。股票市场的泡沫性是指股票价格偏离价值的程度，股票的溢价性是指股票收益率偏离无风险利率的程度。股票价值的估计方法主要有创值估价法、相对价值估价法、现金流折现模型估价法、期权估价法和灰色系统模型估价法等。

信息效率是指股票价格充分吸收和反映所有相关信息的程度。直接对股市信息效率进行度量很难做到，因此可以通过投资者的各种“内幕信息”交易策略来衡量股市信息效率。据此，可将股市的信息效率分为弱势、半强势和强势市场三类。若股市是弱势市场，则投资者无法利用过去股价所包含的信息获得超额利润；若股市是半强势市场，则投资者不仅无法从历史信息中获取超额利润，而且也无法通过分析当前的公开信息获得超额利润；若股市是强势市场，则说明投资者即使拥有内幕消息也无法获得超额利润。

运行效率是指股票交易市场能否以最短的时间、最低的交易成本实现最大数量的交易，通常采用流动性、波动性、交易成本和透明性等四个指标对交易效率进行评估。一般地，可以将流动性定义为：在交易成本尽可能低的情况下，投资者能够迅速、有效地执行交易的能力。波动性是指资产回报率的波动程度。①

据此，本模型应变量的指标设置如下。

我国股市的资源配置效率用股市泡沫和股市溢价进行度量，股市运行效率用股市波动性和股市流动性进行度量。本书没有考量股市信息效率指标。

股市泡沫：$A_t=P/E$，其中，A_t 表示市盈率，P 表示每股价格，E 表示每股收益。

① 张兵．中国股票市场有效性分析与实证研究 [D]. 南京：南京农业大学，2002.

股市溢价性：B_t= 股票涨跌幅 － 无风险收益率 =K_t-R_t=（P_t-P_{t-1}）/ $P_{t-1}-R_t$，其中，B_t 表示溢价性指标，K_t 表示股票涨跌幅，R_t 表示无风险收益率，P_t 表示当日收盘价，P_{t-1} 表示前一日收盘价。由于 SHIBOR 利率最早发布于 2006 年 10 月 8 日，所以 2006 年 10 月 8 日后（含当日）R_t 采用 SHIBOR 隔日拆借利率 /360，2006 年 10 月 8 日前 R_t 采用当期银行活期利率 /360。

股市波动性：ψ_t=（P_th-P_tl）/P_t'，其中，ψ_t 表示波动性指标，P_th 表示当日最高价，P_tl 表示当日最低价，P_t' 表示当日开票价。

股市流动性：$W_t=V_t/LT$，其中，W_t 表示换手率，V_t 表示当日的股票成交量，LT 表示流通总股数。

选取沪深 300 指数的样本股票，将这些样本股票当天的泡沫性、溢价性、波动性和流动性指标进行算术平均加总，即可得到当天沪深股市的总体泡沫性、溢价性、波动性和流动性指标。

6.3.3　样本的选取

在 2004 年 12 月 31 日到 2012 年 1 月 1 日之间选取样本，选取样本的时间跨度规则是将每个选取的具有代表性的股票交易市场法规颁布的前后一段时间都包含在内，共选取 961 个样本。961 个样本对应的市场准入法规、交易制度、股权分置改革法规、信息披露法规、规制调查法规、规制处罚法规和规制救济法规等 7 个自变量的水平，如表 6-4 所示（数据来源为 WIND 数据库）。

表 6-4　样本选取列表

时间跨度	市场准入法规	交易制度	股权分置改革法规	信息披露法规	规制调查法规	规制处罚法规	规制救济法规
2004-12-31—2005-01-9	Z^K，$Z1^K$，$Z2^K$	D^K	F^K	L^K，$L1^K$	S^K，$S1^K$	$Q1^K$，Q^K	J^K，$J1^K$
2005-01-10—2005-02-25	Z^K，$Z1^K$，$Z2^K$	D^K	F^K	L^K，$L1^K$	S^K，$S1^K$	$Q1^K$，Q^K	J，$J1^K$
2005-03-15—2005-04-29	Z^K，$Z1^K$，$Z2^K$	D^K	F^K	L^K，$L1^K$	S^K，$S1^K$	$Q1^K$，Q^K	J，$J1^K$
2005-04-30—2005-06-14	Z^K，$Z1^K$，$Z2^K$	D^K	F	L^K，$L1^K$	S^K，$S1^K$	$Q1^K$，Q^K	J，$J1^K$
2005-07-21—2005-09-04	Z^K，$Z1^K$，$Z2^K$	D^K	F	L^K，$L1^K$	S^K，$S1^K$	$Q1^K$，Q^K	J，$J1^K$
2005-09-05—2005-09-11	Z^K，$Z1^K$，$Z2^K$	D^K	F1	L^K，$L1^K$	S^K，$S1^K$	$Q1^K$，Q^K	J，$J1^K$
2005-09-12—2005-10-27	Z^K，$Z1^K$，$Z2^K$	D^K	F1	L^K，$L1^K$	S^K，$S1^K$	$Q1^K$，Q^K	J，$J1^K$
2005-10-28—2005-11-14	Z^K，$Z1^K$，$Z2^K$	D^K	F1	L^K，$L1^K$	S^K，$S1^K$	$Q1^K$，Q^K	J，$J1^K$
2005-11-15—2005-12-30	Z^K，$Z1^K$，$Z2^K$	D^K	F1	L^K，$L1^K$	S^K，$S1^K$	$Q1^K$，Q^K	J，$J1^K$
2005-12-31—2006-02-14	Z^K，$Z1^K$，$Z2^K$	D^K	F1	L^K，$L1^K$	S，$S1^K$	$Q1^K$，Q^K	J，$J1^K$
2006-03-31—2006-05-15	Z^K，$Z1^K$，$Z2^K$	D^K	F1	L^K，$L1^K$	S，$S1^K$	$Q1^K$，Q^K	J，$J1^K$
2006-05-16—2006-06-17	Z^K，$Z1^K$，$Z2^K$	D	F1	L^K，$L1^K$	S，$S1^K$	$Q1^K$，Q^K	J，$J1^K$
2006-06-18—2006-07-09	Z^K，$Z1^K$，$Z2^K$	D	F1	L^K，$L1^K$	S，$S1^K$	$Q1^K$，Q	J，$J1^K$
2006-07-10—2006-08-24	Z^K，$Z1^K$，$Z2^K$	D	F1	L^K，$L1^K$	S，$S1^K$	$Q1^K$，Q	J，$J1^K$

续表

时间跨度	市场准入法规	交易制度	股权分置改革法规	信息披露法规	规制调查法规	规制处罚法规	规制救济法规
2006-08-25—2006-09-01	Z，$Z1^K$，$Z2^K$	D	F1	L^K，$L1^K$	S，$S1^K$	$Q1^K$，Q	J，$J1^K$
2006-09-02—2006-09-15	Z，$Z1^K$，$Z2^K$	D	F1	L^K，$L1^K$	S，$S1^K$	$Q1^K$，Q	J，$J1^K$
2006-09-16—2006-10-31	Z，$Z1^K$，$Z2^K$	D	F1	L，$L1^K$	S，$S1^K$	$Q1^K$，Q	J，$J1^K$
2006-12-16—2007-01-30	Z，$Z1^K$，$Z2^K$	D	F1	L，$L1^K$	S，$S1^K$	$Q1^K$，Q	J，$J1^K$
2007-01-31—2007-03-17	Z，$Z1^K$，$Z2^K$	D	F1	L，L1	S，$S1^K$	$Q1^K$，Q	J，$J1^K$
2007-10-15—2007-11-29	Z，$Z1^K$，$Z2^K$	D	F1	L，L1	S，$S1^K$	$Q1^K$，Q	J，$J1^K$
2007-11-30—2008-01-14	Z，$Z1^K$，$Z2^K$	D	F1	L，L1	S，$S1^K$	$Q1^K$，Q	J，$J1^K$
2008-07-06—2008-08-20	Z，$Z1^K$，$Z2^K$	D	F1	L，L1	S，$S1^K$	$Q1^K$，Q	J，$J1^K$
2008-08-21—2008-10-04	Z，Z1，$Z2^K$	D	F1	L，L1	S，$S1^K$	$Q1^K$，Q	J，$J1^K$
2009-01-05—2009-02-27	Z，Z1，$Z2^K$	D	F1	L，L1	S，$S1^K$	$Q1^K$，Q	J，$J1^K$
2009-02-28—2009-04-13	Z，Z1，$Z2^K$	D	F1	L，L1	S，$S1^K$	$Q1^K$，Q	J，$J1^K$
2009-11-01—2009-12-16	Z，Z1，$Z2^K$	D	F1	L，L1	S，$S1^K$	$Q1^K$，Q	J，$J1^K$
2009-12-17—2010-01-31	Z，Z1，$Z2^K$	D	F1	L，L1	S，$S1^K$	$Q1^K$，Q	J，$J1^K$
2010-02-27—2010-04-13	Z，Z1，$Z2^K$	D	F1	L，L1	S，$S1^K$	$Q1^K$，Q	J，$J1^K$

续表

时间跨度	市场准入法规	交易制度	股权分置改革法规	信息披露法规	规制调查法规	规制处罚法规	规制救济法规
2010-04-14—2010-05-02	Z，Z1，$Z2^K$	D	F1	L，L1	S1	$Q1^K$，Q	J，$J1^K$
2010-05-03—2010-05-04	Z，Z1，$Z2^K$	D	F1	L，L1	S1	$Q1^K$，Q	J，$J1^K$
2010-05-05—2010-06-14	Z，Z1，$Z2^K$	D	F1	L，L1	S1	$Q1^K$，Q	J，J1
2010-06-15—2010-07-30	Z，Z1，$Z2^K$	D	F1	L，L1	S1	$Q1^K$，Q	J，J1
2010-07-31—2010-09-15	Z，Z1，Z2	D	F1	L，L1	S1	$Q1^K$，Q	J，J1
2010-11-09—2011-01-17	Z，Z1，Z2	D	F1	L，L1	S1	$Q1^K$，Q	J，J1
2011-01-18—2011-03-04	Z，Z1，Z2	D1	F1	L，L1	S1	$Q1^K$，Q	J，J1
2011-05-16—2011-06-30	Z，Z1，Z2	D1	F1	L，L1	S1	$Q1^K$，Q	J，J1
2011-7-01—2011-08-15	Z，Z1，Z2	D1	F1	L，L1	S1	Q1，Q	J，J1

6.4　实证分析

6.4.1　对我国股市泡沫的效应

对股市泡沫的统计描述及各自变量对股市泡沫的影响，分别如表 6-5、表 6-6 所示。

表 6-5　股市泡沫的统计描述

变量	水平	样本数	均值	标准差	标准误	均值的 95% 置信区间		极小值	极大值
						下限	上限		
市场准入法规	Z^K，$Z1^K$，$Z2^K$	330	2.045	1.255	0.069	1.909	2.181	0.579	8.745
	Z，$Z1^K$，$Z2^K$	197	2.719	1.323	0.094	2.533	2.905	0.966	7.291
	Z，Z1，$Z2^K$	260	2.304	0.975	0.060	2.185	2.423	0.886	5.233
	Z，Z1，Z2	174	1.696	0.621	0.047	1.603	1.789	0.755	4.051
交易制度	D^K	257	1.801	1.085	0.068	1.668	1.934	0.579	7.106
	D	611	2.479	1.150	0.047	2.388	2.570	0.886	8.745
	D1	93	1.367	0.487	0.050	1.267	1.468	0.755	2.865
股权分置改革法规	F^K	68	1.225	0.458	0.056	1.114	1.336	0.579	2.499
	F	59	1.666	0.761	0.099	1.468	1.864	0.749	3.453
	F1	834	2.306	1.172	0.041	2.226	2.385	0.741	8.745
信息披露法规	L^K，$L1^K$	346	2.040	1.229	0.066	1.910	2.170	0.579	8.745
	L，$L1^K$	56	3.703	1.526	0.204	3.294	4.112	1.381	7.291
	L，L1	559	2.131	0.942	0.040	2.053	2.210	0.755	6.639
规制调查法规	S^K，$S1^K$	207	1.400	0.574	0.040	1.322	1.479	0.579	3.453
	S，$S1^K$	506	2.753	1.249	0.056	2.644	2.862	0.886	8.745
	S，S1	248	1.701	0.559	0.036	1.631	1.770	0.755	4.051
规制处罚法规	$Q1^K$，Q^K	281	1.982	1.244	0.074	1.835	2.128	0.579	7.396
	$Q1^K$，Q	648	2.325	1.109	0.044	2.239	2.410	0.755	8.745
	Q1，Q	32	1.287	0.276	0.049	1.188	1.386	0.865	1.890
规制救济法规	J^K，$J1^K$	6	0.665	0.080	0.033	0.580	0.749	0.579	0.816
	J，$J1^K$	721	2.368	1.241	0.046	2.278	2.459	0.600	8.745
	J，J1	234	1.679	0.565	0.037	1.607	1.752	0.755	4.051
总体		961	2.190	1.156	0.037	2.117	2.263	0.579	8.745

表 6-6　各自变量对股市泡沫的影响

Akaike校正				8946.718	
贝叶斯				8951.562	
	市盈率	参数估计值	显著性	估计平均值	显著性
截距		111.10	0.00		
市场准入法规	Z^K，$Z1^K$，$Z2^K$			47.46	0.00
	Z，$Z1^K$，$Z2^K$	−0.87	0.08	46.59	
	Z，Z1，$Z2^K$	−18.07	0.00	29.39	
	Z，Z1，Z2	−8.03	0.18	39.43	
交易制度	D^K			10.61	0.00
	D	13.28	0.00	23.89	
	D1	77.02	0.00	87.63	
股权分置改革法规	F^K			41.99	0.00
	F	−3.62	0.00	38.37	
	F1	−0.22	0.31	41.77	
信息披露法规	L^K，$L1^K$			30.74	0.00
	L，$L1^K$	2.00	0.18	32.74	
	L，L1	27.92	0.00	58.66	
规制调查法规	S^K，$S1^K$			52.47	0.00
	S，$S1^K$	5.53	0.00	58.00	
	S，S1	−40.79	0.00	11.68	
规制处罚法规	$Q1^K$，Q^K			35.28	0.00
	$Q1^K$，Q	0.60	0.38	35.88	
	Q1，Q	15.70	0.00	50.98	
规制救济法规	J^K，$J1^K$			39.20	0.00
	J，$J1^K$	−3.90	0.09	35.30	
	J，J1	8.44	0.00	47.64	

（1）各变量的显著性比较。

市场准入法规、交易制度、股权分置改革法规、信息披露法规、规制调查法规、规制处罚法规、规制救济法规对应的相伴概率为 0.00，小于 0.05，拒绝零假设。这说明，市场准入法规、交易制度、股权分置改革法规、信息披露法规、规制调查法规、规制处罚法规和规制救济法规各水平之间的股市市盈率均值函数值显著不同。

（2）多个控制变量交互作用。

由于篇幅限制，多个控制变量相互作用的相伴概率没有在表格中列出。计量结果表明，任意两个控制变量交互作用的相伴概率都大于 0.05，不能拒绝零假设，市场准入法规、交易制度、股权分置改革法规、信息披露法规、规制调查法规、规制处罚法规、规制救济法规中任意两个控制变量的交互作用都没有对股市市盈率均值函数值造成显著影响。

（3）市场准入法规各水平的显著性比较。

以水平（Z^K，$Z1^K$，$Z2^K$）作为参照组，水平（Z，Z1，$Z2^K$）与水平（Z^K，$Z1^K$，$Z2^K$）之间的相伴概率为 0.00，小于 0.05，拒绝零假设，水平（Z，Z1，$Z2^K$）与水平（Z^K，$Z1^K$，$Z2^K$）的股市市盈率均值函数值差异显著。水平（Z，Z1，$Z2^K$）的参数估计值为 −18.07，《合格境外机构投资者境内证券投资管理办法》（Z）和《证券投资基金管理公司公平交易制度指导意见》（Z1）的颁布使股市市盈率均值函数值从 47.46 降低到了 29.39，降幅为 38.07%。水平（Z，$Z1^K$，$Z2^K$）与水平（Z^K，$Z1^K$，$Z2^K$）、水平（Z，Z1，Z2）与水平（Z^K，$Z1^K$，$Z2^K$）之间的显著性概率均大于 0.05，不能拒绝零假设，水平（Z，$Z1^K$，$Z2^K$）与水平（Z^K，$Z1^K$，$Z2^K$）、水平（Z，Z1，Z2）与水平（Z^K，$Z1^K$，$Z2^K$）之间不存在明显的股市市盈率均值函数值差异。

（4）交易制度各水平的显著性比较。

以水平 D^K 作为参照组，水平 D 与水平 D^K、水平 D1 与水平 D^K 之间的显著性概率均为 0.00，小于 0.05 的显著性水平，拒绝零假设，水平 D 与水平

D^K、水平 D1 与水平 D^K 的股市市盈率均值函数值存在显著性差异。水平 D 的参数估计值为 13.28，《上海 / 深圳证券交易所交易规则》（D）的颁布使股市市盈率均值函数值从 10.61 增加到 23.89，增幅为 125.16%。水平 D1 的参数估计值为 77.02，《深圳证券交易所交易规则（修订）》（D1）的颁布使股市市盈率均值函数值从 10.61 大幅增加到 87.63，增幅为 725.92%。

（5）股权分置改革法规各水平的显著性比较。

以水平 F^K 作为参照组，水平 F 与水平 F^K 之间的相伴概率为 0.00，小于 0.05，拒绝零假设，水平 F 与水平 F^K 的股市市盈率均值函数值存在显著性差异，水平 F 的参数估计值为 -3.62，《关于上市公司股权分置改革试点有关问题的通知》（F）的颁布使股市市盈率均值函数值从 41.99 下降到 38.37，降幅为 8.62%；水平 F1 与水平 F^K 之间的相伴概率为 0.31，大于 0.05，不能拒绝零假设，水平 F1 与水平 F^K 的股市市盈率均值函数值不存在显著性差异。

（6）信息披露法规各水平的显著性比较。

以水平（L^K，$L1^K$）作为参照组，水平（L，L1）与水平（L^K，$L1^K$）之间的相伴概率为 0.00，小于 0.05，拒绝零假设，水平（L，L1）与水平（L^K，$L1^K$）的股市市盈率均值函数值存在显著性差异，水平（L，L1）的参数估计值为 27.92，《关于规范证券投资咨询机构和广播电视证券节目的通知》（L）和《上市公司信息披露管理办法》（L1）的颁布使股市市盈率均值函数值从 30.74 增加到 58.66，增幅为 90.83%；水平（L，$L1^K$）与水平（L^K，$L1^K$）之间的相伴概率为 0.18，大于 0.05，不能拒绝零假设，水平（L，$L1^K$）与水平（L^K，$L1^K$）的股市市盈率均值函数值不存在显著性差异。

（7）规制调查法规各水平的显著性比较。

以水平（S^K，$S1^K$）作为参照组，水平（S，$S1^K$）与水平（S^K，$S1^K$）之间的相伴概率为 0.00，小于 0.05，拒绝零假设，水平（S，$S1^K$）与水平（S^K，

$S1^K$）的股市市盈率均值函数值存在显著性差异，水平（S，$S1^K$）的参数估计值为5.53，《中国证券监督管理委员会冻结、查封实施办法》（S）的颁布使股市市盈率均值函数值从52.47增加到58.00，增幅为10.54%；水平（S，S1）与水平（S^K，$S1^K$）之间的相伴概率为0.00，小于0.05，拒绝零假设，水平（S，S1）与水平（S^K，$S1^K$）的股市市盈率均值函数值存在显著性差异，水平（S，S1）的参数估计值为−40.79，《中国证券监督管理委员会冻结、查封实施办法》（S）和《现场检查管理办法》（S1）的颁布使股市市盈率均值函数值从52.47减小到11.68，降幅为77.74%。

（8）规制处罚法规各水平的显著性比较。

以水平（$Q1^K$，Q^K）作为参照组，水平（$Q1^K$，Q^K）与水平（Q1，Q）之间的相伴概率为0.00，小于0.05，拒绝零假设，水平（$Q1^K$，Q^K）与水平（Q1，Q）的股市市盈率均值函数值存在显著性差异，水平（Q1，Q）的参数估计值为15.70，《证券市场禁入暂行规定》（Q）和《行政强制法》（Q1）的颁布使股市市盈率均值函数值从35.28增加到50.98，增幅为44.50%；水平（$Q1^K$，Q）与水平（$Q1^K$，Q^K）之间的相伴概率为0.38，大于0.05，不能拒绝零假设，水平（$Q1^K$，Q）与水平（$Q1^K$，Q^K）的股市市盈率均值函数值不存在显著性差异。

（9）规制救济法规各水平的显著性比较。

以水平（J^K，$J1^K$）作为参照组，水平（J，J1）与水平（J^K，$J1^K$）之间的相伴概率为0.00，小于0.05，拒绝零假设，水平（J，J1）与水平（J^K，$J1^K$）的股市市盈率均值函数值存在显著性差异，水平（J，J1）的参数估计值为8.44，《信访条例》（J）和《中国证券监督管理委员会行政复议办法》（J1）的颁布使股市市盈率均值函数值从39.20增加到47.64，增幅为21.53%；水平（J，$J1^K$）与水平（J^K，$J1^K$）之间的相伴概率为0.09，大于0.05，不能拒绝零假设，水平（J，$J1^K$）与水平（J^K，$J1^K$）的股市市盈率均值函数值不存在显著性差异。

总的来看，随着股票交易市场准入法规的变迁，我国股市市盈率均值函数值先下降后上升，说明我国股票交易市场准入法规变迁效应失灵；随着股票交易制度的变迁，我国股市市盈率均值函数值逐步上升，说明我国股票交易制度变迁效应失灵；随着股权分置改革法规的变迁，我国股市市盈率均值函数值先下降后上升，说明我国股权分置改革法规变迁效应失灵；随着股票市场信息披露法规的变迁，我国股市市盈率均值函数值逐步上升，说明我国股票市场信息披露法规变迁效应失灵；随着股票交易规制调查法规的变迁，我国股市市盈率均值函数值先下降后上升，说明我国股票交易规制调查法规变迁效应失灵；随着股票交易规制处罚法规的变迁，我国股市市盈率均值函数值逐步上升，说明我国股票交易规制处罚法规变迁效应失灵；随着股票交易市场规制救济法规的变迁，我国股市市盈率均值函数值先下降后上升，说明我国股票交易市场规制救济法规变迁效应失灵。

关于随机变量影响部分，股市市盈率均值函数值为722.092，标准误为33.272，如表6-7所示。

表6-7　协方差参数

残差效应	估计值	标准误	95%置信区间	
			下限	上限
方差	722.092	33.272	659.738	790.34

6.4.2　对我国股市溢价的效应

对股市溢价的统计描述及各自变量对股市溢价的影响，分别如表6-8、表6-9所示。

表 6-8 股市溢价的统计描述

变量	水平	样本数	均值	标准差	标准误	均值的 95% 置信区间		极小值	极大值
						下限	上限		
市场准入法规	Z^K，$Z1^K$，$Z2^K$	330	0.188	1.533	0.084	0.022	0.354	−5.905	8.255
	Z，$Z1^K$，$Z2^K$	197	0.224	2.171	0.155	−0.081	0.529	−8.744	7.792
	Z，Z1，$Z2^K$	260	0.111	2.081	0.129	−0.143	0.365	−5.718	9.505
	Z，Z1，Z2	174	−0.027	1.533	0.116	−0.257	0.202	−6.456	3.364
交易制度法规	D^K	257	0.230	1.476	0.092	0.049	0.412	−3.678	8.255
	D	611	0.109	2.021	0.082	−0.051	0.270	−8.744	9.505
	D1	93	0.045	1.391	0.144	−0.242	0.331	−4.084	2.897
股权分置改革法规	F^K	68	−0.086	1.517	0.184	−0.453	0.281	−2.333	5.422
	F	59	0.229	1.794	0.234	−0.239	0.696	−3.678	8.255
	F1	834	0.147	1.862	0.064	0.020	0.273	−8.744	9.505
信息披露法规	L^K，$L1^K$	346	0.194	1.511	0.081	0.034	0.354	−5.905	8.255
	L，$L1^K$	56	0.613	1.578	0.211	0.190	1.035	−3.615	4.917
	L，L1	559	0.051	2.025	0.086	−0.117	0.219	−8.744	9.505
规制调查法规	S^K，$S1^K$	207	0.046	1.456	0.101	−0.153	0.246	−3.678	8.255
	S，$S1^K$	506	0.275	2.042	0.091	0.097	0.454	−8.744	9.505
	S，S1	248	−0.076	1.642	0.104	−0.281	0.130	−6.456	4.123
规制处罚法规	$Q1^K$，Q^K	281	0.215	1.542	0.092	0.033	0.396	−5.905	8.255
	$Q1^K$，Q	648	0.111	1.968	0.077	−0.041	0.263	−8.744	9.505
	Q1，Q	32	−0.069	1.353	0.239	−0.557	0.418	−4.084	2.510
规制救济法规	J^K，$J1^K$	6	−0.256	1.154	0.471	−1.467	0.955	−2.043	1.047
	J，$J1^K$	721	0.195	1.897	0.071	0.056	0.333	−8.744	9.505
	J，J1	234	−0.037	1.637	0.107	−0.248	0.173	−6.456	4.123
总体		961	0.135	1.835	0.059	0.019	0.251	−8.744	9.505

表 6-9　各自变量对股市溢价的影响

Akaike校正			3880.645		
贝叶斯			3885.488		
	溢价性	参数估计值	显著性	估计平均值	显著性
截距		0.33	0.62		
市场准入法规	Z^K，$Z1^K$，$Z2^K$				0.80
	Z，$Z1^K$，$Z2^K$	0.30	0.36		
	Z，Z1，$Z2^K$	0.46	0.34		
	Z，Z1，Z2	0.42	0.45		
交易制度	D^K				0.09
	D	−0.95	0.04		
	D1	−0.73	0.17		
股权分置改革法规	F^K				0.51
	F	0.30	0.33		
	F1	−0.04	0.09		
信息披露法规	L^K，$L1^K$				0.17
	L，$L1^K$	0.28	0.37		
	L，L1	−0.29	0.37		
规制调查法规	S^K，$S1^K$			−0.21	0.00
	S，$S1^K$	0.87	0.00	0.66	
	S，S1	0.23	0.66	0.02	
规制处罚法规	$Q1^K$，Q^K				0.84
	$Q1^K$，Q	−0.01	0.98		
	Q1，Q	−0.19	0.74		
规制救济法规	J^K，$J1^K$				0.39
	J，$J1^K$	0.19	0.69		
	J，J1	0.84	0.22		

（1）各变量的显著性水平。

市场准入法规、交易制度、股权分置改革法规、信息披露法规、规制处罚法规、规制救济法规对应的相伴概率均大于 0.05，不能拒绝零假设，这说明，市场准入法规、交易制度、股权分置改革法规、信息披露法规、规制处罚法规和规制救济法规各水平之间的股市溢价均值函数值没有显著的不同。规制调查法规对应的相伴概率为 0.00，小于 0.05，拒绝零假设，规制调查法规各水平之间对股票溢价均值函数造成了显著的影响。

（2）多个控制变量交互作用。

由于篇幅限制，多个控制变量相互作用的相伴概率没有在表格中列出。计量结果表明，任意两个控制变量交互作用的相伴概率都大于 0.05，不能拒绝零假设，市场准入法规、交易制度、股权分置改革法规、信息披露法规、规制调查法规、规制处罚法规、规制救济法规中任意两个控制变量的交互作用都没有对股市溢价均值函数值造成显著影响。

（3）规制调查法规各水平的显著性比较。

以水平（S^K，$S1^K$）作为参照组，水平（S，$S1^K$）与水平（S^K，$S1^K$）之间的相伴概率为 0.00，小于 0.05，拒绝零假设，水平（S，$S1^K$）与水平（S^K，$S1^K$）的股市溢价均值函数值存在显著性差异，水平（S，$S1^K$）的参数估计值为 0.87，《中国证券监督管理委员会冻结、查封实施办法》（S）的颁布使股市市盈率均值函数值从 −0.21 增加到 0.66，增幅为 414.29%；水平（S，S1）与水平（S^K，$S1^K$）之间的相伴概率为 0.66，大于 0.05，不能拒绝零假设，水平（S，S1）与水平（S^K，$S1^K$）的股市溢价均值函数值不存在显著性差异。

总的来说，在股市溢价性方面，市场准入法规、交易制度、股权分置改革法规、信息披露法规、规制处罚法规和规制救济法规各水平之间的股市溢价均值函数值没有显著的不同，说明市场准入法规、交易制度、股权分置改革法规、信息披露法规、规制处罚法规和规制救济法规的变迁效应失灵。规制调查法规各水平之间对股市溢价性均值函数值造成了显著的影响。随着股票交易规制调查法规的变迁，我国股市市盈率先下降后上升，说明我国股票交易规制调查法规变迁是有效的。

关于随机变量影响部分，股市溢价性均值函数值为 3.334，标准误为 0.145，如表 6-10 所示。

表 6-10　协方差参数

残差效应	估计值	标准误	95%置信区间	
			下限	上限
方差	3.334	0.154	3.046	3.649

6.4.3　对我国股市波动性的效应

对股市波动性指标的统计描述及各自变量对股市波动性的影响，分别如表 6-11、表 6-12 所示。

表 6-11　股市波动性指标的统计描述

变量	水平	样本数	均值	标准差	标准误	均值的 95% 置信区间		极小值	极大值
						下限	上限		
市场准入法规	Z^K，$Z1^K$，$Z2^K$	330	3.651	1.066	0.059	3.535	3.766	1.900	9.228
	Z，$Z1^K$，$Z2^K$	197	4.603	1.415	0.101	4.404	4.802	2.297	11.014
	Z，Z1，$Z2^K$	260	4.117	1.269	0.079	3.962	4.272	2.197	9.189
	Z，Z1，Z2	174	3.466	0.948	0.072	3.324	3.607	2.120	8.260
交易制度	D^K	257	3.509	0.971	0.061	3.389	3.628	1.900	9.228
	D	611	4.230	1.310	0.053	4.126	4.334	2.197	11.014
	D1	93	3.214	0.833	0.086	3.043	3.386	2.120	6.917

续表

变量	水平	样本数	均值	标准差	标准误	均值的 95% 置信区间		极小值	极大值
						下限	上限		
股权分置改革法规	F^K	68	3.623	0.934	0.113	3.397	3.849	2.211	7.504
	F	59	3.852	1.035	0.135	3.582	4.122	2.648	9.228
	F1	834	3.970	1.283	0.044	3.883	4.058	1.900	11.014
信息披露法规	L^K，$L1^K$	346	3.615	1.056	0.057	3.503	3.726	1.900	9.228
	L、$L1^K$	56	4.298	1.379	0.184	3.929	4.667	2.608	7.732
	L，L1	559	4.103	1.306	0.055	3.995	4.212	2.120	11.014
规制调查法规	S^K，$S1^K$	207	3.404	0.950	0.066	3.274	3.535	1.900	9.228
	S，$S1^K$	506	4.323	1.343	0.060	4.206	4.441	2.197	11.014
	S、S1	248	3.599	0.985	0.063	3.476	3.722	2.120	8.260
规制处罚法规	$Q1^K$，Q^K	281	3.663	1.108	0.066	3.533	3.793	1.900	9.228
	$Q1^K$，Q	648	4.100	1.280	0.050	4.001	4.199	2.190	11.014
	Q1，Q	32	3.098	1.067	0.189	2.713	3.483	2.120	6.917
规制救济法规	J^K，$J1^K$	6	3.072	0.284	0.116	2.774	3.370	2.742	3.447
	J，$J1^K$	721	4.063	1.303	0.049	3.968	4.159	1.900	11.014
	J，J1	234	3.576	0.993	0.065	3.448	3.704	2.120	8.260
总体		961	3.939	1.250	0.040	3.859	4.018	1.900	11.014

表 6-12　各自变量对股市波动性的影响

Akaike校正				2805.993	
贝叶斯				2810.838	
		参数估计值	显著性	估计平均值	显著性
截距		1.83	0.00		
市场准入法规	Z^K，$Z1^K$，$Z2^K$			4.01	0.00
	Z，$Z1^K$，$Z2^K$	−0.71	0.00	3.30	
	Z，Z1，$Z2^K$	−0.49	0.06	3.52	
	Z，Z1，Z2	−0.64	0.03	3.37	

续表

Akaike校正				2805. 993	
贝叶斯				2810. 838	
		参数估计值	显著性	估计平均值	显著性
交易制度	D^K			2.79	0.00
	D	1.37	0.00	4.16	
	D1	0.89	0.00	3.68	
股权分置改革法规	F^K			3.67	0.00
	F	0.18	0.33	3.85	
	F1	−0.55	0.00	3.12	
信息披露法规	L^K，$L1^K$			2.37	0.00
	L，$L1^K$	1.43	0.00	3.80	
	L，L1	2.09	0.00	4.46	
规制调查法规	S^K，$S1^K$			2.46	0.00
	S，$S1^K$	1.23	0.00	3.69	
	S，S1	2.02	0.00	4.48	
规制处罚法规	$Q1^K$，Q^K			4.76	0.00
	$Q1^K$，Q	−1.73	0.00	3.03	
	Q1，Q	−1.91	0.00	2.86	
规制救济法规	J^K，$J1^K$			3.17	0.00
	J，$J1^K$	0.60	0.00	3.77	
	J，J1	0.51	0.08	3.68	

（1）各变量的显著性比较。

市场准入法规、交易制度、股权分置改革法规、信息披露法规、规制调查法规、规制处罚法规、规制救济法规对应的相伴概率为0.000，小于0.05，拒绝零假设，这说明，市场准入法规、交易制度、股权分置改革法规、信息披露法规、规制调查法规、规制处罚法规和规制救济法规各水平之间的股市波动性均值函数值显著不同。

（2）多个控制变量交互作用。

由于篇幅限制，多个控制变量相互作用的相伴概率没有在表格中列出。计量结果表明，任意两个控制变量交互作用的相伴概率都大于 0.05，不能拒绝零假设，市场准入法规、交易制度、股权分置法规、信息披露法规、规制调查法规、规制处罚法规、规制救济法规中任意两个控制变量的交互作用都没有对股市波动性均值函数值造成显著影响。

（3）市场准入法规各水平的显著性比较。

以水平（Z^K，$Z1^K$，$Z2^K$）作为参照组，水平（Z，$Z1^K$，$Z2^K$）与水平（Z^K，$Z1^K$，$Z2^K$）之间的相伴概率为 0.00，小于 0.05，拒绝零假设，水平（Z，$Z1^K$，$Z2^K$）与水平（Z^K，$Z1^K$，$Z2^K$）的股市波动性均值函数值差异显著，水平（Z，$Z1^K$，$Z2^K$）的参数估计值为 −0.71，《合格境外机构投资者境内证券投资管理办法》（Z）的颁布使股市波动性均值函数值从 4.01 降低到了 3.30，降幅为 17.71%。以水平（Z^K，$Z1^K$，$Z2^K$）作为参考，水平（Z，Z1，Z2）与水平（Z^K，$Z1^K$，$Z2^K$）之间的相伴概率为 0.03，小于 0.05，拒绝零假设，水平（Z，Z1，Z2）与水平（Z^K，$Z1^K$，$Z2^K$）的股市波动性均值函数值显著差异，水平（Z，Z1，Z2）的参数估计值为 −0.64，《证券投资基金管理公司公平交易制度指导意见》（Z1）和《保险资金运用管理暂行办法》（Z2）的颁布使股市波动性均值函数值从 4.01 降低到了 3.37，降幅为 15.96%。水平（Z，Z1，$Z2^K$）与水平（Z^K，$Z1^K$，$Z2^K$）之间的显著性概率均大于 0.05，不能拒绝零假设，水平（Z，Z1，$Z2^K$）与水平（Z^K，$Z1^K$，$Z2^K$）之间不存在明显的股市波动性均值函数值差异。

（4）交易制度各水平的显著性比较。

以水平 D^K 作为参照组，水平 D 和水平 D1 与水平 D^K 之间的显著性概率均为 0.00，小于 0.05 的显著性水平，拒绝零假设，水平 D、水平 D1 与水平

D^K的股市波动性均值函数值存在显著性差异。水平D的参数估计值为1.37，《上海证券交易所交易规则》（D）的颁布使股市波动性均值函数值从2.79增加到4.16，增幅为49.10%。水平D1的参数估计值为0.89，《深圳证券交易所交易规则（修订）》（D1）的颁布使股市波动性均值函数值从2.79增加到3.68，增幅为31.90%。

（5）股权分置改革法规各水平的显著性比较。

以水平F^K作为参照组，水平F1与水平F^K之间的相伴概率为0.00，小于0.05，拒绝零假设，水平F1与水平F^K的波动性均值函数值存在显著性差异，水平F1的参数估计值为−0.55，《上市公司股权分置改革管理办法》（F1）的颁布使股票波动性从3.67下降到3.12，降幅为14.99%；水平F与水平F^K之间的相伴概率为0.33，大于0.05，不能拒绝零假设，水平F与水平F^K的股市波动性均值函数值不存在显著性差异。

（6）信息披露法规各水平的显著性比较。

以水平（L^K，$L1^K$）作为参照组，水平（L，$L1^K$）与水平（L^K，$L1^K$）之间的相伴概率为0.00，小于0.05，拒绝零假设，水平（L，$L1^K$）与水平（L^K，$L1^K$）的股市波动性均值函数值存在显著性差异，水平（L，$L1^K$）的参数估计值为1.43，《关于规范证券投资咨询机构和广播电视证券节目的通知》（L）的颁布使股市波动性均值函数值从2.37增加到3.80，增幅为60.34%；水平（L，L1）与水平（L^K，$L1^K$）之间的相伴概率为0，小于0.05，拒绝零假设，水平（L，L1）与水平（L^K，$L1^K$）的股市波动性均值函数值存在显著性差异，水平（L，L1）的参数估计值为2.09，《关于规范证券投资咨询机构和广播电视证券节目的通知》（L）和《上市公司信息披露管理办法》（L1）的颁布使股市波动性均值函数值从2.79增加到4.46，增幅为59.86%。

（7）规制调查法规各水平的显著性比较。

以水平（S^K，$S1^K$）作为参照组，水平（S，$S1^K$）与水平（S^K，$S1^K$）之间的相伴概率为0.00，小于0.05，拒绝零假设，水平（S，$S1^K$）与水平（S^K，$S1^K$）的股市波动性均值函数值存在显著性差异，水平（S，$S1^K$）的参数估计值为1.23，《中国证券监督管理委员会冻结、查封实施办法》（S）的颁布使股市波动性均值函数值从2.46增加到3.69，增幅为50%；水平（S，S1）与水平（S^K，$S1^K$）之间的相伴概率为0.00，小于0.05，拒绝零假设，水平（S，S1）与水平（S^K，$S1^K$）的股市波动性均值函数值存在显著性差异，水平（S，S1）的参数估计值为2.02，《中国证券监督管理委员会冻结、查封实施办法》（S）和《现场检查管理办法》（S1）的颁布使股市波动性均值函数值从2.46增加到4.48，增幅为82.11%。

（8）规制处罚法规各水平的显著性比较。

以水平（$Q1^K$，Q^K）作为参照组，水平（$Q1^K$，Q^K）与水平（$Q1^K$，Q）之间的相伴概率为0.00，小于0.05，拒绝零假设，水平（$Q1^K$，Q）与水平（$Q1^K$，Q^K）的股市波动性均值函数值存在显著性差异，水平（$Q1^K$，Q）的参数估计值为−1.73，《证券市场禁入暂行规定》（Q）的颁布使股市波动性均值函数值从4.76下降到3.03，降幅为36.34%；水平（Q1，Q）与水平（$Q1^K$，Q^K）之间的相伴概率为0.00，小于0.05，拒绝零假设，水平（Q1，Q）与水平（$Q1^K$，Q^K）的股市波动性均值函数值存在显著性差异，水平（Q1，Q）的参数估计值为−1.91，《证券市场禁入暂行规定》（Q）和《行政强制法》（Q1）的颁布使股市波动性均值函数值从4.76下降到2.86，降幅为39.92%。

（9）规制救济法规各水平的显著性比较。

以水平（J^K，$J1^K$）作为参照组，水平（J，$J1^K$）与水平（J^K，$J1^K$）之间的相伴概率为0.00，小于0.05，拒绝零假设，水平（J，$J1^K$）与水平（J^K，$J1^K$）

的股市波动性均值函数值存在显著性差异，水平（J，$J1^K$）的参数估计值为0.60，《信访条例》（J）的颁布使股市波动性均值函数值从3.17增加到3.78，增幅为19.24%；水平（J，J1）与水平（J^K，$J1^K$）之间的相伴概率为0.08，大于0.05，不能拒绝零假设，水平（J，J1）与水平（J^K，$J1^K$）的股市波动性均值函数值不存在显著性差异。

总的来看，随着股票交易市场准入法规的变迁，我国股市波动性均值函数值先下降后上升，说明我国股票交易市场准入法规变迁效应失灵；随着股票交易制度的变迁，我国股市波动性均值函数值先下降后上升，说明我国股票交易制度变迁效应失灵；随着股权分置改革法规的变迁，我国股市波动性均值函数值先下降后上升，说明我国股权分置改革法规变迁效应失灵；随着股票市场信息披露法规的变迁，我国股市波动性均值函数值逐步上升，说明我国股票市场信息披露法规变迁效应失灵；随着股票交易规制调查法规的变迁，我国股市波动性均值函数值逐步上升，说明我国股票交易规制调查法规变迁效应失灵；随着股票交易规制处罚法规的变迁，我国股市波动性均值函数值逐步下降，说明我国股票交易规制处罚法规变迁是有效的；随着股票交易市场规制救济法规的变迁，我国股市波动性均值函数值先下降后上升，说明我国股票交易市场规制救济法规变迁效应失灵。

关于随机变量影响部分，股市波动性均值函数值为1.065，标准误为0.049，如表6-13所示。

表6-13　协方差参数

残差效应	估计值	标准误	95%置信区间	
			下限	上限
方差	1.065	0.049	0.973	1.166

6.4.4 对我国股市流动性的效应

对股市流动性指标的统计描述及各自变量对股市流动性的影响，分别如表 6-14、表 6-15 所示。

表 6-14 股市流动性指标的统计描述

变量	水平	样本数	均值	标准差	标准误	均值的 95% 置信区间		极小值	极大值
						下限	上限		
市场准入法规	Z^K，$Z1^K$，$Z2^K$	330	2.045	1.255	0.069	1.909	2.181	0.579	8.745
	Z，$Z1^K$，$Z2^K$	197	2.719	1.323	0.094	2.533	2.905	0.966	7.291
	Z，Z1，$Z2^K$	260	2.304	0.975	0.060	2.185	2.423	0.886	5.233
	Z，Z1，Z2	174	1.696	0.621	0.047	1.603	1.789	0.755	4.051
交易制度	D^K	257	1.801	1.085	0.068	1.668	1.934	0.579	7.106
	D	611	2.479	1.150	0.047	2.388	2.570	0.886	8.745
	D1	93	1.367	0.487	0.050	1.267	1.468	0.755	2.865
股权分置改革法规	F^K	68	1.225	0.458	0.056	1.114	1.336	0.579	2.499
	F	59	1.666	0.761	0.099	1.468	1.864	0.749	3.453
	F1	834	2.306	1.172	0.041	2.226	2.385	0.741	8.745
信息披露法规	L^K，$L1^K$	346	2.040	1.229	0.066	1.910	2.170	0.579	8.745
	L，$L1^K$	56	3.703	1.526	0.204	3.294	4.112	1.381	7.291
	L，L1	559	2.131	0.942	0.040	2.053	2.210	0.755	6.639
规制调查法规	S^K，$S1^K$	207	1.400	0.574	0.040	1.322	1.479	0.579	3.453
	S，$S1^K$	506	2.753	1.249	0.056	2.644	2.862	0.886	8.745
	S，S1	248	1.701	0.559	0.036	1.631	1.770	0.755	4.051
规制处罚法规	$Q1^K$，Q^K	281	1.982	1.244	0.074	1.835	2.128	0.579	7.396
	$Q1^K$，Q	648	2.325	1.109	0.044	2.239	2.410	0.755	8.745
	Q1，Q	32	1.287	0.276	0.049	1.188	1.386	0.865	1.890

续表

变量	水平	样本数	均值	标准差	标准误	均值的 95% 置信区间		极小值	极大值
						下限	上限		
规制救济法规	J^K，$J1^K$	6	0.665	0.080	0.033	0.580	0.749	0.579	0.816
	J，$J1^K$	721	2.368	1.241	0.046	2.278	2.459	0.600	8.745
	J，J1	234	1.679	0.565	0.037	1.607	1.752	0.755	4.051
总体		961	2.190	1.156	0.037	2.117	2.263	0.579	8.745

表 6-15　各自变量对股市流动性的影响

Akaike校正		2470.482			
贝叶斯		2475.326			
	换手率	参数估计值	显著性	估计平均值	显著性
截距		0.70	0.00		
市场准入法规	Z^K，$Z1^K$，$Z2^K$	−0.47	0.02	1.33	0.00
	Z，$Z1^K$，$Z2^K$	−0.26	0.36	1.54	
	Z，Z1，$Z2^K$	0.19	0.52	1.99	
	Z，Z1，Z2			1.58	
交易制度	D^K	0.46	0.11		0.32
	D	−0.21	0.50		
	−D1			1.42	
股权分置改革法规	F^K	0.39	0.00	1.81	0.00
	F	0.35	0.00	1.77	
	F1			0.93	
信息披露法规	L^K，$L1^K$	1.77	0.00	2.70	0.00
	L，$L1^K$	0.44	0.00	1.37	
	L，L1			0.08	

续表

Akaike校正		2470.482			
贝叶斯		2475.326			
	换手率	参数估计值	显著性	估计平均值	显著性
规制调查法规	S^K，$S1^K$	2.31	0.00	2.39	0.00
	S，$S1^K$	2.43	0.00	2.51	
	S，S1			2.71	
规制处罚法规	$Q1^K$，Q^K	−1.51	0.00	1.20	0.00
	$Q1^K$，Q	−1.63	0.00	1.08	
	Q1，Q			1.39	
规制救济法规	J^K，$J1^K$	0.62	0.00	2.01	0.00
	J，$J1^K$	0.19	0.08	1.58	
	J，J1	0.08	1.58		

（1）各变量的显著性比较。

市场准入法规、股权分置改革法规、信息披露法规、规制调查法规、规制处罚法规、规制救济法规对应的相伴概率为0.00，小于0.05，拒绝零假设，这说明，市场准入法规、股权分置改革法规、信息披露法规、规制调查法规、规制处罚法规和规制救济法规各水平之间的股市换手率均值函数值显著不同。交易制度对应的相伴概率为0.32，大于0.05，不能拒绝零假设，这说明，交易制度各水平之间的股市换手率均值函数值没有显著差别。

（2）多个控制变量交互作用。

由于篇幅限制，多个控制变量相互作用的相伴概率没有在表格中列出。计量结果表明，任意两个控制变量交互作用的相伴概率都大于0.05，不能拒绝零假设，市场准入法规、交易制度、股权分置改革法规、信息披露法规、规制调查法规、规制处罚法规、规制救济法规中任意两个控制变量的交互作用都没有对股市换手率均值函数值造成显著影响。

（3）市场准入法规各水平的显著性比较。

以水平（Z^K，$Z1^K$，$Z2^K$）作为参照组，水平（Z，$Z1^K$，$Z2^K$）与水平（Z^K，$Z1^K$，$Z2^K$）之间的相伴概率为0.02，小于0.05，拒绝零假设，水平（Z，$Z1^K$，$Z2^K$）与水平（Z^K，$Z1^K$，$Z2^K$）的股市换手率均值函数值差异显著，水平（Z，$Z1^K$，$Z2^K$）的参数估计值为−0.47，《合格境外机构投资者境内证券投资管理办法》（Z）的颁布使股市换手率均值函数值从1.80降低到了1.33，降幅为26.11%。水平（Z，Z1，$Z2^K$）与水平（Z^K，$Z1^K$，$Z2^K$）、水平（Z，Z1，Z2）与水平（Z^K，$Z1^K$，$Z2^K$）之间的显著性概率均大于0.05，不能拒绝零假设，水平（Z，Z1，$Z2^K$）与水平（Z^K，$Z1^K$，$Z2^K$）、水平（Z，Z1，Z2）与水平（Z^K，$Z1^K$，$Z2^K$）之间不存在明显的股市换手率均值函数值差异。

（4）股权分置法规各水平的显著性比较。

以水平F^K作为参照组，水平F与F^K之间的显著性概率为0.00，小于0.05的显著性水平，拒绝零假设，水平F与水平F^K的股市换手率均值函数值存在显著性差异，水平F的参数估计值为0.39，《关于上市公司股权分置改革试点有关问题的通知》（F）的颁布使股市换手率均值函数值从1.42增加到1.81，增幅为27.46%；水平F1与F^K之间的显著性概率为0.00，小于0.05的显著性水平，拒绝零假设，水平F1与水平F^K的股市换手率均值函数值存在显著性差异，水平F的参数估计值为0.35，《上市公司股权分置改革管理办法》（F1）的颁布使股市换手率均值函数值从1.42增加到1.77，增幅为24.65%。

（5）信息披露法规各水平的显著性比较。

以水平（L^K，$L1^K$）作为参照组，水平（L，$L1^K$）与水平（L^K，$L1^K$）之间的相伴概率为0.00，小于0.05，拒绝零假设，水平（L，$L1^K$）与水平（L^K，

$L1^K$）的股市换手率均值函数值存在显著性差异，水平（L，$L1^K$）的参数估计值为1.77，《关于规范证券投资咨询机构和广播电视证券节目的通知》（L）的颁布使股市换手率均值函数值从0.93增加到2.70，增幅为190.32%；水平（L，L1）与水平（L^K，$L1^K$）之间的相伴概率为0.00，小于0.05，拒绝零假设，水平（L，L1）与水平（L^K，$L1^K$）的股市换手率均值函数值存在显著性差异，水平（L，L1）的参数估计值为0.44，《关于规范证券投资咨询机构和广播电视证券节目的通知》（L）和《上市公司信息披露管理办法》（L1）的颁布使股市换手率均值函数值从0.93增加到1.37，增幅为47.31%。

（6）规制调查法规各水平的显著性比较。

以水平（S^K，$S1^K$）作为参照组，水平（S，$S1^K$）与水平（S^K，$S1^K$）之间的相伴概率为0.00，小于0.05，拒绝零假设，水平（S，$S1^K$）与水平（S^K，$S1^K$）的股市换手率均值函数值存在显著性差异，水平（S，$S1^K$）的参数估计值为2.31，《中国证券监督管理委员会冻结、查封实施办法》（S）的颁布使股市换手率均值函数值从0.08增加到2.39，增幅为2887.5%；水平（S，S1）与水平（S^K，$S1^K$）之间的相伴概率为0.00，小于0.05，拒绝零假设，水平（S，S1）与水平（S^K，$S1^K$）的股市换手率均值函数值存在显著性差异，水平（S，S1）的参数估计值为2.43，《中国证券监督管理委员会冻结、查封实施办法》（S）和《现场检查管理办法》（S1）的颁布使股市换手率均值函数值从0.08增加到2.51，增幅为3050%。

（7）规制处罚法规各水平的显著性比较。

以水平（$Q1^K$，Q^K）为参照组，水平（$Q1^K$，Q）与水平（$Q1^K$，Q^K）之间的相伴概率为0.00，小于0.05，拒绝零假设，水平（$Q1^K$，Q）与水平（$Q1^K$，Q^K）的股市换手率均值函数值存在显著性差异，水平（$Q1^K$，Q）的参数估计值为−1.51，《证券市场禁入暂行规定》（Q）的颁布使股市换手率均值函数值从 2.71 下降到 1.20，降幅为 55.72%；水平（Q1，Q）与水平（$Q1^K$，Q^K）之间的相伴概率为 0.00，小于 0.05，拒绝零假设，水平（Q1，Q）与水平（$Q1^K$，Q^K）的股市换手率均值函数值存在显著性差异，水平（Q1，Q）的参数估计值为 −1.63，《证券市场禁入暂行规定》（Q）和《行政强制法》（Q1）的颁布使股市换手率均值函数值从 2.71 下降到 1.08，降幅为 60.15%。

（8）规制救济法规各水平的显著性比较。

以水平（J^K，$J1^K$）作为参照组，水平（J，$J1^K$）与水平（J^K，$J1^K$）之间的相伴概率为 0.00，小于 0.05，拒绝零假设，水平（J，$J1^K$）与水平（J^K，$J1^K$）的股市换手率均值函数值存在显著性差异，水平（J，$J1^K$）的参数估计值为 0.62，《信访条例》（J）的颁布使股市换手率均值函数值从 1.39 增加到 2.01，增幅为 44.60%；水平（J，J1）与水平（J^K，$J1^K$）之间的相伴概率为 0.08，大于 0.05，不能拒绝零假设，水平（J，J1）与水平（J^K，$J1^K$）的股市换手率均值函数值不存在显著性差异。

总的来看，随着股票交易市场准入法规的变迁，我国股市换手率均值函数值先下降后上升，说明我国股票交易市场准入法规变迁效应失灵；随着股票交易制度的变迁，我国股市换手率均值函数值先上升后下降，说明我国股票交易制度变迁效应失灵；随着股权分置改革法规的变迁，我国股市换手率均值函数值先上升后下降，说明我国股权分置改革法规变迁效应失灵；随着股票市场信息披露法规的变迁，我国股市换手率均值函数值先上升后下降，说明我国股票市场信息披露法规变迁效应失灵；随着股票交易规制调查法规的变迁，我国股市换手率均值函数值逐步上升，说明我国股票交易规制调查法规变迁效应失灵；随着股票交易规制处罚法规的变迁，我国股市换手率均值函数值逐步下降，说明我国股票交易规制处罚法规变迁是有效的；随着股票交易市场规制救济法规的变迁，我国股市换手率均值函数值先上升后下降，说明我国股票交易市场规制救济法规变迁效应失灵。

关于随机变量影响部分，股市换手率均值函数值为 0.746，标准误为 0.034，如表 6-16 所示。

表 6-16 协方差参数

残差效应	估计值	标准误	95%置信区间	
			下限	上限
方差	0.746	0.034	0.682	0.817

6.5 对我国股票交易市场规制法规体系变迁效应的评价

在股市泡沫性方面，随着股票交易市场准入法规的变迁，我国股市市盈率均值函数先下降后上升，说明我国股票交易市场准入法规变迁效应失灵；随着股票交易制度的变迁，我国股市市盈率均值函数逐步上升，说明我国股票交易制度变迁效应失灵；随着股权分置改革法规的变迁，我国股市市盈率均值函数先下降后上升，说明我国股权分置改革法规变迁效应失灵；随着股票市场信息披露法规的变迁，我国股市市盈率均值函数逐步上升，说明我国股票市场信息披露法规变迁效应失灵；随着股票交易规制调查法规的变迁，我国股市市盈率均值函数先下降后上升，说明我国股票交易规制调查法规变迁效应失灵；随着股票交易规制处罚法规的变迁，我国股市市盈率均值函数逐步上升，说明我国股票交易规制处罚法规变迁效应失灵；随着股票交易市场规制救济法规的变迁，我国股市市盈率均值函数先下降后上升，说明我国股票交易市场规制救济法规变迁效应失灵。

在股市溢价性方面，市场准入法规、交易制度、股权分置改革法规、信息披露法规、规制处罚法规和规制救济法规各水平之间的股市溢价均值函数值没有显著的不同，市场准入法规、交易制度、股权分置改革法规、信息披露法规、规制处罚法规和规制救济法规的变迁效应失灵。规制调查法规各水平之间对股票溢价性均值函数造成了显著的影响。随着股票交易规制调查法规的变迁，我国股市市盈率先下降后上升，说明我国股票交易规制调查法规变迁是有效的。

在股市波动性方面，随着股票交易市场准入法规的变迁，我国股市波动性均值函数值先下降后上升，说明我国股票交易市场准入法规变迁效应失灵；随着股票交易制度的变迁，我国股市波动性均值函数值先下降后上升，说明我国股票交易制度变迁效应失灵；随着股权分置改革法规的变迁，我国股市波动性均值函数值先下降后上升，说明我国股权分置改革法规变迁效应失灵；随着股票市场信息披露法规的变迁，我国股市波动性均值函数值逐步上升，说明我国股票市场信息披露法规变迁效应失灵；随着股票交易规制调查法规的变迁，我国股市波动性均值函数值逐步上升，说明我国股票交易规制调查法规变迁效应失灵；随着股票交易规制处罚法规的变迁，我国股市波动性均值函数值逐步下降，说明我国股票交易规制处罚法规变迁是有效的；随着股票交易市场规制救济法规的变迁，我国股市波动性均值函数值先下降后上升，说明我国股票交易市场规制救济法规变迁效应失灵。

在股市流动性方面，随着股票交易市场准入法规的变迁，我国股市流动性均值函数值先下降后上升，说明我国股票交易市场准入法规变迁效应失灵；随着股票交易制度的变迁，我国股市流动性均值函数值先上升后下降，说明我国股票交易制度变迁效应失灵；随着股权分置改革法规的变迁，我国股市流动性均值函数值先上升后下降，说明我国股权分置改革法规变迁效应失灵；随着股票市场信息披露法规的变迁，我国股市流动性均值函数值先上升后下降，说明我国股票市场信息披露法规变迁效应失灵；随着股票交易规制调查法规的变迁，我国股市流动性均值函数值逐步上升，说明我国股票交易规制调查法规变迁效应失灵；随着股票交易规制处罚法规的变迁，我国股市流动性均值函数值逐步下降，说明我国股票交易规制处罚法规变迁是有效的；随着股票交易市场规制救济法规的变迁，我国股市流动性均值函数值先上升后下降，说明我国股票交易市场规制救济法规变迁效应失灵。

总而言之，我国股票交易市场规制法规的变迁效应存在一定程度的失灵。

第7章　世界主要经济体股票交易市场规制法规变迁比较与借鉴

一般认为，股票交易市场规制体制分为三种：第一种是以美国为代表的集中监管模式，设立全国性的统一监管机构，强调法规对于市场规制的重要性与必要性；第二种是以英国为代表的自律监管模式，主要是依赖行业内部的信用体系以及专业机构的监管和投资者的评价对市场进行规范，而政府的作用是对市场规则的维系以及对于市场失灵时的干预；第三种是以德国为代表的中间型监管模式，强调内外兼修的政府与市场合作的双重管理机制。本书选取美国、英国和德国作为样本，简要介绍了上述国家的股票交易市场规制体系法规的演进及现状，归纳出股票交易市场规制变迁的国际趋势，并与我国现行股票交易市场规制进行比较，得出我国股票交易市场规制体系改革可以借鉴的方向。需要说明的是，集中监管模式、自律监管模式和中间型监管模式有日益趋同的倾向，自律监管模式、中间型监管模式越来越向集中监管模式靠拢，三者的区分与界限越来越模糊。

我国证券市场禁止性行为有四种，即操纵市场行为、内幕交易行为、虚假陈述行为和欺诈客户行为。但在美国、英国和德国的法规中，证券市场禁止性行为一般是指操纵市场行为和内幕交易行为两类，而将我国法规体系中的虚假陈述行为和欺诈客户行为放在操纵市场行为和内幕交易行为中进行规范。

7.1 美国股票交易市场规制法规变迁

7.1.1 信息披露法规

1852 年，美国马萨诸塞州对公用事业发行证券加以限制。1902 年，美国国会建议强制所有公开发行股票的公众公司披露包括年度财务报表在内的重要财务信息。得克萨斯州在 1911 年通过一部州级证券立法，此后两年间有相继 22 个州制定了类似的证券监管法。这些早期的州级证券立法被称为“蓝天法”。

持续信息披露制度的确立源于美国 1934 年的《证券交易法》。该法案规定，证券发行公司持续披露的信息需涵盖年度、季度等定期报告，重大事项报告，特殊人员获取证券的登记和公开，发行人购回自身发行证券等四个方面内容。其中，重大事项报告是指发行人有义务并且须及时公告的可能导致内幕交易或欺诈等违法违规行为的相关重大事项。特殊人员获取证券的登记和公开是指当特殊人员发行的证券在注册时，或其担任发行公司的股东、董事或高级职员后十日内，务必报告其持股情况，且如果持股的特殊人员所持的股份发生变化应于当月结束以后的十日内将其变化情况进行备案。特殊人员包括以下三类：一是以任何形式持有公司任何类型股票占比超过十分之一，二是持有某类股票的占比超过二十分之一，三是公司的董事及高管。发行人购回自身发行证券的信息披露是指当发行人意图回购其所发行的证券时，需公开披露为什么购回、如何购回、购回资金的渠道落实、以什么价格购回及购回数量等相关信息。以上四个方面均是证券发行公司需持续披露的信息内容，除此之外，该法还对证券市场的其他当事方的有关信息披露义务进行了规定。

《全国环境政策法》是 1964 年由美国国会审议通过的。该法的主要内容是要求所有联邦政府及其行政部门在制定法律法规时综合考虑对环境的影响，该法直接加速了信息披露内容更加趋近充实和完善的步伐。该法的意义在于将环境保护等非经济因素纳入披露范围，突破了以往信息披露仅涵盖经济内容的局限，扩充了信息披露的内涵。这时的信息披露的理念是：信息内容局限于已经发生的、历史的、成为过去式的“硬信息”。以此类推，“软信息”则是指带有明显预见性的，如相关经济指标的预测等信息。

20 世纪 70 年代末，随着 1978 年《保护盈利预测安全港规则》和《揭示预测经营业绩的指南》的颁布实施，变革性地改变了 SEC（美国证券交易委员会）对“软信息”的看法，SEC 开始对上市公司披露盈利预测等“软信息”给予大力支持和鼓励，至此“禁止披露软信息”时代一去不复返，“适度披露软信息”堂而皇之地登上了历史舞台，并逐渐由鼓励向强制阶段演进。

7.1.2　禁止性交易法规

（1）内幕交易。

在美国证券法律领域，成文法与判例法并行发展，互相促进。1929—1933 年的帕克拉听证催生了美国第一部证券法律——《1933 年证券法》，该法第 17 条是美国最早规定禁止内幕交易的法律条文。此外，《1934 年证券交易法》第16（b）条规定，只要具备潜在内幕交易者身份，而不论其交易是否利用内幕信息，也不论其内幕信息的来源，其短线交易收益均归公司。1942年，SEC依据《1934年证券交易法》的授权，制定了闻名世界的“10b-5规则”，该规则禁止任何欺骗性的证券行为，成为禁止证券欺诈最著名的规则，被誉为“从一粒立法橡子上长出的司法橡树”。

1980年，SEC依据《1934年证券交易法》第14（e）条的授权，制定了“14e-3规则”：一家公司如果被收购要约，在相关信息未披露的情况下，除要约方以外的任何知悉内幕信息的相关人员均不得买卖标的公司的股票，亦即或披露信息、或拒绝交易。1984年，美国国会通过了《内幕交易处罚法》，该法案规定，对从事内幕交易者，可以处以罚款，以获利或减少损失金额的3倍为处罚最高限。此后，1988年《内幕交易及证券欺诈制裁法》进一步加强了对内幕交易行为的惩处力度，将对自然人的可罚金额幅度提高至100万美元，将对非自然人的罚金数额提高到250万美元的刑事罚款，内幕交易人面临最高10年的刑期。

美国证券相关司法实践中，法官以司法判决的形式逐步完善了内幕交易的归责原理，并推动了相关立法的发展。从Chiarella案到Hagan案，美国司法部门逐渐归纳出了“盗用理论”“古典理论”等内幕交易归责理论，为有关证券内幕交易的司法实践提供了可供参考的案例判决。①

（2）操纵市场。

在《1934年证券交易法》通过以前，操纵市场被美国人认为是美国证券市场中最大的罪恶行为，因此《1934年证券交易法》有很大一部分内容涉及操纵市场行为，其有关禁止操纵行为的规定，不仅适用于所有证券经济商和

① 毛玲玲．中美证券内幕交易规制的比较与借鉴［J］．法学，2007（7）：101-107.

自营商，而且适用于其他一切运用邮件或全国性证券交易所的设施的个人，即所有的证券市场参与者。在操纵市场行为方式上，在该法规中明确了洗售、配对委托、伪造交易活动、为获得报酬而散布操纵消息和对证券做出虚伪或使人误解的陈述等五种操纵行为，并规定了严厉的制裁方式。此外，该法案还给 SEC 增加了“便己处置”权，证券交易委员会有权对其他任何形式的操纵行为加以规范，以保障公众利益。①

7.1.3　规制执法法规

目前美国证券行业最高监管机构是始创于 1934 年的 SEC，它的诞生重构了美国证券行业的监管权力框架，将法院从前的证券执法主导地位取而代之。SEC 主要负责美国证监业的监督及管理，是独立的准司法机构，直属于美国联邦。经过多年的执法实践及案件惩处的经验积淀，建立了比较完整、新颖的“案件执行模式”与执法体制，兼具立法、执法、准司法等多种功能，在美国证券市场中的地位举足轻重。SEC 的证券市场监管执法流程，如图 7-1 所示。

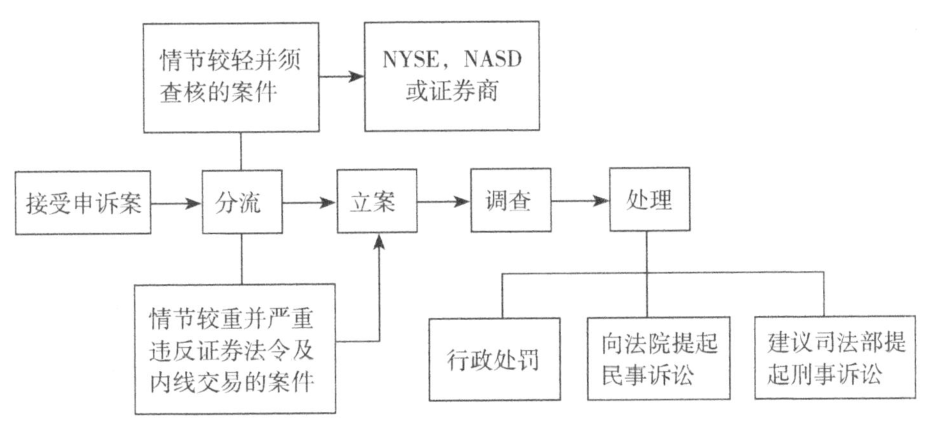

图 7-1　美国 SEC 稽查执法程序

① 刘凤元，陈俊芳，张灿 . 股票价格操纵：国际比较与监管对策 [J]. 上海金融，2005（1）：42-44.

SEC 的规制执法法规如下。

（1）稽查权限法规。

SEC 调查一般分为非正式稽查和正式稽查两种。非正式稽查主要依靠当事人的自愿配合，执法者不能对其采取强制措施；而在正式稽查中，SEC 可以发出传票强制被稽查人配合稽查行动，并可强制证人作证或提供相关文件。2002 年颁布的《萨班斯 – 奥克斯利法》进一步强化了 SEC 的稽查权，对于不配合其稽查工作的相对人，SEC 可以处以巨额罚款，对不执行证券执法部门签发传票的当事人，SEC 将在法院的监督下强制执行，并且被稽查人很可能要承担民事和刑事责任。

（2）行政处罚法规。

①停止令。根据《证券交易法》和《证券执行救济与廉价股票法》规定，SEC 有权向违规者发出停止行为的指令进而终止违规行为，前提是违规行为被确认成立。停止令区别于禁止令之处在于，禁止令是明确规定某种行为是违法的，是坚决不被允许的，规定当事人的“未来”行为，而停止令是当事人“当下”的违规违法行为被 SEC 发觉，当即命令其禁止该行为的继续发生。

②行政罚款。SEC 拥有全权决定对触犯监管法规的当事人进行行政罚款的权力。

③限制违法违规的证券中介机构。由《证券交易法》第 6 节、第 15 节规定可知，对证券商、证券投资公司、投资顾问公司等证券中介机构的违法违规行为，可以给予违纪处分，具体包括撤销注册、暂停注册、谴责、暂停或永久性停止某项证券业务资格。此外，SEC 还通过制定《从业规则》对会计师、律师、证券从业人员等专业人士的行为进行规制，SEC 可以对违反规定的相关人员进行从业资格的暂停、限制和禁止。

④司法诉讼的权利。《1990 年证券实施救济法和垃圾股票改革法案》授予 SEC 有权就证券违法行为向法院提起民事诉讼，要求法院对违法者进行民事处罚，由法院根据违法事实和违法情节来决定涉嫌违法者是否承担民事责任以及该负什么样的民事责任。如 SEC 认为相对人有涉嫌刑事犯罪的情况，可以建议司法部提起刑事诉讼。

⑤行政执法和解权。根据《行政争议替代解决法》《美国 SEC 行为规范》等有关法规的规定，无论是在进入正式的民事诉讼或行政审裁程序前的稽查阶段，还是稽查程序终结之后的诉讼 / 审裁阶段，被调查人都可以向 SEC 提出和解请求。在递交给 SEC 的书面和解申请中，被调查人要对以下事项做出明确的意思表达：行政稽查行为的合法性、受稽查行为违法与否、愿意支付的和解金额以及其他悔过或者整改措施等。

（3）规制救济法规。

如同其他的行政决定一样，被告对 SEC 的经济处罚决定不服的，可以向被告所在地或者其主要业务地的美国联邦法院巡回上诉法庭或者哥伦比亚地区的巡回法庭提起行政诉讼。①

7.2　英国股票交易市场规制法规变迁

7.2.1　信息披露法规

英国信息披露制度兴起于南海事件及“泡沫法案”。南海公司作为贸易公司主要在英国与南美洲之间进行贸易往来，当时英国政府因战争欠下巨额债务，该公司表面上从事商贸往来，实则是为英国政府融资。由于当时信息

① 杨俊远 . 世界主要国家和地区证券稽查执法模式比较研究 [J]. 国际金融，2004（3）：34−37.

披露尚未进入“视野”，更未得到广泛共识，导致投资者因不了解南海公司的经营实质，而盲目跟风购买南海公司的股票，其股价市值疯狂增长，涨幅达10倍之多。1720年6月，英国出台了《取缔投机行为和诈骗团体法》，即“泡沫法案”。该法案明确规定，公司以自身名义公开发行股票的资格和条件是必须具备特许证或法案经过议会集体审议通过，不符合条件擅自发行者将遭受严厉惩治。随着“泡沫法案”的颁布实施，南海公司的虚假交易行为浮出水面，并很快被公众获知，股价风光不在，甚至一泻千里，广大投资者蒙受了前所未有的惨痛损失，英国投资领域的公信力瞬间崩塌。

19世纪20年代，得益于市场对铁路公司披露会计信息的渴求，英国信息披露正式立法于19世纪20年代应运而生。随后英国历史上第一个具有里程碑与现实意义的公开说明书、关于披露制度的法律文件——《联合公司股份法》于1844年经过议会正式审议通过。1867年和1900年，英国又通过《公司法》，多次对公开说明书进行了进一步的充实和丰富。英国新的证券市场监管体制的建立以1986年颁布的《金融服务法》为标志。金融服务管理局（FSA）权利地位在法律上的正式确立得益于《2000年金融服务与市场法》的出台。伴随该法案的颁布实施，英国监管格局与形式内容发生了深刻变革，从过去以自律监管为主向侧重于政府监管转变。另一个“转变”在2005年金融服务管理局公布的《改善监管行动计划》及2007年《原则导向监管——关注重要结果》研究报告中清晰可见，即监管方法从“规则监管”到“原则导向监管”的演变。纵观英国信息披露制度的发展，大体上以自律监管较为严格和奏效，在优化配置证券市场机制与资源上，自律组织功不可没，所发挥的作用可圈可点。

7.2.2 禁止性交易法规

（1）内幕交易。

在1980年之前，英国规制内幕交易的主要手段均带有较为浓重的自律性色彩，几乎不存在强制处理案件的先例。1991年的Chase Manhattan Equities Ltd.诉Goodman案是英国首例内幕交易案，其价值在于揭示了内幕交易者可以被追究责任这一基本规则，其法理依据详见1985年《公司证券内幕交易法》。

在英国，成文法是最早查处内幕交易的最为重要的法理依据，细数1967年以后内幕交易的条文出现在成文法中的有七部之多，有些竟然是专项规制内幕交易行为的法规。

1993年《刑事审判法》中第五章"内幕交易"详细阐述了现阶段英国对于内幕交易的基本法律规定。该章从犯罪、抗辩、证券交易、内幕人、内幕信息、所适用的证券类型、对信息公开的理解、专业中介机构的范围、起诉与处罚、内幕交易罪的地域规定等10个方面界定了内幕交易的范畴和内涵。

1994年《内幕交易法令》出台，该法在《刑事审判法》的基础上做了两方面的调整：一是扩大了证券的释义范围，证券包括所有证券，既可以是在欧盟体系内的所有国家准入上市交易的证券，也可以是期货、选择权等与交易凭证相关的权证；二是明确了内幕信息区别于一般信息的本质特征，即与宏观笼统的大众化信息相比，内幕信息具有特定指向性，内幕信息必须具备明确、具体、精准等特征。

历数英国成立以来颁布的各项涉及金融监管相关内容的法律，最具影响力和权威性的当属2000年出台的《金融服务和市场法》，之前颁布的规制金融市场的各项法律法规统一被取而代之。该法提出内幕交易是市场行为失当的一种表现，内幕交易行为者有理由因其违规等不当行为被投资者提出赔偿申请。

2003年欧盟颁布《关于内幕交易和操纵市场（市场滥用）的2003/6号指令》，显然作为欧盟成员国之一的英国有义务遵从该指令。但事实上欧盟的“新指令”与英国的金融监管法规有很多类似之处，例如关于内幕人的界定范畴等，因此我们有理由认为，欧盟的“新指令”受英国金融监管法规的影响较为深远，换言之，欧盟“新指令”的制定是站在英国法规“巨人的肩膀上”。[①]

（2）操纵市场。

1939年《禁止欺诈法》最早对误导性陈述的操纵市场行为进行了规定。2000年的《金融服务与市场法》，为适应欧盟《禁止市场滥用指令》而于2005年、2008年和2009年三次修订的《金融服务与市场法》，金融服务监管局发布的市场行为守则（COMAC），基本确立了英国对证券操纵市场行为监管的法规框架。

因为操纵市场的手法多样，要统一做出一个准确的定义有其困难性，所以英国对市场操纵行为没有做出准确定义，而是直接描述了各种具体可能的操纵方式，这也是为何对操纵市场行为加以禁止的国家在立法上大多未直接定义市场操纵行为的原因。

7.2.3 规制执法法规

英国有关违反证券市场规定的处罚与规制执法的法律主要分布于1948年《公司法》、1958年《反欺诈投资法》、1973《公开交易法》和1986《金融服务法》等诸多具体法律中，这些具体法律对股份的募集、股票的交易及内幕交易等多种禁止性交易的处罚做出了相应的界定。

---

① 井涛．英国规制内幕交易的新发展[J]．环球法律评论，2007（1）：71-75.

1996 年英国开始了新一轮的金融改革，成立了金融服务管理局（FSA），并于 2000 年颁布《金融服务与市场法案》，建立统一监管体制。FSA 作为英国唯一的、独立的、对英国金融业实行全面监管的执法机构，拥有制定金融监管法规、颁布与实施金融行业准则、对金融违规行为进行稽查和处罚的权力。FSA 的证券违法犯罪行为稽查职能由金融罪行调查部完成，其稽查执法程序如图 7-2 所示。

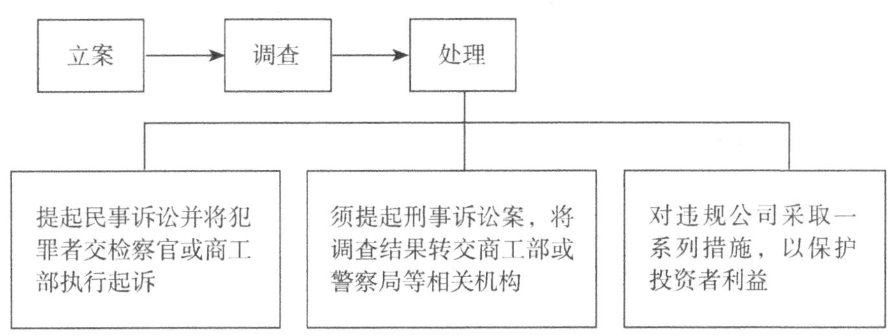

图 7-2　英国 FSA 金融罪行调查部稽查执法程序

FSA 的规制执法法规如下。

（1）稽查权限法规。

如果 FSA 经过调查核实存在下述情况，经过法庭宣誓，FSA 有权获取搜查证并采取必要的挽救措施：一是当事人不能或者不完全能如实提供所需信息，而所需信息在当事人所能提供的指定地点；二是当事人将所需提供的文件或信息置于被合法授权的空间区域内，如搜查不及时，存在信息或文件被转移、销毁、窜改的风险；三是所需文件信息能够有效证明当事人罪行成立与否，被起诉的当事人犯罪行为导致的处罚结果为最低两年有期徒刑，且文件信息存在被转移、销毁、窜改的风险。发生上述行为的情形下 FSA 获取搜查证后可采取以下挽救措施：一是进入指定地点搜查；二是搜查搜查证中明确列示的信息和文件；三是对文件资料进行必要的保护以防损毁或灭失；四是复制或摘要相关文件信息；五是有权向在该地点的任何人员就所搜查信息文件情况进行相关问询，并有权让该地点任何人履行告知信息所处位置的义务，如不配合必要时可以采取强制手段。

经法庭书面证实，存在以下三种行为的当事人将视情节轻重被处以半年以下有期徒刑或罚款或并罚，或者两年以下有期徒刑或罚款或并罚：一是当事人是信息文件的义务提供者，却对抗 FSA 的命令不予提供；二是当事人故意将与法庭正在或将要调查案件相关的重要信息文件进行恶意窝藏、转移、损毁、废弃等行为或暗示、引诱他人行事，能够证明上述行为并非主观故意的除外；三是当事人故意向调查人散布迷惑性虚假信息以转移视线。此外，在搜查过程中故意妨碍公务的当事人将被处以不长于三个月有期徒刑或不高于五倍罚款或并罚。①

（2）规制处罚法规。

FSA 有权对违反禁止性规定的当事人处以收回或撤销该行为的授权，禁止其参加特定的活动，要求其就自己禁止性交易引起的后果进行赔偿，或公告批评其行为等行政处罚。根据《2000 年金融服务与市场法》，如果 FSA 发现证券市场相关主体没有遵守规则，FSA 就可以就内幕交易等证券犯罪案件直接提起民事诉讼并有权将资金追回给客户，以确保投资者利益受到保护。同时，FSA 还有行政执法和解权。但金融罪行调查部不能直接向法院提起刑事诉讼，如果 FSA 要提起刑事诉讼，应将调查的结果转交贸易和产业部或者警察局等相关机构。

① 黄绥彪，范祚军，等．证券稽查制度的国际比较研究 [J]. 广西金融研究，2004（4）：42-45.

7.3 德国股票交易市场规制法规变迁

7.3.1 信息披露法规

通常，会计信息披露规范总是针对上市公司的，对一般非上市公司则没有强制性规定。而德国会计信息披露规范则打破了上市 / 非上市的传统划分模式，采用了以企业规模和企业法律形式为分类基础的全面公开的会计信息披露模式，如表 7–1 所示。

表 7–1 德国会计信息披露（公开）内容与要求

<table>
<tr><td>企业法律形式与规模</td><td></td><td colspan="4">财务会计报告内容</td><td rowspan="3">审计要求</td><td rowspan="3">确认要求</td><td rowspan="3">公开范围</td><td rowspan="3">公开时间</td></tr>
<tr><td></td><td colspan="3">年终决算</td><td rowspan="2">状况报告</td><td></td></tr>
<tr><td></td><td>资产负债表</td><td>损益表</td><td>报表附注</td><td></td></tr>
<tr><td rowspan="2">EU（欧盟）
OHG（无限贸易公司）
KG（两合公司）</td><td>非《公开法》规模规定范围的中小企业</td><td colspan="2">按《商法》最低要求编制</td><td>——</td><td>——</td><td>——</td><td rowspan="6">独资企业由企业主确认；其他企业由合伙人、股东、董事会、股东大会等确认</td><td>——</td><td>——</td></tr>
<tr><td>符合《公开法》规模规定范围的大企业</td><td colspan="2">按《公开法》要求编制</td><td>——</td><td>——</td><td>要WP（法定审计师）</td><td>HB</td><td>9</td></tr>
<tr><td rowspan="3">GmbH（股份有限公司）
AG（股份公司）
KGaA（两合股份公司）
GmbH & Co.（有限责任公司）</td><td>小型企业</td><td>简化编制</td><td>简化编制</td><td>简化编制</td><td>可选</td><td>要VBP（宣誓会计师）</td><td>HB</td><td>12</td></tr>
<tr><td>中型企业</td><td>编制</td><td>编制简化</td><td>编制简化</td><td>编制</td><td>要WP</td><td>HB</td><td>9</td></tr>
<tr><td>大型企业</td><td>编制</td><td>编制</td><td>编制</td><td>编制</td><td>要WP</td><td>HB</td><td>9</td></tr>
<tr><td colspan="2">企业集团（Konzerne）</td><td>编制</td><td>编制</td><td>编制</td><td>编制</td><td>要WP</td><td>HB</td><td>9</td></tr>
</table>

德国会计信息披露规范是基于企业法律形式和规模分类的，不同的企业法律形式、不同的企业规模，有着不同的会计信息披露要求。会计信息披露的差别如表 7-1 所示，主要体现在财务会计报告的组成内容、编制形式、审计要求、确认要求、信息公开范围、时间等方面。①

7.3.2 禁止性交易法规

（1）内幕交易。

根据《内幕交易法》，将内幕信息界定为：不论投资者是否知晓，只要在大众类报刊上刊登即为公开，除此以外即为内幕信息。依据《第二金融市场促进法案》相关规定，德国内幕交易的行为认定标准主要包括以下三点：一是当事人利用内幕信息为自己或他人购买或售出股票；二是当事人将内幕信息泄露给他人；三是当事人利用内幕信息建议他人进行证券交易。以上认定标准必须基于一个前提，即当事人具有主观故意性，但该法案并未对如何判断当事人是否具有主观故意性进行描述。

德国内幕交易罪与世界上大部分国家相类似，均采用了附属刑法立法模式。内幕交易问题在 1994 年的《德国有价证券交易法》中做出了相应的阐述，值得一提的是，该法案第十四条和第三十八条分别对内幕交易的性质和内幕交易行为人所负刑事责任做出了明确说明，第十四条明令禁止内幕交易，第三十八条规定可对内幕交易行为人处以不超过五年监禁或不高于 360 万（含）马克处罚金。德国立法区别于世界上其他国家立法的特点之一是，德国立法者比较注重法律法规的稳定和连续性，修改或变更法典在德国是罕见的。由于内幕交易行为定性为犯罪的时期较晚，即内幕交易罪的确定时间相对较短，基于维持刑法典的稳定性等考虑，德国内幕交易犯罪并未直接纳

① 任永平 . 德国会计信息披露规范及其对我国的启示 [J]. 会计研究，2003（10）：53-58.

入刑法典，而是先在证券法等法律法规中规定，更印证和凸显了德国立法者“谨慎”“稳健”的立法风格。[①]

（2）操纵市场。

德国《证券交易法》明确禁止以下干扰股票和金融工具交易价格的操纵行为：散布对金融工具价格评估具有现实或潜在重大影响的虚假、误导信息；实施对股票、金融工具市场供求关系具有信息欺诈、误导效果的证券发行或买卖行为；从事其他对德国或欧盟各国金融工具交易价格有现实或潜在影响的误导、欺诈行为。上述行为构成犯罪的，处五年以下监禁或单处罚金。

《证券交易法》授权德国财政部在联邦参议院认可后，颁布认定有关其他误导性、欺诈性操纵市场范围的法规，德国财政部可以授权联邦金融监管局（BaFin）拟定具体的认定细则。按照联邦金融监管局《操纵市场认定细则》的解释，编造或者散布虚假的证券研究报告或发布错误的投资建议，误导投资者的市场形势判断，特别是歪曲特定证券市场供求关系的，构成其他误导性、欺诈性操纵市场行为。

德国《证券交易法》明确设置“其他误导性、欺诈性操纵市场行为”的刑事责任法律条款，但该法没有具体规定“其他误导性、欺诈性操纵市场行为”的具体法律责任，而是授权联邦金融监管局根据法律程序对“其他误导性、欺诈性操纵市场行为”进行刑事责任立法。

7.3.3　规制执法法规

德国证券市场起源较早，诞生于16世纪，距今400多年，但德国证券监管体制的建立和违法惩治机制的健全与德国较长的证券市场历史不甚匹配，

① 王玉杰．中德反内幕交易罪机制比较研究 [J]. 金融理论与实践，2009（10）：99-102.

直到1994年6月26日《关于证券交易和修改交易所法律规定及证券法律规定的法律》，即第二部《金融市场促进法案》的颁布实施，才使得德国证券监管与处罚机制的建立健全和完善有了历史性的突破。

伴随1998年《第三部金融市场促进法案》、2002年1月《证券收购和兼并法》、2002年6月《第四部金融市场促进法案》和2004年10月最新修订的《证券交易法》与《证券交易所法》等一系列法律的颁布和施行，证券监管部门的职权得到极大的充实，包括反内幕交易、反操纵市场、信息披露的实时监管等一系列稽查权和处罚权终于得到法律的明确肯定。

德国联邦金融监管局在行政执法中具有以下四个特征：一是职权原则的实行；二是将调查和处罚相分离；三是调查和处罚所适用的程序及法律不同；四是行政执法所经历的四个阶段适用的法律不同。行政执法一般要经历分析、立案、调查、处罚四个阶段，其中分析、立案阶段适用于联邦《行政程序法》，处罚阶段适用于《违反秩序法》。

第一，稽查权限法规。联邦金融监管局执法人员在稽查中具有以下权限：一是有权要求任何人回答其问询；二是有权到当事人的私人住宅或营业场所调查取证；三是有权向任何人索要调查所需书面材料及文件副本；四是传唤和讯问当事人；五是有权让相关人员提供金融工具账面价值的变化原因；六是有权向交易所提出索要委托或交易的相关数据资料；七是相关人员或机构有义务向其提供第三方，特别是发起委托指令或由交易而享有权利或承担责任的人员身份的说明；八是联邦金融监管局有权向电信公司索要当事人的电讯信息，详见德国《电讯法》第90条；九是金黼监管局有权依据欧盟相关规定向欧盟成员国或经济区缔约国寻求帮助配合提供当事人资料。①

① 高基生.德国证券市场行政执法机制研究[J].证券市场导报，2005（4）：36-41.

第二，规制处罚法规。根据《有价证券交易法》第四条，发出指令和罚款是联邦金融监管局拥有的主要行政处罚手段，其中第四条第二款授予联邦金融监管局以下权利：一是依法监控市场参与者，监控其是否遵守《证券法》相关规定的执行情况；二是有权命令违反《证券法》的当事人停止违法行为，规范其行为，制止或遏制违法行为。《有价证券交易法》第三十九条对通过《违反秩序法》的罚款程序的当事人的处罚做出明确规定：处以不超过 100 万欧元的罚款。

罚款究竟是行政机构的临时性措施抑或是最终的裁决取决于当事人是否接受制裁，若当事人接受制裁，则罚款就成为最终的裁决，若当事人不服判决，可在时效内向法院提出异议，申请法院重新审理并裁决，向法院提出异议的时效为罚款通知送达之日不超过两周。依据《违反秩序法》，当事人对罚款提出异议的应当首先由联邦金融监管局审查罚款理由，联邦金融监管局依据审查情况做出维持原判或是撤回原判的决定，若做出维持原判决定，则案件被移交至检察机关，检察机构按照流程最终送达法院裁决。此外，《违反秩序法》第八十四条规定了罚款决定不能取代对当事人的刑事责任的追究。

7.4　比较与借鉴

由于世界主要经济体股票交易市场规制法规各有所长，因此股票交易市场规制法规出现了相互融合的趋势。

7.4.1　信息披露法规

世界主要经济体上市公司信息披露制度的变迁特征如下：信息披露内容范围从窄到宽，经历了从“硬信息”披露到“软信息”披露、从财务信息披露到管理信息披露、从强制性信息披露到自愿性信息披露的变迁过程；信息披露的时效性越来越强，更加注重临时信息的披露，信息披露的间隔时间越来越短，具体如表 7-2 所示

目前，美国、英国、德国的上市公司持续信息披露的主要形式是年度报告和中期报告，两者信息披露的内容最为全面、规范。而相对于年度报告和中期报告而言，季度报告的信息披露内容则相对较少。

表 7-2　持续信息披露比较

市场/报告类型	年度报告	中期报告	季度报告
纽约证券交易所	会计年度后90天内	——	季度结束后90天内
伦敦证券交易所	会计年度后180天内	半个会计年度后120天内	
东京证券交易所	会计年度后90天内	半个会计年度后90天内	
法兰克福证券交易所	会计年度后90天内		季度结束后60天内
香港证券交易所	会计年度后150天内	半个会计年度后90天内	

此外，持续信息披露还有一个不可或缺的组成部分——临时报告。临时报告是指上市公司按有关法律法规及交易所交易规则规定，在发生重大事项时向投资者和社会公众披露的相关信息，是上市公司信息披露义务的重要组成部分。定期报告的缺陷是信息公布具有滞后性，不能及时满足投资者对信息的及时性要求。在上市公司发生对股票价格有重大影响的特别事项或重大事项时，定期报告书难以适应上市公司现实的变动，不利于投资者据此做出正确的投资判断。为此，发达证券市场为了弥补定期报告制度的缺陷，还实行了临时报告制度。

预测性信息也被称为“软信息”，美国证券法将预测性信息分为前景性信息和预测性信息两部分。在传统证券法上，信息披露监管的对象限于历史信息，证券监管部门并不要求发行人披露预测性信息。目前在发达国家和地区的证券市场上，仅美国对预测性信息披露采取了鼓励自愿披露的措施，其他国家和地区的证券市场则对此尚无要求，如表7-3所示。

表7-3　各交易所预测性信息披露比较

市场类型	纽约证券交易所	伦敦证券交易所	香港证券交易所	台湾证券交易所
披露原则	自愿	自愿	自愿	强制
预测性信息	鼓励	无要求	无要求	无要求

发达国家和地区的证券市场都非常重视违反信息披露制度的处罚。对于敢于违反信息披露制度的上市公司，规定其应承担的法律责任有三种：行政责任、刑事责任和民事责任。发达国家和地区各证券市场在确定违规上市公司的法律责任时所依据的法律也不尽相同，如美国以证券法为定责的依据，英国则以金融服务法、公司法和证券公开发行规章为依据，日本以证券交易法、公司法和有限公司法为依据，德国以证券交易法、交易所法和发行说明书法为依据，我国香港地区则以各种条例为准绳[①]，如表7-4所示。

表7-4　违反信息披露的法律责任比较

市场类型	美国	英国	日本	德国	中国香港	中国台湾
法律依据	证券交易法	金融服务法 公司法 公开发行章程	证券交易法 公司法 有限公司法	证券交易法 交易所法 发行说明书法	投资者保障条例 证券条例 失实陈述条例	证券法 公司法

①张茜.证券市场信息披露制度的国际比较[J].时代金融，2011（12）：257-258.

随着证券市场的发展，相应的法律制度逐渐建立和完善，我国已经初步形成了以《证券法》和《公司法》为核心，辅以《股票发行与交易暂行条例》《公开发行证券公司信息披露实施细则》《公开发行股票信息披露内容和格式准则》等大量行政法规和规章的多层次信息披露监管法律。但是，我国目前的法律体系存在两方面的缺陷：其一，《公司法》和《证券法》对于强制审计没有给予充分关注，其中《公司法》仅对年度报告的审计做出规定，而《证券法》则未做出任何有关强制审计的规定；其二，信息披露的重点是财务信息的披露，对预测性信息、公司治理信息披露的重视程度不够；其三，在强制性信息披露和自愿信息披露之间没有找到合理的均衡；其四，涉及信息披露的行政法规可操作性不强，在信息披露的准确、完整、及时性等方面的规定不够完整和细致。[①]

我国应该借鉴世界发达国家和地区经验，完善相关信息披露规定。在信息披露的内容上，应就有关问题如预测性信息编制等做出进一步的明确规定，重视和加强对市场自愿性信息披露的引导，强化公司治理信息的披露；在强化强制性信息披露的同时鼓励自愿信息披露；细化信息披露行政法规，使信息披露法规具有可操作性。

7.4.2 禁止性交易法规

（1）内幕交易。

对证券内幕信息知情人界定的国际比较。内幕信息知情人就是负有信用义务和信托保密义务的相关主体。对信用义务和信托保密义务承担主体合理范围进行法律界定，是内幕交易监管的前提，内幕信息知情人范围界定的有

① 张刚．中国证券市场信息披露存在的主要问题、原因及对策分析 [J]. 中国农业银行武汉培训学院学报，2007（2）：60-62.

效与否将直接关系到监管的成效。成熟市场国家或地区对内幕交易人的界定涵盖面比较广泛，不仅包括公司董事、监事等相关当事人，还包括交易所、中介机构等知悉内幕信息的相关主体（见表 7–5）。而我国目前针对内幕信息知情人仅包括发行人的董事、监事、高级管理人员等，没有涵盖内幕人亲属等潜在的内幕信息知情人，明显遗漏了很多重要的内幕交易主体。

表 7–5　内幕信息知情人界定的比较

<table>
<tr><th>国家或地区</th><th colspan="2">内幕人界定范围</th></tr>
<tr><td>美国</td><td colspan="2">知悉一般公众不知悉事实的人士，包括公司管理层人士（公司总经理、主要财会管理人员、分管某个主要部门的副总经理，以及其他在公司有决策作用的人员）、董事（在公司担任董事职务的个人，也包括派遣该个人到公司担任董事的持股机构）、关键雇员及其亲属，以及其他在有关信息公开前非法获得信息的人士等</td></tr>
<tr><td rowspan="2">德国</td><td>主要内幕人员</td><td>次要内幕人员</td></tr>
<tr><td>（1）发行人员及其关联企业的管理层或监管机构成员
（2）发行人员及其管理企业的股东
（3）通过正当的雇佣或任职关系掌握内幕信息者</td><td>知悉内幕信息的第三方（超出欧盟指令的范畴，包括明知信息是从主要内幕人员处获得还加以利用的人员）</td></tr>
</table>

内幕交易行为的成立要以内幕信息的存在为前提。根据信息来源的不同，内幕信息存在广义和狭义两种划分。从狭义的角度来看，来源于与上市公司的未公开的、实质性影响其股价的信息都是内幕信息；从广义的角度来看，任何影响特定证券价格的未公开信息都是内幕信息，包括证券发行人、投资者、交易所、监管机构等所有证券投资相关人的未公开的重要信息。美国、英国、德国等大部分国家对内幕信息的界定，都采用广义划分标准，如表 7–6 所示。

表 7-6　内幕信息界定的比较

国家或地区	相关法律	已公开信息	准公开信息
美国	证券交易法	信息被一般投资者群体消化吸收	活跃投资者群体知道信息后，股价会有相应表现，因此活跃的投资者知道此信息也算作信息公开
英国	公平交易法	根据市场公开信息规则及程序公开的信息包含以各种方式向公众开放的各种文档的信息；关注该证券及其发行者的投资者容易得到的信息；从公开的信息中推断出的信息	只能通过研究得出的信息；基金告知了部分而不是大部分公众投资者的信息；只能通过观察得到的信息；仅仅在英国本土之外公布的信息
德国	内幕交易法	信息在大众类报刊上刊登即为“公开”，而不论投资者是否知悉	

各国对内幕交易行为都进行了较为详细的界定（见表 7-7）。与成熟市场国家或地区相比，我国直接从内幕信息知情人和内幕信息内容角度界定内幕交易，对内幕交易行为本身的界定比较模糊，这一界定方式存在明显漏洞，难免让违法者有隙可乘。

表 7-7　内幕交易行为界定的比较

国家或地区	内幕交易行为界定
美国	行为人知悉公司内幕信息且从事证券交易或其他有偿转让行为；泄露内幕信息或建议他人买卖证券的行为，以及短线交易行为
日本	一是公司利用未公开的内幕信息进行有关证券的买卖行为；二是收购要约人内幕人利用未公开的有关收购要约信息买卖证券的行为；三是短线交易行为
英国	内幕人利用内幕信息进行买卖的行为；在内幕信息的基础上为第三人提供咨询或推荐行为，传播内幕信息的行为
德国	利用其所得内幕事实以自营或受他人委托方式为他人购买或转让内幕人证券的行为；未经授权将内幕事实告知他人或使他人购买的行为，或者建议他人购买或转让内幕人证券的行为

目前，各国对内幕交易的处罚都较重，美国内幕交易最高可以处以 10 年刑期，日本内幕交易最高可以处以 3 年刑期，我国内幕交易最高可以处以 10 年刑期，如表 7-8 所示。

表 7-8　内幕交易行政处罚的比较

国家	最高罚金	最高刑期	有否民事赔偿制度
美国	100万美元（个人），250万美元（公司）	10年	有
英国	没有限制	7年	
日本	300万美元	3年	无
澳大利亚	20万澳元（个人），100万澳元（公司）	5年	
印度	50万卢布	1年	
印度尼西亚	150亿盾	10年	
中国	1倍以上5倍以下	10年	无

资料来源：朱从玖．投资者保护——国际经验与中国实践 [M]. 上海：复旦大学出版社，2002.

我国应该从以下几个方面改进股市内幕交易规制：扩大内幕信息知情人界定范围，将内幕信息知情人扩大到发行人的大股东、内幕人亲属等相关人员；具体化内幕信息标准，使内幕信息的界定具有可操作性；细化内幕交易行为，将短线交易行为等纳入内幕交易行为。

（2）操纵市场。

由于操纵市场行为运作隐蔽、认定复杂，且具有较大的社会危害性，美国，英国和德国都制定了一系列严密的反操纵市场法律条款，从事前监管、事后处罚等多个方面，严厉禁止操纵市场行为。同时，根据证券市场的发展变化，上述各国都对操纵市场行为的监管进行了及时的改革：首先是完善立法，从市场操作行为的主体、市场操作行为的具体手法等方面对操作行为进行了更加明确的界定，明确规制范围；其次，授权专门的证券市场监管机构制定规则对立法进行细化、补充和完善；再次，赋予专门的证券市场监管机构更完备的执法手段。美国、英国和德国等发达经济体经历几十年甚至上百年的历程，构筑起了比较完善的禁止证券操纵市场规制体系，这些有效的做法对规范我国证券市场的发展无疑具有重要的借鉴意义。

相比之下，我国目前有多个法律法规对操纵市场行为做了规定，《证券法》侧重于从行政法角度规范，而《刑法》则规定了操纵证券价格罪。由于各个法律法规的颁布时间不同，操纵行为的认定方法和标准不明，造成合法交易行为与操纵市场行为之间的界线不清，法律法规之间甚至法律法规内部存在不协调的地方。

7.4.3 规制执法法规

（1）执法流程。

国际上的三个成熟证券市场——美国、英国、德国的证券监管行政执法流程设计都比较周密，行政监管部门内部分工合理，既保证了监管效率又相互制衡了权力；美国 SEC 和德国 BaFin 对违法行为都有非正式调查程序，这些程序简便、快捷、高效；在对违法行为进行正式或非正式调查之后，有一个独立、专业的审裁部门决定处罚结果。

相比之下，我国股票交易市场规制执法流程还存在如下问题：一是立案周期长，难以体现早发现早立案早处理的原则，同时保密效果差，对处于信息劣势的中小投资者明显不公平；二是环节多，立案与否主要依靠提出立案要求的部门的立案依据，对立案条件的充分性很难做出实质性的判断，有时一旦调查而查无实据，由于按规定公告了立案执法事宜，对调查对象和投资者都有负面影响，有的还会提出行政诉讼，给执法工作带来风险。

我国应该尽快制定《证券业监督管理法》《证券交易法》，完善证券规制执法流程，尽快建立确保公平、兼顾效率的证券规制执法流程。①

（2）规制调查权。

由于立法模式的法源依据不同，各国监管机关的规制强制措施也是有差异的。比较各国稽查的规制调查权（见表7-9），美国的证券稽查机构独立性最强，并且享受国会授予并保证的准司法权，其规制调查权最为广泛，执法最为严格，这是其执法效果最好的直接原因。

表7-9　股票交易市场规制执法权力的比较

国家	中国	美国	英国	日本	德国
常规调查权	有	有	有	有	
调查银行账户的权力	有	有	有	有	有
传唤当事人的权力	无	有	无		有
冻结结算账户的权力	有	有	有		
调查权	有	有	申请司法调查	有	有
向法院申请强制令等	无	有	有		

与其他国家和地区相比，我国证监会缺少搜查权、对当事人传唤权和申请司法强制令的权力。

（3）规制处罚权。

纵观上述三国的证券市场处罚机制，可以看出：美国对证券市场上的违法行为主要由政府监管部门进行处罚，行政处罚性较重，在处罚时常常采用罚金的形式，同时也较强调民事责任；英国对证券市场上的违法行为主要由

① 黄绥彪，范祚军，等．证券稽查制度的国际比较研究 [J]. 广西金融研究，2004（4）：42-45.

会员制证券交易所和其他自律性机构进行处罚，自律性处罚较普遍，受到处罚后公力性救济较弱；德国在此问题上则采取走中间路线的原则，既强调政府监管部门的处罚，又重视证券行业的处罚，在处罚程序上也颇为严谨，建立了处罚前的听证程序就是例证。

同时，美国、英国的证券监管行政部门具有行政和解权，这一制度设计既可以节约行政稽查或诉讼的高昂成本，又使违法者受到了应有处罚，受损失的一方也可以尽早取得赔偿。

笔者认为，德国的做法是很值得我国借鉴的，将两种不同类型的处罚机制相融合，以取长补短，从而更好、更全面地维护我国的证券市场秩序，保护广大投资者的利益。相比之下，我国证券违法的法律后果偏重于行政责任，对民事责任的重视程度不够。我国应该逐步改变这种局面，提高民事责任在证券违法法律责任中的地位，行政责任和民事责任双管齐下，共同遏制证券违法行为。

第8章　我国股票交易市场规制体系改革

我国股票交易市场规制体系改革的核心问题是，在一定的约束条件下，什么样的改革措施才是最优实现政府效用函数的改革。其主要内容如下。

第一，我国股票交易市场规制体系改革目标。

第二，我国股票交易市场规制体系改革的约束条件。这些约束条件可以归纳为空间和时间两个维度的约束。空间维度的约束包含我国股票交易市场规制体系供给和需求两个方面，供给方面包括正式法律制度约束、非正式制度约束、外部利益集团约束和股票交易市场规制体制的内部委托代理约束；需求方面主要指股票交易市场结构。时间维度的约束是指股票交易市场规制体系变迁的路径依赖，这种变迁的“惯性”要自然延伸到未来，影响股票交易市场规制改革。

第三，我国股票交易市场规制体系改革的路径选择。我国股票交易市场规制体系改革就是政府以股票交易市场规制体系改革目标为依据，比较我国股票交易市场规制体系改革约束条件内各种可能的改革措施对改革目标的达成程度，从而选择最佳的股票交易市场规制体系改革路径。

同时，通过归纳股票交易市场规制法规变迁的国际趋势，并与我国股票交易市场规制体系现状进行比较，也得出了我国股票交易市场法规改革可以借鉴的内容。

8.1 我国股票交易市场规制体系改革目标

股票交易市场规制的目标是指股票交易市场规制所要达到的预期效果，它既是确定股票交易市场规制体系改革的依据，也是评价股票交易市场规制体系改革效果的衡量标准。[①]

在体制转轨中，对于政府经济职能应从两方面来认识。从制度变迁的角度来看，政府是新制度的供给者，在经济转型过程中，政府主要靠逐步设定和完善一系列符合市场经济的法规制度，通过弥补市场失灵，逐渐完成从计划经济到市场经济的制度变迁。从经济发展的角度来看，政府是经济增长的推动者，由于市场经济还没有完全建立，市场机制不可能完全有效发挥资源配置作用，这就要求政府除了弥补市场失灵现象以外，还要部分介入市场执行资源配置的功能，从而实现经济的快速发展。总之，我国政府在社会经济运行中具有双重经济职能，即一方面国家是经济管理者，另一方面国家又是经济增长的推动者。我国政府在股票市场上的过度介入，在客观上造成市场投机风气盛行，市场的价值发现功能无法得到实现。我国股票交易市场规制部门应逐步从“裁判员”兼“运动员”的角色，转变为只当“裁判员”、主要负责市场运行规则的制定和维护。

① 尹海员，李忠民. 中国证券市场监管均衡与适度性分析 [J]. 重庆大学学报（社会科学版），2011（3）：58-63.

8.2　我国股票交易市场规制体系改革的约束条件

我国股票交易市场规制体系的改革要受到各种因素的约束，这些因素概括起来有两个方面：从空间角度考虑，我国股票交易市场规制体系改革要受到规制供给方面和规制需求方面的约束；从时间角度考虑，我国股票交易市场规制体系改革要受到历史惯性——规制变迁路径的影响。需要特别指出的是，这些供给和需求方面的约束是股票交易市场规制变革当时所面对的约束条件，从而区别于现实的各种约束条件，也就是未来的、变化了的供给和需求方面的约束条件是我国股票交易市场规制改革的约束条件。

8.2.1　供给约束

我国股票交易市场规制体系改革的供给约束条件可以归纳如下。

（1）正式制度方面——依法治国得到全面推进。

拓展人民有序参与立法途径，加强重点领域立法，中国特色社会主义法律体系得到完善；推进依法行政，严格、规范、公正、文明执法落到实处；进一步深化司法体制改革，审判机关、检察机关依法独立公正行使审判权、检察权得到保障。

（2）规制体制方面——行政体制改革得到深化。

继续深化行政审批制度改革，继续简政放权，推动政府职能向创造良好发展环境、提供优质公共服务、维护社会公平正义转变；稳步推进大部门制改革，部门职责体系更加健全；推进事业单位分类改革，创新行政管理方式，政府执行力得以提升；严格控制机构编制，减少领导职数，行政成本有效降低；完善体制改革协调机制，重大改革的协调更加顺畅。

（3）非正式制度方面——公民道德素质全面提高。

坚持依法治国和以德治国相结合，社会公德、职业道德、家庭美德和个人品德教育得到加强，中华传统美德、时代新风得到弘扬；全面推进公民道德建设工程，弘扬真善美、贬斥假恶丑，人们自觉履行法定义务、社会责任和家庭责任的意识得到加强；劳动光荣、创造伟大的社会氛围，培育知荣辱、讲正气、做奉献、促和谐的良好风尚得以形成。

（4）利益集团方面——人民生活水平全面提高。

基本公共服务均等化总体实现；全民受教育程度和创新人才培养水平明显提高，进入人才强国和人力资源强国行列，教育现代化基本实现；就业更加充分，收入分配差距趋于缩小，中等收入群体持续扩大，扶贫对象大幅减少；社会保障全民覆盖，人人享有基本医疗卫生服务，加快住房保障体系建设，社会和谐稳定。

随着依法治国进程的全面推进，我国股票交易市场规制体系所面临的上位法约束条件将得到优化；随着行政体制改革的深化，我国股票交易市场规制体制的运行成本越来越低，行政效率将越来越高；随着公民道德素质的全面提高，我国股票交易市场规制体系所面临的意识形态约束将日益改善；随着人民生活水平的提高，我国股票交易市场规制体系所面临的外部集团压力越来越均质化。总之，我国股票交易市场规制体系改革的供给约束条件在不断改善。

8.2.2 需求约束

我国股票交易市场结构的不完善在短期内难以改变，投资者的非理性、投资者效用函数的异质性，较高的交易成本，股票股权、行业、区域等方面结构的不完善，股票市场信息的不充分不完全，在短期内是难有根本性改变的，由此导致的股票市场交易行为异化也是很难在短期内改变的，我国股票市场的市场失灵会长期存在。由于股市结构的不完善，单靠市场机制调节并不能实现股票市场绩效的最优化，这样就需要通过政府规制来弥补和矫正股市失灵，以促进社会福利的改善。

8.2.3　规制体系变迁路径依赖

股票交易市场规制体系路径依赖既可以使股票交易市场规制体系沿着正确的道路去形成良性循环，也可能循着旧有错误的路径滑下去，甚至被锁定在低效状态陷入恶性循环而不能自拔。在股票交易市场规制体系变迁过程中，路径依赖性使得制度创新常常被牵引到旧的轨道上来，使新的股票交易市场规制体系中搀杂大量旧制度的因素，甚至成为旧制度的变种。

股票交易市场规制体系变迁的路径依赖表现为股票交易市场规制体系变迁路径的自我强化，我国的股票交易市场规制变迁具有政府主导性、渐进性、超前性与滞后性的变迁路径特征，那么，我国股票交易市场规制体系变迁路径将延续主导性、渐进性、超前性与滞后性夹杂的特征，这从时间角度限制了我国股票交易市场规制体系的变迁可能性。

8.3　我国股票交易市场规制体系改革的路径选择

完善股票交易市场规制体系有很多方法、措施，那么有哪些方法措施是“好的”呢？这就需要考虑以下几个问题：该措施的可行性，也就是该措施是否可以在前面所述的约束条件的框架内实施；该措施的有效性，也就是该措施是否达成股票交易市场规制目标；再者就是该措施的经济性，也就从成本一效益的角度来衡量，该措施的实施是否是最优的。[①]

8.3.1 完善股票交易市场规制法规

（1）股票交易制度。

价格形成机制。可以在股票交易中引入混合模式。所谓混合模式，是指直接在竞价交易系统中引入做市商，做市商和其他市场参与者一样平等地参与竞价，与所有的买卖委托撮合成交，按价格优先、时间优先原则决定成交价格。混合模式的优势在于以下三个方面：首先，该模式能够融合竞价制度与做市商制度两种交易制度的优势，既具有竞价交易制度交易成本低、交易公平公正的优点，又具有做市商制度有效提高市场流动性的特点；其次，混合模式与现行的法律法规不冲突；最后，采用混合模式只需对现有交易系统进行适当的升级，不需要投资建立新的交易系统，实施成本相对较低。但是，在竞价模式存在的前提下，做市商没有来自交易的盈利机会，如何让证券公司有动力做市成为混合交易模式的难点。[②] 为了让证券公司有动力做市，就必须对做市商特殊的手续费和税费方面给予优惠。

价格稳定机制。在各种价格稳定机制中，涨跌幅限制是应用最广泛的一种。建议采取多样化的涨跌幅限制。对 ST 股票和 *ST 股票继续 5% 涨跌幅的限制，而对业绩优良、信誉良好的上市公司则逐步放宽其股票涨跌幅限制，这有利于适当降低股市不合理的流动性，清除股市泡沫，降低股市临时波动性，提高股市质量。可以考虑先将涨跌幅限制由 10% 放宽至 15%，并随着市场成熟度的提高进一步放宽限制，真正让市场来决定股票的涨跌幅度。放宽

---

① 岳彩申，王俊．监管理论的发展与证券监管制度完善的路径选择 [J]. 现代法学，2006（2）：116-123.

② 吴林祥．我国证券市场引入做市商制度的思考 [J]. 证券市场导报，2005（1）：72-77.

个股涨跌幅度之后，股指单日可能的波动也将相应加大，为平抑市场波动，可考虑引入市场断路器机制。

交易离散构件。交易离散构件中对市场质量影响最大的是最小报价单位和最小交易单位。沪深股市一直采用固定的最小报价单位和最小交易单位，建议对不同报价的股票采用不同的最小报价单位和最小交易单位。

订单形式。我国股市应该有比较丰富的订单形式，但一直以来限价订单是中国股市唯一的订单形式，直到 2007 年 5 月 15 日，沪深股市才推出市价订单。随着中国股市的发展及机构投资者的壮大，投资者的投资策略将趋于多样化，订单形式也需要进一步丰富，如止损订单和止损限价订单有利于保证投资者的某些交易策略的有效执行，可能成为下一步发展的选择对象。[①]

推出 T+0 交易。上海和深圳证券交易所分别在 1992 年 5 月和 1993 年 11 月实行过股票的 T+0 交易，由于当时规制缺乏经验、股市过度投机、股市溢价性过大、波动性剧烈等原因，监管层决定从 1995 年 1 月 1 日开始取消股票的 T+0 交易，改为 T+1 交易。虽然 T+1 交易在一定程度上促进了股市绩效的提升，但是随着我国股市的不断发展，T+1 交易的诸多弊端也日益暴露。自 1995 年以来，我国股市交易规模不断扩大，股市相关法律不断完善，股市规制不断强化，投资者不断成熟，股市机构日益改善，推出股市 T+0 交易的条件已经成熟。推出 T+0 交易不仅有利于解决 T+1 交易存在的问题，而且允许及时修正其投资决策，可以提高股市绩效。

（2）规范股票交易市场准入。

目前，我国股市存在大量的违规资金，这些违规资金包括银行信贷资金，违规入市的社保资金、信托基金，证券公司挪用的客户保证金和非法外

① 屠年松 . 交易制度与中国股票市场质量研究 [M]. 北京：人民出版社，2009.

汇资金等。违规资金对股市的健康发展构成了巨大的威胁，具体表现在：一是从违规资金的投资行为本身来看，违规资金因为承担了较高的法律风险和筹资成本，必然在股市上追求高收益来平衡融资成本，尤其热衷于通过内幕交易、操纵市场、虚假陈述等禁止性交易行为来博取收益，严重动摇了我国股市的稳定与发展的根基；二是从违规资金投资的市场效果来看，大量的违规资金使股市资金供应过量，强化了股市资金的泡沫推动效应，提高了市场溢价水平，提高了股市流动性，使股市波动剧烈，进而危害整个金融市场体系的安全。因此，严格禁止和查处各类违规资金进入股市，是防范股市风险的要求。

在防止违规资金进入股市的同时，还应考虑改善股市资金供给。改善证券市场资金供给的关键是引入具有高度理性、资金雄厚、持股意愿长久的资金主体，即有步骤地加快社保基金、合格的境外机构投资者等机构投资者的入市步伐。尽快推出 RQFII 投资境内股市的管理细则，采取逐步放开投资主体的办法，先行允许内地证券公司和基金公司的香港子公司开展 RQFII 投资业务，下一步拓宽到保险公司和国内银行的香港子公司，然后拓宽到香港的所有资产管理公司，包括外资公司。最后一步是拓宽到全球所有的资产管理公司，只要其以人民币募集都可以开展 RQFII 投资业务。

（3）深化信息披露与传播机制。

经过几十年的发展历程，中国证券市场信息披露制度建设从无到有、日益深化，当前我们所处的时期，整个信息披露体系相对来说是较为完善的，但是横向比较，我们与国际金融发达国家的差距依旧明显，我国的股票市场信息披露规制建设还有较长的路要走。我国股票市场的信息披露应该按照“真实、完整、准确、规范、及时”的原则完善上市公司信息披露制度。

首先，更加注重重大事项、关键环节的信息披露。伴随中国资本市场上资产收购、债务重组、兼并整合数量的持续增多，一些操纵市场行为的违规现象相伴而生。为规避类似事件的频繁发生，必须明确相关信息的披露细节，一是上市公司或者收购人应当在重组报告或收购报告中对其控股股东和实际控制人及其控制的所有关联公司之间的关系和资信状况做详尽披露；二是上市公司要聘请专业中介机构对公司经营往来中的存疑事项和大额资金往来出具中肯意见，明确存疑单位是否与上市公司存在关联，或者该交易是否公允，以及这些交易的审批程序是否合法。这些信息有助于投资者对收购重组等重大事项做出实际判断，促进资金有效配置，弱化市场道德风险。

其次，合理引导自愿性信息披露。中国上市公司信息披露的重点多年来一直强调强制性信息披露，对自愿性信息披露规制的重视程度还不够。上市公司不应该局限于披露强制性信息，其实外界投资者还可以通过其他有价值的信息了解上市公司，这些信息在现有规则中没有明确要求披露。从规避市场操纵风险的角度来看，自愿性揭露信息在某种意义上的价值丝毫不亚于强制性披露信息。

再次，完善预测信息披露规则。现阶段上市公司预测信息可信度普遍不高的重要原因，在于上市公司预测信息规则没有统一的范畴，上市公司对预测信息披露理解不同，市场对道德风险的防控处置能力低下，违法违规的空间较大。研究制定统一的预测信息披露规则显得异常迫切，具体操作内容有：对上市公司预测信息的假设、编制方法、预测期间、内容、披露方式及责任等做出规定。由于证券市场不同主体的风险承受能力，信息获取能力、处置能力不同，因此不同投资者对信息披露所造成的损失以及民事方式所持态度均有不同。一方面，机构投资者受到损失的可能性总量较大，另一方面，小投资者群体损失大，但平均到每个人损失就比较小，由于机会主义盛行难以形成有效的联合应对机制。上市公司基本没有因预测信息披露问题面对投资者民事赔偿诉讼的压力。随着相关法规的不断完善，集体诉讼的操作性不断提升，上市公司因预测信息披露问题而面临民事诉讼的概率大增，可能会抑制上市公司主动披露信息的意愿。今后在预测性信息披露制度建立中，应当借鉴美国的“安全港规则”和”预先警示原则”，研究确立适合我国国情的上市公司预测信息披露免责制度，上市公司基于合理原则做出预测信息而产生的民事纠纷免受责任追究。

最后，提高信息披露的有效性。一要加深时效性认识。缺乏时效性的信息往往会对投资决策造成延误或误判。我国《证券法》对于信息披露时效性有明确规定，但是在实际应用中还难以界定究竟重要事项进行到什么程度适宜对外披露。二要加强动态监管。我国目前的信息披露规制属于静态规制，即对上市公司初次或第一时间披露的信息进行审核确认，而对上市公司就同一事件发生前后发布不一致的具有误导性、欺诈性信息没有采取有效的跟踪和监控措施，这就为操纵市场提供了空间。基于此，由静态监管向动态监管转变已成为必然，提高信息披露的有效性应当成为打击操纵市场行为的重要抓手。

（4）禁止性交易。

重新界定内幕信息。我国证券立法的研究滞后于实践发展的速度与广度，出现纰漏在所难免。在内幕信息认定的三大要件中，非公开性和相关性标准对是否构成内幕交易进行甄别，重大性标准则是从量的角度来衡量内幕信息交易的危害性。实践过程中发现这种认定方式存在不当情形，因此重构内幕信息的认定标准尤其具有必要性。

引入环境证据推定。所谓环境证据推定，可以解释如下：如果内幕交易人买卖股票行为与其所处的环境必然知悉的相关股票交易信息产生较高吻合度，就可以认定该交易人相关的交易是内幕交易行为。自从首例采用环境证据推定四川圣达原董事、总经理内幕交易案认定后，此种推定方法正被广泛运用于内幕交易类案件。证监会可以在自由裁量权下，采取环境证据推定方式认定内幕交易。

细化操纵市场的认定标准。《证券法》对操作市场的认定过于原则化，缺乏可操作性。证监会 2007 年曾试行《证券操纵市场行为认定办法》，但因为各种原因该办法最后不了了之，没有起到应有的作用。目前，证监会对于操纵市场行为没有专门的部门规章进行系统的规范，对操纵市场行为的有关部门规定散布于各种相关的部门规章中。证监会现行部门规章中关于操纵市场行为的规定存在自相矛盾与法律不协调的情况，应该对这些自相矛盾或不协调的条款进行修改。随着股市的不断发展，操纵市场的手段也不断推陈出新，证监会也应该与时俱进，不断改进和完善部门规章，明确规定各种操纵市场行为的构成要件，区分操纵行为与非操纵行为的界限，只有这样才能有效遏制操纵行为的蔓延。

建立甄别禁止性交易的技术操作系统。提高股市监管水平的必要技术前提是建立开发禁止性操纵的甄别技术操作系统。美国 NASDAQ（纳斯达克）1999 年联合 Unisys（优利系统）、微软等公司，开发出实时传送监控系统，可以有效地对证券市场起到实时监控的作用。我国的监控技术系统开发还比较滞后，在技术层面无法实现对异常交易的监控。深市、沪市应加强禁止性交易监控系统的开发，实时监控甄别禁止性交易行为。国内在权证交易中已经做出了尝试，上海证券交易所曾建立数据库对权证进行监控，以便及时发现权证市场中的异常交易行为，保护投资者的利益。虽然期权市场的规模不能与股市相比，但这毕竟迈出了我国建立证券甄别禁止性交易系统的第一步。甄别系统应以股权集中度高、流通股本小和低换手率的股票为甄别重点。

（5）完善规制执法法规。

加强非现场监管检查工作。加强对股市相关交易主体相关数据的持续收集整理和积累，健全各类信息档案，并进一步建立非现场检查数据库，实现非现场检查信息的统一采集、集中处理和信息共享；引进外部审计，加强对外部审计的引导，发挥外部审计作用解决报表不实等问题，保障报表的真实性；规范外部审计机构的进入退出机制，审计中介机构提供不真实的审计（评估）报告或有违法违规行为，证监部门有权取消其从事金融机构评估业务的资格。

充分发挥股票交易现场检查的优势。强化现场检查与非现场检查的协调配合、依托补充。非现场检查应为现场检查提供内容参照，现场检查用实际验证非现场检查数据的真实完整性，两者要做到信息共享，实现监管过程统一连续，形成一致的结论和建议，达到连续跟踪。

制定和完善证券稽查工作指引。证券执法部门要制定一整套科学合理的工作指引，规定立案、受案、案件调查、案件审理和案件执行等各个环节的工作流程，在执法中，不断总结经验与教训，及时完善工作指引，进一步加快工作节奏，提高工作效率。从世界范围来看，证券监管机构的稽查权限均有不同程度的扩展，以此来适应证券市场的快速发展和技术手段的更新变化。按照西方成熟金融市场的证券稽查机制，中国证监会应考虑扩充以下执法权力：一是传唤权力，对违法违规的公司负责人进行传唤，拒不执行者需要承担相应的法律责任；二是冻结上市公司资金账户的权力；三是搜查公司住所、场所的权力；四是向法院申请强制令的权力。

加大行政处罚力度。根据交易成本理论，禁止性交易成本 =（必然成本 + 法定成本）× 受罚率，在禁止性交易中必然成本很低，要提升犯罪的成本就要加大法定成本和受罚率，加大处罚额度就是要增加犯罪行为法定成本。对证券违法行为处罚的适当性应予以改革，其改革的方向应实现以下目标：适当提高处罚力度，使处罚足以对违法行为人产生震慑力，阻止其再次违法，并能对其他证券市场参与者产生警示、规范作用。

引入行政执法和解。证券行政执法和解具有其他方式不可替代的独特功能，它不仅能够解决其他监管方式所无力解决的一些法律属性不易界定的难题，而且能够降低证券监管成本，提高证券监管绩效。可通过三种方式引入行政执法和解：一是在修订《行政处罚法》时，对行政和解（或行政合同）做出一般规定，再由行政法规或者监管机构部门规章做出具体规定；二是在修订《证券法》时，确立证券行政和解制度，辅之以监管机构部门规章；三是由国务院制订《证券行政执法和解办法》，或者由监管机构制订部门规章报国务院批准，这仅作应急之用。

8.3.2　加大股票交易市场规制执法力度

根据 Laporta 等（1997、1998）的研究，有效的证券市场监管不仅需要完善的法律架构对投资者进行保护，也需要强有力地执行相关法律。研究表明，执法行动对证券市场产生的影响大于立法本身（Utpal Bhattacharya 和 Hazem Daouk，2002）。法律执行效果的好坏直接影响到法律阻吓作用的大小。

任何股票交易市场规制法规都只是界定股票交易市场规制的对象、内容、方法、手段和处罚，但如果所制定的法规得不到有效的执行，那么无论这项法规制定得多么详尽、完备，处罚定得多么严厉，最终仍是形同虚设。所以，道理很简单，制定一套完备的股票交易市场规制法规固然很重要，但更重要的是依照法规，做到违法必究、执法必严。适当提高处罚力度，使处罚能对违法行为人足以产生震慑力，阻止其再次违法，并能对其他证券市场参与者产生警示、规范作用。

8.3.3 加强股票交易市场规制救济能力建设

依照行政复议法的有关规定，凡符合法定条件的行政复议案件，要排除各种影响因素，做到应受理尽受理；在行政复议决定上，要以事实为依据、以法律为准绳，该撤销的行政决定就撤销，该变更的行政决定就变更，该维持的行政决定就维持；优化行政复议办事程序，充分发挥行政复议机构的作用，提高行政复议效率。

行政诉讼是在行政复议后进行的，行政诉讼判决能够从根本上否定行政复议决定的效力。要从机制上理顺行政监管部门与法院的关系，深入贯彻落实行政复议制度，坚持依法进行行政复议，要与法院密切沟通，对法院做出的明显有失偏颇的判决要勇于上诉，通过上诉的手段来维护行政执法的严肃性，表明监管部门行政执法的决心。

8.3.4 设立股票交易市场平准基金

前面所述的完善股票交易市场规制体系是政府以间接的行政手段对股市风险进行管理，政府除了行政手段还能运用经济手段对股市进行干预，例如，可以通过特定的机构（如财政部、证监会、交易所等）以法定的方式建立基金，通过对证券市场的逆向操作来“熨平”证券市场非理性的剧烈波动，即通过在股市非理性暴跌、股票投资价值凸显时买进，在股市泡沫泛滥、市场投机气氛狂热时卖出的方式，“熨平”市场的剧烈波动，以达到稳定股市预期的目的。

许多国家在股市大幅下跌或受到意外冲击时，都会设立股市平准基金来稳定本国股市。如日本在 1950 年设立了股市平准基金，韩国在 1990 年就设立了股市稳定基金。①

我国目前还没有真正意义上的股市平准基金。在中国股市长期低迷影响到国家经济安全时，我们应该有自己的平准基金，而且我们不应该非等到危机来临时再去考虑，完全可以在股市正常的时期就准备好。结合我国的实际，股市平准基金的资金来源可做如下安排：从印花税中拨付一定的比例作为股市平准基金的资金来源；责成机构投资者按照资产规模的一定比例认购平准基金；券商按照佣金的一定比例缴纳并无偿使用；财政拨款解决一部分。

8.4　我国股票交易市场规制体系的改革措施

根据上面的分析，我国股票交易市场规制体系的改革措施可以归结如下。

（1）明确规制角色定位。证券监管层应逐步从“裁判员”兼“运动员”的角色，转变为只当“裁判员”。

（2）构建完善的股票交易市场规制体系，主要包括以下四个方面的内容。

第一，股票交易制度方面。可以在股票交易中引入混合价格形成机制模式，引入市场断路器机制稳定市场，高股价应采取与低股价不同的最小交易单位，恢复T+0交易制度。

第二，股票交易市场规制立法方面。有步骤地加快社保基金、合格的境外机构投资者等投资主体的入市步伐；应该按照“真实、完整、准确、规

① 熊名奇. 中国股票市场过度波动性及其稳定机制研究 [D]. 武汉：华中科技大学，2011.

范、及时”的原则完善上市公司信息披露制度；重构内幕信息认定标准，细化操纵市场的认定标准；建立甄别操纵市场的技术操作系统；充分发挥股票交易现场和非现场检查程序的优势，进一步提高稽查工作效率；引进外部审计，加强对外部审计的引导，保障报表的真实性；建立非现场检查数据库，实现非现场检查信息的统一采集、集中处理和信息共享；增加或扩充调查、封存、传唤、和解等执法权力，强力维护证券市场的公平与稳定；制定和完善证券稽查工作指引，提高案件查处工作效率；加大行政处罚力度，提高违法成本。

第三，规制执法方面。我国证券市场存在的一些违规违法行为，与我国法制不健全有很大关系，但是最重要的是监管不严、执法不力，应该严格规制执法，减少违规违法行为。

第四，规制救济能力建设方面。扩大行政复议受理范围，做到应受理尽受理；优化行政复议办事程序，充分发挥行政复议机构的作用，提高行政复议效率；要从机制上理顺行政监管部门与法院的关系，坚持依法进行行政复议。

（3）设立股票市场平准基金，“熨平”市场的剧烈波动，以达到稳定股票市场的目的。

参考文献

[1] Kahn A E.The economics of regulation[M].New York：Joh Wiley and Sones，1970.

[2] Armstrong M，Cowan S，Vickers J.Regulatory reform：Economic analysis and British experience[M].Cambridge：The MIT Press，1994.

[3] Arnott H W.Market failures and underdevelopment[J].World Development，1995（2）：73–76

[4] Mitnick B M.The political economy of regulation[M].New York：Columbia University Press，1980.

[5] Baron D P，Mayerson R B.Regulating a monopolist with unknown cost[J].Econometrica，1982（50）：131–143

[6] Ben–Horim M，Silber W L.Financial innovation——A linear programming approach[J].Journal of Banking and Finance，1997（3）：277–296.

[7] Bernard Black.The legal and institutional preconditions far strong securities market[J]，UCLV Law Review，2001（4）：783.

［8］Boot A，Thakor A.Security design[J].Journal of Finance，1993（48）：1349–1378.

［9］Brian Scott–Quinn.EC securities markets regulation[J].International Financial Market Regulation，1994：102–107.

［10］Greenwald B C，Stiglitz J E，Weiss A.Informational imperfections in the capital market and macraeconomic fluctuations[J].American Economic Review，1984（2）：71–75.

［11］Greenwald B C，Kohn M，Stiglitz J E.Financial market imperfections and productivity growth[J].Journal of Economic Behavior and Organization，1990（3）：321–345.

［12］Caves D W，Cristensen L R，Swanson J A.The high cost of regulating US railroads[J].Regulation，1981（1）：41–46.

［13］Corinne Bronfman，Kenneth Lehn ，Robert Schwaetz.US securities markets regulation：Regulatory structure，international financial market regulation[M]. Hoboken：John Wiley and Sons Ltd，1994.

［14］Needham D.The economics and politics of regulation：A behavioral approach [M]. Boston：Little Brown and Company，1983.

［15］David Hirshleifer.Investor psychology and asset pricing[J].Journal of Finance, 2001（8）：1533–1597.

［16］Davidson，Scott J.The international organization of securities commissions，securities regulation in Australia and New Zealand[M]. New York：Oxford University Press，1994.

［17］De Long，Shleifer J B，Summers A L H，et al.The survival of noise traders in financial market[J].Journal of Business，1991（64）：1–19.

[18] Eisenbeis R A.Pitfalls in the application discriminant analysis in business and economics[J].The Journal of Finance, 1997 (32): 875–900.

[19] Fama E.Efficient capital markets: A review of theory and empirical work[J].Journal of Finance, 1997 (25): 383–417.

[20] Franks J, Mayer C.Capital markets and corporate control: A study of France, Germany, and the UK[J].Economic Policy, 1990 (4): 189–213.

[21] Gellhorn E, Richard J, Pierce Jr.Regulated Industries[M].St.Paul: West Publishing Co, 1982.

[22] Stigler G J.Public Regulation of the Securities Markets[J].Journal of Business of the Uiversity of Chicago, 1964 (2): 117–142.

[23] Stigler G J.The theory of economic regulation[J].Bell Journal of Economics and Management, 1971 (2): 3–21.

[24] Hellmann T.IPOs, acquisitions and the use of convertible securities in venture capital[J].Journal of Financial Economics, 2006 (81): 649–679.

[25] John Fagan.Ihe role of securities regulation in the development of the Thai stock market[J].Columbia Journal of Asian Law, 2003: 316.

[26] Stiglitz J E.Financial markets, public police, and East Asian miracle[J]. The World Bank Research Observer, 1996 (2): 249–276.

[27] Stiglitz J E.The role of the state in financial markets[J].Proceedings of the World Bank Annual Conference on Deveolopment, 1993 (3): 19–52.

[28] Stiglitz J E.Market, market failures, and development[J].American Economic Review, 1989 (2): 71–76.

[29] Kane E J.Principal–agent problems in S&L salvage[J].Journal of Finance, 1990 (3): 755–764.

[30] Kareken J, Neil W.Deposit insurance and bank regulation: A partial equilibrium exposition[J].Journal of Business, 1983 (7): 413-438.

[31] Keeley, Michael C.Deposit insurance, risk and market power in banking[J].American Economic Review, 1990 (11): 1183-1200.

[32] KeunLee.Property rights and the agency problem in China enterprise reform[J].Cambridge Journal of Economics, 1993 (17): 179-194.

[33] Lakonishok J, Shleifer A, Vishny R.The impact of institutional trading on stock prices[J].Jounal of Financial Economics, 1992 (32): 23-43.

[34] Fouraker L E, Sidney S.Bargaining behavior[M].New York: MxGraw Hill, 1963.

[35] Lazear E P, Rosen S.Rank-order tournaments as optimal labor contracts [J].Journal of Political Economy, 1981 (89): 841-864.

[36] Issac M, Walker J M.Information and conspiracy in sealed bid autions[J].Journal of Economic Behavior and Organization, 1985 (6): 243-254.

[37] Issac M, Plott C R.The opportunity for conspiracy in restraint of trade[J].Journal of Economic Behavior and Organization, 1981 (2): 1-30.

[38] Issac M, Ramsey V, Williams A.The effects of market organization on conspiracies in restraint of trade[J].Journal of Economic Behavior and Organization, 1984 (5): 191-222.

[39] Gordy M B, Howells B.Pro-cyclicality in Basel-II: Can we treat the disease without killing the patient? [J].Journal of Financial Intermediation, 2006 (15): 395-417.

[40] Patton A J.Modeling asymmetric exchange rate dependence[J]. International Economic Review, 2006, 47 (2): 527-556.

[41] Rafael Repullo，Jesus Saurina，Carlos Trucharte.Mitigating the pro-cyclicality of Basel-IL macroeconomic stability and financial regulation：Key issues for the G20[M].London：Center for Economic Policy Research，2009.

[42] Grossman S J，Stiglitz J E.On the impossibility of informationally efficient markets[J].Americcen Eonomic Review，1980（3）：393-408.

[43] Spierings R.Reflections on the regulation of financial intermediaries[J]. Kyklos，1990（43）：91-109.

[44] Stephen Choi.Regulating investors not issuers：A market-based proposal[J].California Law Review，2000，88（2）：279-334.

[45] Stiglitz J.A credit rationing in markets with imperfect information[J]. American Economics Review，1981（7）：191-201.

[46] Vincent Bouvatier，Laetitia Lepetit.Banks' procyclical behavior：Does provisioning matter？[J].International Financial Market，2008（18）：513-526.

[47] Viscusi W K，Vernon J M.Economics of regulation and antitrust[M]. Washington：D.C.Heath and Company，1992.

[48] 施利斯基 . 经济公法 [M]. 喻文光，译 . 北京：法律出版社，2006.

[49] 柯武钢，史漫飞 . 制度经济学 [M]. 韩朝华，译 . 北京：商务印书馆，2000.

[50] 布坎南 . 自由市场和国家：80 年代的政治经济系 [M]. 上海：三联书店上海分店，1989.

[51] 格莱泽，约翰逊，施莱弗，等. 科斯对科斯定理——波兰与捷克证券市场规制的比较 [J]. 经济社会体制比较，2001（2）：1-12.

[52] 萨缪尔森，诺德豪斯 . 经济学 [M]. 萧琛，译 . 北京：人民邮电出版社，2004.

[53] 塔洛克 . 寻租对寻租活动的经济分析 [M]. 成都：西南财经大学出版社，1999.

[54] 奥尔森 . 权力与繁荣 [M]. 苏长和，嵇飞，译 . 上海：上海世纪出版集团，2005.

[55] 奥恩斯坦，等 . 利益集团院外活动和政策制定 [M]. 潘文同，等译 . 北京：世界知识出版社，1998.

[56] 埃尔金，索乌坦 . 新宪政论——为美好的社会设计政治制度 [M]. 周叶谦，译 . 北京：三联书店，1997.

[57] 洛克 . 政府论（下）[M]. 叶启芳，翟菊农，译 . 北京：商务印书馆，1964.

[58] 密尔 . 代议制政府 [M]. 汪谊，译 . 北京：商务印书馆，1982.

[59] 申隆 . 中国股票市场制度下的投资者行为研究 [D]. 西安：西北大学，2007.

[60] 沈伯平 . 论中国股票市场规制体系的制度性缺陷及其化解 [J]. 经济问题探索，2009（3）：152-156.

[61] 姚战琪 . 基于 ARCH 模型的我国股票市场收益波动性研究 [J]. 贵州财经学院学报，2012（4）：52-57.

[62] 安雪梅，陈乃新 . 论我国证券公司治理结构的完善与法律规制 [J]. 现代财经（天津财经学院学报），2004（6）：21-24.

[63] 巴曙松，牛播坤 . 巴塞尔资本协议中资产证券化监管框架的变迁 [J]. 证券市场导报，2004（9）：12-16.

[64] 曹凤岐 . 我国保险资金投资证券市场的渠道及风险控制 [J]. 中国金融，2004（20）：41-43.

[65] 陈碧舟，凌学文 . 阐述在我国现阶段股票型基金中的分散化投资策

略 [J]. 现代商业，2007（16）：36+35.

［66］陈岱松 . 论美英证券监管体制之新发展 [J]. 河北法学，2006（1）：129−133.

［67］陈工孟，高宁 . 我国证券监管有效性的实证研究 [J]. 管理世界，2005（7）：40−47.

［68］陈凌 . 从公共选择理论看如何改进我国证券监管体制 [J]. 企业经济，2004（7）：191−192.

［69］陈甦 . 公司法对股票发行价格的规制 [J]. 法学研究，1994（4）：90−95.

［70］陈星德 . 证券投资基金利益冲突规制探析 [J]. 证券市场导报，2006（6）：71−77.

［71］陈振明 . 公共政策学——政策分析的理论、方法和技术 [M]. 北京：中国人民大学，2004（1）：48−78.

［72］陈正江 . 我国证券市场监管环境及其模式选择 [J]. 山西财经大学学报，2001（3）：120−121.

［73］程浩 . 中国社会利益集团研究 [J]. 战略与管理，2003（8）：67−73.

［74］戴群中 . 美国股票市场制度研究 [D]. 长春：吉林大学，2007.

［75］董梁 . 我国股票市场投资者的六种非理性心理研究 [J]. 现代管理科学，2003（11）：36−41.

［76］杜宁 . 美国证券监管机构的变迁、特点与启示 [J]. 经济导刊，2009（11）：18−20.

［77］范建华 . 股票市场稳定与货币政策关系研究 [D]. 武汉：华中科技大学，2010.

［78］付飞翔 . 公共政策分析的理论模型评述 [J]. 牡丹江大学学报，2012

（8）：9-11.

［79］高基生．德国证券市场行政执法机制研究 [J]. 证券市场导报，2005（4）：36-41.

［80］高雷，曹永锋．中国股票市场的政策效应 [J]. 统计与决策，2006（16）：111-113.

［81］高伟凯，王荣．简析我国证券法对管理层收购规制 [J]. 管理世界，2005（10）：149-154.

［82］高伊．国际证券执法体制概况 [J]. 现代商业，2007（11）：28-31.

［83］巩云华．私募证券投资基金监管理论及新理念辨析 [J]. 经济研究参考，2012（58）：64-69.

［84］顾六宝，朱长存．中国农村政策的决策模型分析 [J]. 河北学刊，2004（3）：187-192.

［85］关星辰．我国证券市场信息披露制度研究 [J]. 时代金融，2012（33）：215-216.

［86］郭雳．创寻制度“乔布斯”（JOBS）红利——美国证券监管再平衡探析 [J]. 证券市场导报，2012（5）：10-16.

［87］郭文龙．操纵证券、期货市场犯罪罪名探析——从中观的规制对象和微观的判断要素切入 [J]. 政法论坛，2010（6）：176-181.

［88］韩露，唐元虎．我国股市“政策市”现象的根源辨析及对策研究 [J]. 科学·经济·社会，2002（4）：36-39.

［89］郝旭光，郑丽娟，陈继蒋，等．证券市场监管者和中小投资者博弈分析 [J]. 财经理论与实践，2012（5）：41-44.

［90］何浩．我国证券市场监管的有效性研究 [D]. 武汉：武汉大学，2005.

[91] 何胜通 . 股市宏观调控——调控的必要性及优化政策工具 [J]. 商场现代化，2006（14）：280−281.

[92] 洪伟力 . 证券监管理论与实践 [M]. 上海：上海财经大学出版社，2000.

[93] 胡寄窗 . 一八七〇年以来的西方经济学 [M]. 北京：经济科学出版社，1988.

[94] 胡家夫，骆红艳 . 证券投资基金关联交易监管研究 [J]. 证券市场导报，2005（4）：4−11.

[95] 胡志勇，李惠 . 香港证券市场监管经验对发展国内证券市场的启示 [J]. 南方金融，2003（8）：28−30.

[96] 黄建兵 . 中国证券市场微观结构研究 [D]. 上海：复旦大学，2002.

[97] 黄松琛 . 美国股票市场结构变迁及监管政策的启示 [J]. 证券市场导报，2006（8）：22−29.

[98] 黄绥彪，范祚军，等 . 证券稽查制度的国际比较研究 [J]. 广西金融研究，2004（4）：42−45.

[99] 黄运成 . 证券市场监管理论实践与创新 [M]. 北京：中国金融出版社，2001.

[100] 霍红 . 中国股票市场交易成本研究东北财经大学 [D]. 大连：东北财经大学，2009.

[101] 贾明德 . 中国证券市场监管：基于博弈论视角的分析 [D]. 西安：西北大学，2005.

[102] 江洲，谢赤 . 中国股市“政策市”形成机理及对策研究 [J]. 求索，2007（8）：9−11.

[103] 蒋辉宇 . 跨国证券融资的法律冲突与监管问题研究——境外企

业境内证券市场股票发行与上市的法律问题 [J]. 证券市场导报，2009（11）：12-18.

［104］蒋美云．股票发行监管的博弈分析和发行审核制度的选择 [J]. 商业经济与管理，2006（6）：47-52.

［105］井雯彦．证券监管模式的设计 [J]. 黑龙江财专学报，2001（6）：15-17.

［106］黎文靖．会计信息披露政府监管的经济后果——来自中国证券市场的经验证据 [J]. 会计研究，2007（8）：13-21+95.

［107］李凤雨．高频交易对证券市场的影响及监管对策 [J]. 上海金融，2012（9）：48-52+117.

［108］李凤雨．我国证券市场信息披露的现状、问题与对策 [J]. 金融发展研究，2012（10）：80-84.

［109］李福祥．非公开发行股票监管面临的难点及对策 [J]. 财贸经济，2006（12）：46-48.

［110］李昊．中国证券市场监管模式创新研究 [J]. 南开经济研究，2005（2）：95-98.

［111］李欢．从股票期权制度看上市公司的外部监管 [J]. 特区经济，2005（12）：81-82.

［112］李命志．英美两国对证券内幕交易的认定及法律规制 [J]. 中国金融，2003（22）：48-49.

［113］李宁，孟繁荣，何孝星．关于完善我国证券监管的若干构想 [J]. 金融研究，2000（11）：94-99.

［114］李强．证券市场规制变革动因及最优规制模型 [J]. 求索，2005（4）：32-34.

［115］李新．中国国债市场流动性分析 [J]. 金融研究，2001（3）：116-121.

［116］李延振．证券业规制的变革研究 [D]. 广州：暨南大学，2002.

［117］李艳，王伟．论我国证券信用交易的法律规制框架 [J]. 中共中央党校学报，2009（5）：85-89.

［118］李志君，于向花．论证券市场政府监管的市场化 [J]. 当代法学，2005（3）：75-80.

［119］李志林．股票市场监管策略的一个随机模型 [J]. 应用数学，2007（1）：101-104.

［120］廖焕国．网上证券直接交易的法律规制——以美国法为对象的研究 [J]. 暨南学报（哲学社会科学版），2006（2）：68-71+149.

［121］廖静池．中国股票市场停复牌制度的有效性研究 [D]. 成都：电子科技大学，2010.

［122］廖旗平．对股权分置与股市泡沫关系的实证分析 [J]. 河北经贸大学学报，2006（3）：63-68.

［123］刘凤元，陈俊芳，张灿．股票价格操纵：国际比较与监管对策 [J]. 上海金融，2005（1）：42-44.

［124］刘海龙，吴冲锋，吴文锋，等．涨跌幅限制与流动性研究 [J]. 系统工程理论方法应用，2004（1）：20-26.

［125］刘晶，冯国滨．发达国家证券市场监管体制比较与我国证券市场监管 [J]. 计划与市场探索，2003（8）：36-37.

［126］刘庆富，黄波，方磊．中国股指期货和股票现货跨市监管研究 [J]. 财经问题研究，2012（6）：55-61.

［127］刘淑莲．操纵证券、期货市场行为的刑法新规制研究 [J]. 北京工商

大学学报（社会科学版），2008（5）：104–108.

［128］刘逖，叶武 . 对我国股市流动性问题的几点思考 [J]. 上海金融，2008（3）：57–60.

［129］刘玉平 . 现代经济中泡沫的形成与扩张机制——一个基于金融经济学的分析视角 [J]. 南昌大学学报（人文社会科学版），2006（11）：125–129.

［130］龙超 . 论股市宏观调控的类型、中介目标和调控规则 [J]. 经济问题探索，2007（12）：158–162.

［131］隆武华，陈炜，吴林祥. 海外做市商双向报价规则及其借鉴 [J]. 证券市场导报，2005（7）：61–69.

［132］卢瑾 . 非互助化证券交易所监管改革 [J]. 云南社会科学，2012（6）：68–72.

［133］吕继宏，赵振全 . 涨跌停板对股市波动的影响 [J]. 吉林大学社会科学学报，2000（5）：15–19.

［134］吕江林，曾鹏 . 中国股票市场泡沫度量——基于流通股内在价值分析 [J]. 广东金融学院学报，2012（1）：78–86.

［135］罗必良 . 新制度经济学 [M]. 山西：山西经济出版社，2005.

［136］马怀德 . 行政诉讼范围研究 [M]. 北京：中国检察出版社，2002.

［137］麦元勋 . 证券流动性的影响因素分析 [J]. 江苏商论，2009（1）：168–170.

［138］毛玲玲 . 中美证券内幕交易规制的比较与借鉴 [J]. 法学，2007（7）：101–107.

［139］聂长海，杜煊君 . 构建对中国证券市场监管者的监管体系 [J]. 改革，2003（5）：71–76.

［140］宁文昕 . 基于现行保荐制度下创业板股票发行监管的博弈分析 [J].

山东大学学报（哲学社会科学版），2012（2）：45-52.

［141］彭冰，曹里加．证券交易所监管功能研究——从企业组织的视角[J]．中国法学，2005（1）：83-90.

［142］彭文平，肖继辉．股市政策与股市波动[J]．上海经济研究，2002（3）：43-49.

［143］彭宇文．中国证券监管的法治化追求[J]．西藏大学学报（汉文版），2003（1）：16-18+15.

［144］漆丹．经济法对宏观调控权的规制——以房地产市场、证券市场调控为例[J]．河北法学，2008（8）：44-47.

［145］邱永红．规制证券短线交易法律制度的现存问题与对策[J]．证券市场导报，2011（1）：66-76.

［146］邱玉田，雷良海．印花税变动对证券市场波动性影响实证分析[J]．管理科学文摘，2008（Z1）：271-272.

［147］屈国俊．中国证券市场规制：基于博弈论视角的分析[D]．西安：西北大学，2005.

［148］屈年增．中国证券市场专题研究[M]．北京：经济科学出版社，2001.

［149］任永平．德国会计信息披露规范及其对我国的启示[J]．会计研究，2003（10）：53-58.

［150］任志中，周蔚．证券监管行政案件原告资格的审查问题探析[J]．中国社会科学院研究生院学报，2012（5）：74-78.

［151］商灏．贺强建议股市恢复T+0交易[N]．华夏时报，2012-03-05.

［152］盛学军．政府主导模式与证券公开规制的失效[J]．现代法学，2004（6）：113-119.

[153] 石晓波．国外证券集团诉讼制度比较研究及启示 [J]. 国外社会科学，2012（6）：101–109.

[154] 宋逢明，田萌．中国股票市场的操纵与监管：模拟分析 [J]. 财经理论与实践，2004（4）：61–65.

[155] 宋玉臣．股票市场失灵及政府行为分析 [J]. 工业技术经济，2003（3）：106–108.

[156] 孙云辉．政策性因素对我国股市流动性影响分析 [J]. 现代管理科学，2005（8）：115–117.

[157] 唐波．交易所对金融衍生品市场的自律监管——兼评新修订的证券法相关规定 [J]. 法学，2005（12）：91–94.

[158] 唐健飞．我国证券监管法律制度研究 [D]. 长沙：湖南大学，2002.

[159] 唐齐鸣，李春涛．股票收益与货币政策的关系研究 [J]. 统计研究，2000（12）：36–40.

[160] 唐艳芳，吴海兵．英、美非现场检查和现场检查体系的比较和启示 [J]. 经济特区，2006（6）：160–161.

[161] 田松柏，黄大熹. 西方利益集团理论的考察与反思 [J]. 湖南经济管理干部学院学报，2006（6）：71–73.

[162] 佟孟华．股权分置改革前后股市流动性溢价的稳定性研究 [J]. 统计与决策，2008（12）：123–125.

[163] 屠年松．交易制度与中国股票市场质量研究 [M]. 北京：人民出版社．

[164] 哈森．证券法（美国法律文库）[M]. 张学安，等译．北京：中国政法大学出版社，2003.

[165] 万先运，徐冉．英国规制市场操纵的新发展 [J]. 求索，2010（5）：

147–149.

［166］王春峰，梁崴，房振明．市场交易机制导致的流动性风险——考虑涨跌停制度产生的流动性风险 [J]. 系统管理学报，2007，16（6）：622–627.

［167］王丛，秦立平．中国证券监管法律制度探析 [J]. 中国证券期货，2011（4）：29.

［168］王峰虎，贾明德．我国股市泡沫的制度分析 [J]. 四川大学学报（哲学社会科学版），2003（1）：12–17.

［169］王合喜，王琨，崔继红．股票上市首日交易行为和监管政策效应研究——来自中小企业板上市公司的数据 [J]. 财会通讯，2011（21）：130–134+161.

［170］王华庆．上海股票市场的发展及对其的监管 [J]. 银行与企业，1992（11）：15–18.

［171］王君超．媒介批评 [M]. 北京：北京广播学院出版社，1999.

［172］王俊豪．政府管制经济系导论 [M]. 北京：商务印书馆，2001.

［173］王麟乐，张一，卢方元．QFII 制度对中国证券市场波动的影响研究 [J]. 经济经纬，2011（1）：153–156.

［174］王楠，李小忠，熊飞．基于博弈视角的证券市场监管方式改进研究 [J]. 企业经济，2012（7）：175–178.

［175］王鹏．我国金融监管问题研究 [D]. 长春：吉林大学，2005.

［176］王婷．中国证券稽查执法制度变迁及实证研究 [D]. 武汉：武汉大学，2009.

［177］王银凤，刘和平．美国证券公司员工买卖证券的规制及启示 [J]. 证券市场导报，2012（1）：37–43.

［178］王玉杰．中德反内幕交易罪机制比较研究 [J]. 金融理论与实践，

2009（10）：99-102.

［179］王中元．略论影响证券市场监管模式选择的因素 [J]. 石油大学学报（社会科学版），2001（4）：18-22.

［180］傅德伟．监管制度变迁对深圳证券市场效率的影响 [J]. 证券市场导报，2005（8）：18-21.

［181］温思凯．政策效应对股市波动性影响的研究 [J]. 经营管理者，2009（21）：112.

［182］沃田．论我国证券市场的监管体制 [J]. 同济大学学报（社会科学版），2000（2）：74-78.

［183］巫文勇．网上证券交易的风险防范及法律规制 [J]. 河北法学，2004（9）：125-127.

［184］吴红涛．金融深化理论与我国金融体制改革 [J]. 科技投资，2001（8）：140-141.

［185］吴林祥．我国证券市场引入做市商制度的思考 [J]. 证券市场导报，2005（1）：72-77.

［186］吴伟鹏．论市场不完全条件下的我国证券监管 [J]. 理论探讨，2002（4）：37-38.

［187］吴晓求．中国的股票市场及其宏观调控问题 [J]. 中国人民大学学报，1995（3）：15-20.

［188］吴越，马洪雨．证监会与证券交易所监管权配置实证分析 [J]. 社会科学，2008（5）：88-99+190-191.

［189］向祖荣．论证券监管机构的法律定位 [J]. 证券市场导报，2012（9）：53-58.

［190］项韶明，王方华．股票市场信息监管的规律与途径 [J]. 情报科学，

2004（10）：1156-1159.

［191］肖小锋．中国政策市的行为思考 [J]. 华东经济管理，2003（5）：94-95.

［192］谢国忠．警惕股市泡沫 [J]. 金融博览，2007（3）：28.

［193］谢建国，唐建平．中国股票上市发行监管制度变迁：一个博弈论解释 [J]. 世界经济，2005（2）：69-79.

［194］熊名奇．中国股票市场过度波动性及其稳定机制研究 [D]. 武汉：华中科技大学，2011.

［195］徐炳胜．中国股市波动性的金融政策解释 [D]. 上海：复旦大学，2007.

［196］徐经长．我国证券市场会计监管体系的构建 [J]. 经济理论与经济管理，2003（3）：32-36.

［197］徐李孙．完善我国证券监管的几点法律思考 [J]. 北京理工大学学报（社会科学版），2002（2）：83-85+89.

［198］徐丽．我国证券市场监管的法律思考 [J]. 管理科学文摘，2006（1）：37-38.

［199］许均华，李启亚．宏观政策对我国股市影响的实证研究 [J]. 经济研究，2001（9）：12-21+95.

［200］薛立成．防范我国股票市场的溢价风险 [J]. 经济论坛，2003（10）：68.

［201］闫增强，郭晓峰．中国证券市场的监管困境及解除 [J]. 上海金融，2004（1）：31-35.

［202］严小明．股票全流通对上市公司虚假信息披露监管的影响 [J]. 商业研究，2009（11）：142-145.

［203］杨郊红．美国上市公司信息披露制度的变迁及启示 [N]. 证券市场报，2005-04-10.

［204］杨俊远．世界主要国家和地区证券稽查执法模式比较研究 [J]. 国际金融，2004（3）：34-37.

［205］杨士军．公司治理结构、公司绩效与股票市场效率——兼论中国上市公司治理结构优化 [D]. 上海：复旦大学，2003.

［206］叶姗．斜向府际税收竞争的法律规制——以股票转让所得课税规则的变迁为对象 [J]. 法学家，2012（3）：18-29+175-176.

［207］易宪容．股市泡沫已经被吹大 [N]. 广州日报，2007-01-25.

［208］尹海员，李忠民．中国证券市场监管均衡与适度性分析 [J]. 重庆大学学报（社会科学版），2011（3）：58-63.

［209］尹海员．股票发行市场参与主体最优行为模式与法律监管 [J]. 广东金融学院学报，2012（5）：78-89.

［210］尹海员．基于个体投资者行为分析的证券市场监管：一个新干预主义的视角 [J]. 思想战线，2012（4）：73-77.

［211］应展宇．中国股票市场流动性研究 [J]. 证券市场导报，2001（7）：63-68.

［212］于晓蓉．广义线性混合模型 [J]. 昆明理工大学学报（理工版），20079（9）：107-113.

［213］俞涛．相机抉择论与中国股票"政策市" [J]. 苏州大学学报，1998（2）：25-26.

［214］岳彩申，王俊. 监管理论的发展与证券监管制度完善的路径选择 [J]. 现代法学，2006（2）：116-123.

［215］张兵．中国股票市场有效性分析与实证研究 [D]. 南京：南京农业

大学，2002.

[216] 张成虎，赵燕，李淑彪 . 中国证券市场操纵及监管实践：评述与建议 [J]. 人文杂志，2013（2）：35–44.

[217] 张程睿 . 中国上市公司信息透明度研究 [D]. 广州：暨南大学，2005.

[218] 张纯威，石巧荣 . 中国股市“政策市”特征的形成机理方析 [J]. 郑州大学学报（哲学社会科学版），1998（2）：16–21.

[219] 张刚 . 中国证券市场信息披露存在的主要问题、原因及对策分析 [J]. 中国农业银行武汉培训学院学报 .2007（2）：60–62.

[220] 张国清 . 证券投资基金关联交易的法律规制——美国的经验及启示 [J]. 证券市场导报，2006（1）：28–37.

[221] 张纪骁 . 中国金融监管制度的变迁 [D]. 武汉：武汉大学，2005.

[222] 张梅琳. 我国股票市场监管效应：流动性监测与评价 [J]. 财经研究，2006（7）：118–125.

[223] 张茜 . 证券市场信息披露制度的国际比较 [J]. 时代金融，2011（12）：257–258.

[224] 张桥云，王纬，吴静 . 贷款证券化、监管资本套利与资本监管改进 [J]. 投资研究，2012（5）：23–33.

[225] 张晓凌 . 股票与股指期货跨市场交易监管研究 [J]. 证券市场导报，2008（11）：76.

[226] 张雪莹 . 股票现货市场与期货市场的联合监管问题初探——基于 1987 年 10 月美国股市和期市暴跌的经验 [J]. 上海金融，2007（5）：45–48.

[227] 张妍妍 . 我国上市公司退市问题及对策 [J]. 中南民族大学学报（人文社会科学版），2011（3）：118–120.

［228］张育军．中国证券市场监管能力和监管效率分析 [J]. 证券市场导报，2003（7）：4-14.

［229］张宗新，张晓荣，廖士光．上市公司自愿性信息披露行为有效吗？——基于 1998—2003 年中国证券市场的检验 [J]. 经济学（季刊），2005（1）：369-386.

［230］赵峰，高明华．中国证券监管治理的国际经验借鉴与评估体系重构 [J]. 改革，2012（7）：127-137.

［231］赵威．证券短线交易规制制度研究 [J]. 比较法研究，2004（5）：43-53.

［232］赵锡金．论证券监管 [M]. 北京：中国人民大学出版社，2000.

［233］赵晓．股市调控宜在泡沫初泛之时 [N]. 上海证券报，2007-03-07.

［234］郑振龙，张旻．各国衍生金融市场监管比较研究 [M]. 北京：中国金融出版社，2003.

［235］中投证券法律合规部课题组. 证券从业人员买卖股票的法律规制研究 [J]. 证券市场导报，2011（4）：40-49.

［236］周东生．中国股票市场有效性与投资决策研究 [D]. 大连：大连理工大学，2005.

［237］周芳，张维．中国股票市场流动性风险溢价研究 [J]. 金融研究，2011（5）：194-206.

［238］周宗安．证券监管体系模式的国际比较与中国的模式选择 [J]. 财贸经济，1999（9）：43-45.

［239］朱锦余，高善生．上市公司舞弊性财务报告及其防范与监管——基于中国证券监督委员会处罚公告的分析 [J]. 会计研究，2007（11）：17-23+95.

［240］朱绵茂，黄徐前．我国证券市场国际化法律监管问题探讨——以信息监管为视角[J]. 法学杂志，2012（8）：92–96.

［241］朱明，谭芝灵．西方政府规制理论综述——兼论金融危机下我国规制改革建议[J]. 华东经济管理，2010（10）：134–137.

［242］朱武祥，郭洋．行业竞争结构、收益风险特征与资本结构——兼论股票市场资本风险配置效率及融资监管条件的调整[J]. 改革，2003（2）：57–67.

［243］庄新田，赵立刚．涨跌幅限制对股票流动性的影响分析[J]. 管理学报，2005，2（6）：685–690.

［244］庄序莹．中国证券市场监管目标的实证研究[J]. 上海社会科学院学术季刊，2000（2）：13–21.